Kursbuch Religion 9/10

2000

Arbeitsbuch für den Religionsunterricht im 9./10. Schuljahr

Calwer Verlag
Stuttgart

Verlag Moritz Diesterweg
Frankfurt am Main

Kursbuch Religion 2000 wird herausgegeben von Gerhard Kraft, Dieter Petri, Heinz Schmidt und Jörg Thierfelder

Kursbuch Religion 2000 9/10
erarbeitet von Heidrun Dierk, Helmut Hanisch, Britta Hübener, Gerhard Kraft, Dieter Petri, Hartmut Rupp, Heinz Schmidt und Jörg Thierfelder

unter Mitarbeit von Horst-Dieter Dymke, Elvira Feil-Götz, Susanne Gehrung, Katrin Haas, Jürgen Heuschele, Friederun Holmes, Karin Hopf, Kurt Konstandin, Christine Mencke, Dagmar Ruder-Aichelin, Frauke Ruetz und Eva Schmieder

Umweltschonendes Papier weil aus chlorfrei gebleichtem Zellstoff mit Holzschliff

ISBN 3-7668-3494-0 (Calwer)
ISBN 3-425-07880-1 (Diesterweg)

Umschlaggestaltung: Thom Bahr GRAFIK, Mainz
Umschlagabbildung: Domenico Belli, The Lost Rudder (1933)
Layout, Computergrafik und Seitenaufbau: Thom Bahr GRAFIK, Mainz
Reproduktionen: Appl, Wemding
Druck und Bindung: Parzeller Druck- und Mediendienstleistungen, Fulda
Printed in Germany

Inhalt

Liebe Schülerinnen und Schüler,

dieses Kursbuch 2000 soll euch im Fach Religion durch das 9. und 10. Schuljahr begleiten. Inhaltlich und formal baut es auf den Büchern für die Klassen 5/6 und 7/8 auf. Themen, die ihr hier vermisst, findet ihr möglicherweise im Kursbuch Religion 11+ (für die Oberstufe) oder im Band für das 7./8. Schuljahr.
Wie bei seinen Vorgängern sind in diesem Buch mehrere Themen zu größeren Themenbereichen zusammengefasst, die Lebens- und Sinnfragen mit religiösen Überlieferungen und Vorstellungen verbinden:

❍ Erfahrungen und Probleme mit Gott und mit Gottes Ebenbildern
❍ Begegnungen und Beziehungen mit Jesus früher und heute
❍ Erfahrungen mit Heimat und Fremde, von denen besonders Juden erzählen können
❍ Mein Leben in Beziehungen zu anderen - meine Zeit
❍ Die Kirche auf dem Weg in die Gegenwart und in die Zukunft
❍ Religion im Angebot: Heilsbringer oder Verführer?
❍ Suche nach Erlösung in der religiösen Welt Südostasiens

Die genauen Titel und die einzelnen Themen findet ihr im Inhaltsverzeichnis und auf den Titelseiten jeweils am Kapitelanfang. Außerdem sind auf jeder Textseite unten links die Themenbereiche, rechts die Einzelthemen genannt, um die es gerade geht. Natürlich können die Einzelthemen auch unabhängig voneinander behandelt bzw. in andere Zusammenhänge gesetzt werden.

Die Arbeitsaufträge sind - wenn nicht anders vermerkt - den vorangehenden Texten und Bildern zugeordnet. Zwei Arten gibt es: Aufgaben mit ❑ beziehen sich unmittelbar auf den dargestellten Sachverhalt. Aufgaben mit ❒ sollen weiterführende Perspektiven eröffnen. Manche Wörter haben einen *. Der Stern zeigt an, dass eine kurze Erläuterung dieses Wortes im „Glossar" am Ende des Buches zu finden ist.

Auf dem Rand gibt es noch einige Hinweise:
- Ein 📖 verweist auf eine Bibelstelle, die etwas zur Sache zu sagen hat.
- Seitenangaben mit kurzen Stichworten zeigen einen inhaltlichen Zusammenhang mit einer anderen Stelle im Buch an.
- Kurze Erläuterungen helfen einen Text oder ein Bild besser zu verstehen.

Die Autorinnen und Autoren wünschen euch viel Spaß beim Lesen und hoffen, dass ihr euch durch dieses Buch zum Nachdenken, Sprechen, Tun und Gestalten anregen lasst.

Gott im Mittelpunkt aller Dinge, das Winkelmaß des Schöpfers und die Waage des Richters in Händen.
Psalter von Canterbury, 13. Jahrhundert

Mein Gott ...?

Sich Gott vorstellen, Gott erfahren
Von Gott verlassen?
Als Ebenbild Gottes leben

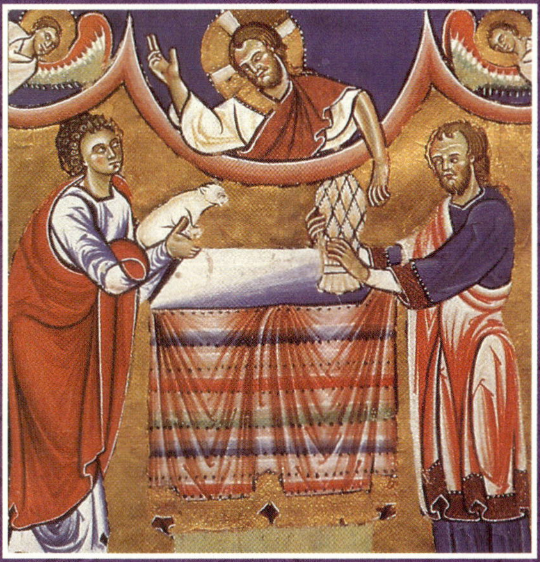

Gott nimmt die ihm geschuldete Verehrung in Form von Opfergaben entgegen. Psalter von Canterbury, 13. Jahrhundert

Gott herrscht über den Menschen und alle Geschöpfe. Psalter von Canterbury, 13. Jahrhundert

Sich Gott vorstellen, Gott erfahren

Vorstellungen und Bilder

Cordula

Der Gott ist keine Person. Früher habe ich an ihn geglaubt, als ich nicht das wirkliche Leben kannte.

Klaus

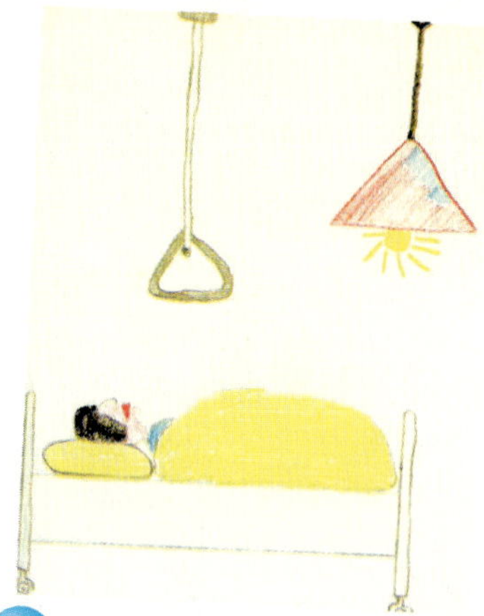

Beate

Gott ist wie ein Fels in der Brandung, zu dem ich zu jeder Zeit hingehen kann, wenn ich Angst, ein schlechtes Gewissen, Träume, Wünsche oder Bitten habe.

Claudia

Ich glaube im Grunde überhaupt nicht daran, weil es z.B. immer noch Elend und Not in anderen Teilen der Welt gibt.

Kerstin

Ich weiß nicht, wie Gott aussieht, ich weiß nur, dass er ein Wesen ist, dass man ihn nicht sehen kann und dass er überall ist.

Daniel

Michael

Carmen

Gott ist immer da.
Er liebt alle Menschen,
egal ob böse, ob lieb, ob hässlich,
ob schön, ob arm.

Sandra

Beate

Gott hat zwei Gesichter:
einmal ein böses mit Krieg und Hass
und einmal ein gutes mit Frieden und Liebe.

Frieder

If there's a God
is he watching
can he give a ray of hope
so much pain and so much sorrow.

Frank

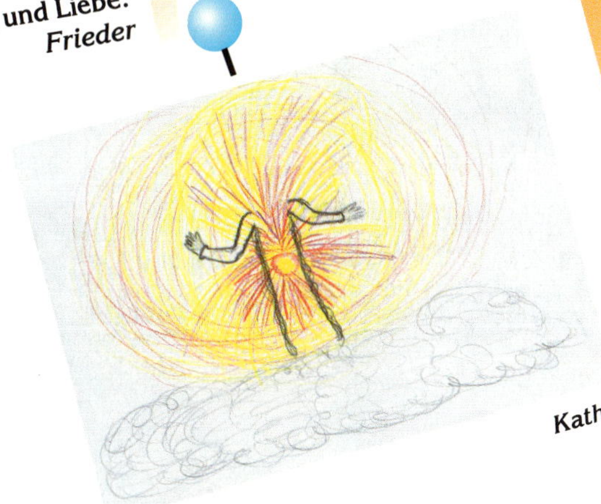

Kathi

Ich bin mir sicher, dass es einen Gott gibt,
weil ich schon Situationen erlebt habe,
da hat er mir geholfen.

Judith

❑ Wie alt waren wohl die Zeichnerinnen und Zeichner dieser Bilder: 6 Jahre, 9 Jahre, 11 Jahre, 13 Jahre, 15 Jahre, 16 Jahre?

❑ Welche Erfahrungen liegen hinter den Aussagen von Jugendlichen über Gott? Versetzt euch in diese Jugendlichen und schreibt die Texte weiter.

❑ Menschen machen sich Bilder und Vorstellungen von Gott. Das Bilderverbot (2. Mose 20,4) scheint dies zu verbieten. Nehmt Stellung.

Gott erfahren

Interview mit Silvia

In einem längeren Gespräch wurde die 10-jährige Silvia u.a. gefragt, wie sie sich Gott vorstellt. Als Antwort erklärt sie, dass Gott für sie Liebe ist. An dieser Stelle setzt der hier abgedruckte Interviewausschnitt ein.

I: Hast du die Erfahrung selbst schon gemacht, dass Gott Liebe ist?
Silvia: Das war mal so was wie ein Schutzengel. Als ich kleiner war, habe ich auf einem Schrank eine kleine Ente gehabt, eine ganz kleine. Und die wollte ich in den Mund nehmen. Ich habe sie verschluckt und die ist dann in meinem Hals stecken geblieben. Und da habe ich geschrien, ganz laut, und dann kam mein Vater und hat mich an den Beinen genommen und hat die Ente rausgezogen, weil ich schon ganz blau am Kopf war. Und da, denke ich, da hat mir Gott auch geholfen.
I: Hast du schon einmal die Erfahrung gemacht, dass Gott dir nicht geholfen hat, als du gebetet hast?
Silvia: Ja. Also, mein Opa war schon sehr alt und ich habe dann gebetet, dass er noch etwas länger leben bleibt und so. Und dann war er beim Arzt und dann ist er im Sessel zusammengerutscht. Da war er dann tot und wir konnten ihm auch nicht mehr helfen. Und da habe ich gedacht … Naja, ich meine, das Leben vom Menschen muss auch zu Ende gehen. Aber …: Also, so sehr hat er (Gott) nicht auf mich gehört.
I: Gott hat da nicht auf dich gehört. Was hast du da gegenüber Gott gefühlt oder empfunden?
Silvia: Ich habe eigentlich nichts gefühlt, weil ich denke, Gott hat das auch schon gewollt, dass mein Opa dann auch mal stirbt. Weil, es kann ja ein Mensch nicht so lange leben bleiben, sonst wäre ja die Mensch …, ähm, die Welt übervoll mit Menschen. Und deswegen finde ich auch, da hat Gott schon etwas Recht, dass er meinen Opa eben sterben lassen hat. Ich meine, ich finde es auch gut, dass Gott ihm nicht so eine schlimme Krankheit gegeben hat, dass er sich gequält hat und so. Das finde ich auch schön, dass mein Opa in Frieden gestorben ist.
I: Hast du eine Vorstellung, wo dein Opa jetzt sein könnte?
Silvia: Ja, im Himmel, weil ich denke … Meine Mutti hat mir auch erzählt, wenn jemand stirbt, nimmt Gott die Seele mit in den Himmel und das Restliche wird dann eben zu Erde. Aber in Wirklichkeit ist der Mensch im Himmel, so mit der Seele.
I: Dein Opa ist im Himmel?
Silvia: Ja. Dass ich ihn vielleicht auch mal wieder sehen kann, wenn ich dann sterbe.

- ❑ Wie erfährt Silvia Gott? Stellt Überlegungen an, von welchen Erfahrungen sie mit Gott als 15-Jährige oder als 40-Jährige berichten wird.
- ❑ Wie stellt sich Silvia das Weiterleben nach dem Tod vor? Vergleicht diese Vorstellung mit den Aussagen auf Seite 74.
- ❑ Interviewt Personen aus unterschiedlichen Altersstufen.

Beate M. beschreibt ihren Lebensweg

Geboren wurde ich nach dem Ersten Weltkrieg. Mein Vater war ein mittelloser Schuster. Meine Mutter kümmerte sich um den Haushalt, sorgte für uns Kinder und arbeitete sich bucklig in der kleinen Landwirtschaft. Ich wurde zu größter Sparsamkeit erzogen. Ehrlichkeit und Fleiß waren die höchsten Gebote. In der Schule hat uns der Lehrer mit viel Schlagen Gehorsam und Anpassung beigebracht. Wehe, es muckte einer auf! Natürlich gingen wir jeden Sonntag in die Kirche. Vater betete zu Hause zu Tisch und Mutter las abends oft aus der Bibel vor.

Ich ging dann auf die Haushaltsschule und war 19 Jahre alt, als der Zweite Weltkrieg ausbrach. Mein Vater wurde Soldat und fiel 1942. Da begann ich an Gottes Gerechtigkeit zu zweifeln. Ich hatte doch so viel für meinen Vater gebetet. Auch in den Bombennächten betete ich in meiner Angst zu Gott, wie alle anderen auch in den Kellern. An diese Zeit möchte ich nicht mehr zurückdenken.

Nach dem Krieg musste das Zerstörte wieder aufgebaut werden. Mein ältester Bruder übernahm die Schusterwerkstatt. Mit 25 Jahren heiratete ich einen Landwirt vom gleichen Dorf, dessen Eltern beide im Krieg umgekommen waren. Wir mussten sehr viel arbeiten im Stall, auf dem Hof und auf den Feldern – auch sonntags. Als meine zweite Tochter geboren wurde, starb meine Mutter. Es war sehr schwer, Trauer und Glück miteinander zu vereinbaren.

Meine zwei Kinder erzog ich zur Ehrlichkeit, Aufrichtigkeit und in strengem Glauben. Mein Leben hat mich gelehrt, dass Lebenskrisen und Angstzeiten sich durch den Glauben an Gott besser bewältigen lassen. Als meine zweite Tochter mit acht Jahren erkrankte, war ich verzweifelt. Nach wochenlangem Leiden mussten wir sie zu Grabe tragen. Da wollte ich selbst nicht mehr leben. Erst später fand ich wieder zu meinem Glauben an Gott.

- ❑ Stellt die einzelnen Lebensstationen von Beate M. zusammen. Beschreibt, wie sich ihre Erfahrungen mit Gott verändern.
- ❑ Führt mit älteren Personen Gespräche über deren Gottesbeziehung.

Befragungsergebnisse (1997)

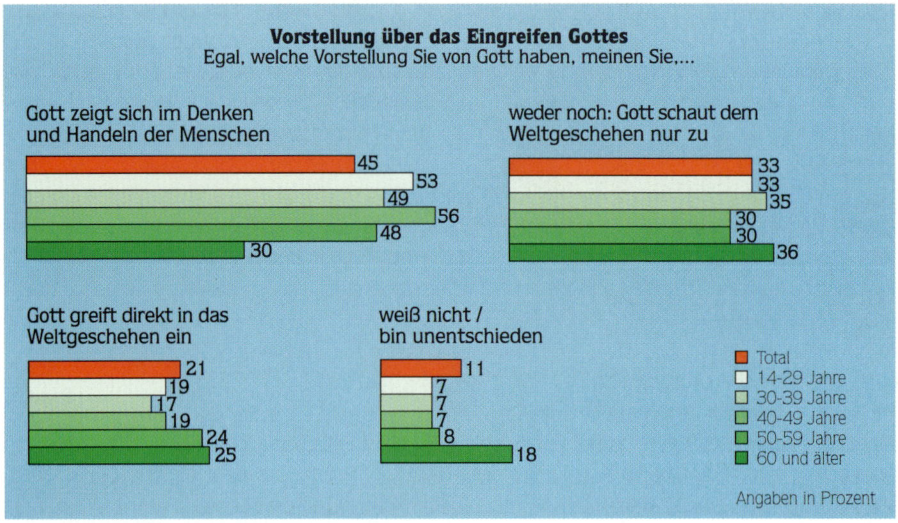

❑ Beschreibt die Vorstellungen der Befragten in den einzelnen Altersstufen. Findet Gründe für die unterschiedlichen Aussagen bezogen auf das Alter. Welche Auffassung teilt ihr?

❑ Führt eine ähnliche Untersuchung an eurer Schule durch. Vergleicht das Befragungsergebnis mit den Ausführungen von Harold Kushner, Seite 28.

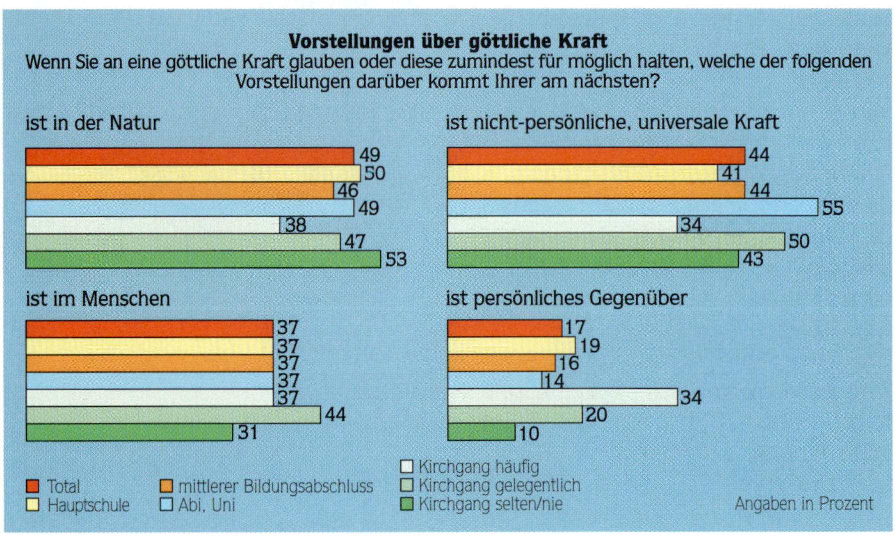

❑ Welche Personengruppen äußern sich ähnlich oder gleich bei der Frage nach einer göttlichen Kraft? Bei welchen Vorstellungen findet ihr auffallende Unterschiede? Gebt Gründe dafür an. Welcher Auffassung schließt ihr euch an?

Zweifel und Glaube

Pascal an der von ihm erfundenen Rechenmaschine

Leidenschaftlich verteidigt der Mathematiker, Physiker und Philosoph Blaise Pascal (1623–1662) Macht und Würde der menschlichen Vernunft. In allen Bereichen der Lebens- und Weltdeutung wendet er sie an und lässt er sie sich entfalten. Dabei gelangt er an eine Grenze: Wir sind unfähig zu erkennen, was Gott ist! Die Grenze führt an einen Abgrund, vor dem bis dahin die meisten zurückschreckten: Wir sind sogar unfähig, mit der Vernunft zu erkennen, ob Gott ist! Warum?

Keine Gotteserkenntnis aus der Natur

Ich schaue nach allen Seiten und sehe überall nur Finsternis. Die Natur bietet mir nichts, das nicht Anlass zu Zweifel und Unruhe wäre. Wenn ich nichts in ihr sähe, das auf eine Gottheit hinweist, würde ich mich für die Leugnung entscheiden; wenn ich überall die Spuren des Schöpfers sähe, würde ich freudig im Glauben ruhen. Da ich aber zu viel sehe, um zu leugnen, und zu wenig, um sicher zu sein, so bin ich in einem beklagenswerten Zustand, indem ich hundertfach gewünscht habe, dass die Natur, wenn wirklich ein Gott sei, mir dies ohne Zweideutigkeit bezeuge; und dass sie die Kennzeichen, die sie von einem solchen Gotte gibt, ganz und gar unterdrücke, wenn sie trügerisch sind; dass sie alles sage oder nichts, damit ich sehe, wofür ich mich entscheiden muss. Statt dessen weiß ich aber in dem Zustand, in dem ich mich befinde, weder was ich bin, noch was ich tun muss, und kenne weder meinen Zustand noch meine Pflicht.

Gotteserfahrung

Pascal berichtet von einer Gotteserfahrung, die ihm Gewissheit schenkte:

Im Jahre der Gnade 1654. Montag 23. November, Tag des heiligen Clemens, Papstes und Martyrers.

Von ungefähr zehn und einhalb Uhr am Abend bis ungefähr eine halbe Stunde nach Mitternacht. Feuer.

„Gott Abrahams, Gott Isaaks, Gott Jakobs"
nicht der Philosophen und Gelehrten.
Gewissheit. Gewissheit. Empfindung. Freude. Friede.
Gott Jesu Christi.
„Dein Gott soll mein Gott sein."
Vergessen der Welt und aller Dinge, ausgenommen Gott.
Er wird nur auf den Wegen gefunden, die im Evangelium gelehrt sind.
Größe der menschlichen Seele.
„Gerechter Vater, die Welt hat dich nicht erkannt, ich aber habe dich erkannt."

Blaise Pascal

❑ Wie würde Blaise Pascal seine Gottesgewissheit begründen?

I don't believe

I don't believe in an interventionist God
But I know, darling, that you do
But if I did I would kneel down and ask Him
Not to intervene when it came to you
Not to touch a hair on your head
To leave you as you are
And if He felt He had to direct you
Then direct you into my arms
Into my arms o Lord
Into my arms o Lord
Into my arms o Lord
Into my arms

And I don't believe in the existence of angels
But looking at you I wonder if that's true
But if I would summon them together
And ask them to watch over you
To each burn a candle for you
To make bright and clear your path
And to walk, like Christ, in grace and love
And guide you into my arms
Into my arms o Lord

But I believe in Love
And I know that you do too
And I believe in some kind of path
That we can walk down, me and you
So keep your candles burning
And make your journey bright and pure
That she will keep returning
Always and evermore
Into my arms o Lord

Nick Cave

- ❑ Geht die einzelnen Strophen des Liedes durch und gebt ihnen jeweils eine Überschrift. Kann dieses Lied auch als Gebet verstanden werden?
- ❑ Woran glaubt der Verfasser des Liedes? Woran glaubt er nicht?
- ❑ Wie erfährt er Gott?
- ❑ Schreibt einen Text: Sehnsucht nach Gott.

Biblische Aussagen

13Ich werde euch trösten, wie eine Mutter tröstet.

Jesaja 66

Dann gab Gott dem Volk seine Gebote. Er sagte:
2„Ich bin der Herr, dein Gott! Ich habe dich aus Ägypten herausgeführt, ich habe dich aus
der Sklaverei befreit.
3Neben mir gibt es für dich keine anderen Götter.
4Fertige dir kein Gottesbild an. Mach dir auch kein Abbild von irgendetwas im Himmel,
auf der Erde oder im Meer.
5Wirf dich nicht vor fremden Göttern nieder und diene ihnen nicht. Denn ich, der Herr,
dein Gott, verlange von dir ungeteilte Liebe."

2.Mose 20

Jetzt aber sagt Gott, der Herr, der dich ins Leben gerufen hat, du Nachkommenschaft
Jakobs, Volk Israel: „Fürchte dich nicht, ich befreie dich!
Ich habe dich bei deinem Namen gerufen, du gehörst mir.
2Musst du durchs Wasser gehen, so bin ich bei dir; auch in
reißenden Strömen wirst du nicht ertrinken. Musst du durchs
Feuer gehen, so bleibst du unversehrt; keine Flamme wird dir
etwas anhaben können.
3Denn ich bin der Herr, dein Gott; ich, der heilige Gott Israels,
bin dein Retter."

Jesaja 43

„Ich bin der Erste und ich bin der Letzte; außer mir gibt es
keinen Gott.
7Wer kann es mit mir aufnehmen? Wer kann tun, was ich tue,
seitdem ich die Menschen geschaffen habe? Welcher von den
Göttern hat jemals ein künftiges Ereignis angekündigt? Er soll
es sagen, er soll den Beweis erbringen!"

Jesaja 44

25„Achtet genau auf das, was ich, euer Gott, euch sage und
handelt danach! Befolgt alle meine Anordnungen und Gebote
und tut, was ich für recht erklärt habe."

2.Mose 15

14Gott antwortete: „Ich bin der Ich-bin-da", und er fügte hin-
zu: „Sage zu den Israeliten: 'Der Ich-bin-da hat mich zu euch
geschickt: 15Der Herr! Er ist der Gott eurer Vorfahren Abraham,
Isaak und Jakob.' Denn 'Herr' (Ich-bin-da) ist mein Name für
alle Zeiten. So sollen mich auch die kommenden Genera-
tionen nennen."

2.Mose 3

Paul Klee, Engel, noch tastend (1939)

❑ Welche Aussagen sprechen euch an? Mit welchen habt ihr Schwierigkeiten? Begründet eure Meinung.
❑ Schlagt in der Bibel nach, in welchem Zusammenhang diese Worte von Gott jeweils stehen.
❑ Arbeitet weitere Aussagen über Gott aus den folgenden Bibelstellen heraus: Psalm 23; Jesaja 33,32; Römer 8,31; 1. Johannes 4,16; 5.Mose 32,35.

Meditation*

Wir stehen in einem Kreis. Der Kreis ist Symbol der Vollkommenheit und Vollendung. Jeder Punkt des Kreises ist auf sein Zentrum bezogen. Obwohl Anfang und Ende unbestimmt sind, bildet er einen geschlossenen, unteilbaren Raum. Der Kreis ist Symbol nicht nur für Erde und Sonne, sondern auch für den Glauben an Gott.
Jede/r steht an einem ganz bestimmten Punkt dieses Kreises und indem wir uns auf seinen Mittelpunkt konzentrieren, finden wir zum Ganzen.

Albrecht Genin, *„Die Mitte ist überall"* *(vier übermalte Notenblätter, 1995)*

Ein Teilnehmer oder eine Teilnehmerin steht im Mittelpunkt des Kreises. Sie spricht folgende biblischen Kernsätze:

- „Gott, mach mich sehend!"
- „Gott, zeige mir, was ich tun soll!"
- „Gott, Du liebst mich so, wie ich bin!"
- „All mein Verlangen, Gott, liegt offen vor Dir, meine Ängste bleiben vor Dir nicht verborgen!"
- „Ich lobe Dich, Gott, denn Du bist gut!"

Zwischen den einzelnen Sätzen kann gesungen werden, z.B. als Kanon:

Text: Gerhard Krombusch
Musik: Ludger Edelkötter

– oder es folgen jeweils größere Pausen, in denen wir uns auf die gehörten Worte besinnen. Ist Gott der eigentliche Mittelpunkt unseres Lebens? Ist unser Handeln auf Gott ausgerichtet, so wie jetzt im Kreis? Was können wir aus der Mitte empfangen? Kann ich mich mit dem Gesagten identifizieren? Was sträubt sich in mir?

Anschließend bringen wir unsere Gedanken und Gefühle zu Papier. Wir schreiben unsere Gedanken auf oder malen ein Bild, in dem wir festhalten, was uns bewegt.

Die Nacht leuchtet wie der Tag

Der Theologe Heinz Zahrnt schreibt: Der 139. Psalm bildet für mich einen Höhepunkt des biblischen Gottesglaubens. Es ist, als flössen all die vielen verschiedenen, widersprüchlichen Gedanken, die die Menschen in der Bibel über Gott denken, in ihm zusammen und kämen darüber zur Ruhe.

Herr, du erforschest mich
und kennest mich.
Ich sitze oder stehe auf, so weißt du es;
du verstehst meine Gedanken von ferne.
Ich gehe oder liege, so bist du um mich
und siehst alle meine Wege.
Denn siehe, es ist kein Wort auf meiner Zunge,
das du, Herr, nicht schon wüsstest.
Von allen Seiten umgibst du mich
und hältst deine Hand über mir.
Diese Erkenntnis ist mir zu wunderbar und zu hoch,
ich kann sie nicht begreifen.
Wohin soll ich gehen vor deinem Geist,
und wohin soll ich fliehen vor deinem Angesicht?
Führe ich gen Himmel, so bist du da;
bettete ich mich bei den Toten,
siehe, so bist du auch da.
Nähme ich Flügel der Morgenröte
und bliebe am äußersten Meer,
so würde auch dort deine Hand mich führen
und deine Rechte mich halten.
Spräche ich: Finsternis möge mich decken
und Nacht statt Licht um mich sein –,
so wäre auch Finsternis nicht finster bei dir
und die Nacht leuchtete wie der Tag.
Finsternis ist wie das Licht.
Denn du hast meine Nieren bereitet
und hast mich gebildet im Mutterleibe.
Ich danke dir dafür, dass ich wunderbar gemacht bin;
wunderbar sind deine Werke; das erkennt meine Seele.
Aber wie schwer sind für mich, Gott, deine Gedanken!
Wie ist ihre Summe so groß!
Wollte ich sie zählen, so wären sie mehr als der Sand:
Am Ende bin ich noch immer bei dir.
Erforsche mich, Gott, und erkenne mein Herz;
prüfe mich und erkenne, wie ich's meine.
Und sieh, ob ich auf bösem Wege bin,
und leite mich auf ewigem Wege. ***aus Psalm 139***

- ❏ Sprecht diesen Psalm im Wechsel.
- ❏ Sucht einen Kehrvers, der zwischen einzelnen Abschnitten wiederholt werden kann.
- ❏ Wählt Verse aus und formuliert, wie sie auf euch wirken.
- ❏ Nennt Gründe, warum Heinz Zahrnt diesen Psalm als Höhepunkt des Gottesglaubens anspricht.

Von Gott verlassen?

Francis Gruber, Job (1954)

❑ Welche Stimmung drückt das Bild aus? Stellt Vermutungen darüber an, was in dem Kopf des Mannes vorgeht. Was mag zu der dargestellten Situation des Mannes geführt haben?

Tell Me Why

Mothers crying in the street
Children dying at their feet,
tell me why
People starving everywhere
There's too much food but
not to spare, tell me why, tell
me why
People sleeping in the streets
no roof above, no food to eat,
tell me why
see the questions in their eyes
listen to their children's cries
tell me why, tell me why

If there's a God
is he watching
can he give a ray of hope
so much pain and so much
sorrow
tell me what does he see
when he looks at you
when he looks at me
what would he say
it seems there's no-one
listening.

Phil Collins

❑ An welche Erfahrungen denkt ihr, wenn ihr die Frage hört: „Tell me why?" Gibt es darauf Antworten?
❑ Entwerft das Skript für einen Videoclip zu diesem Song.

Aus dem Tagebuch eines Vikars

19.8.: Heute habe ich kein gutes Gefühl. Ich habe einen Geburtstagsbesuch bei Herrn Wolf gemacht. Er wurde 74 Jahre alt. An der Tür trat mir ein alter Mann im Unterhemd und unrasiert entgegen. Herr Wolf besitzt eine Wäscherei. Ich dachte, er arbeite halt gerade in einem heißen Raum. Ich stellte mich vor, gratulierte ihm herzlich und überreichte ihm ein kleines Geschenk. Er bat mich in sein Wohnzimmer. Dann erzählte er mir, dass seine Frau vor zwei Monaten gestorben sei. Sie war lange krank. Es war eine schlimme Zeit.
Aber jetzt, wo er allein und einsam sei, wünsche er sich diese Zeit zurück. Wie gern würde er seine Frau pflegen, an ihrem Bett sitzen, ihr etwas vorlesen oder ihre Hände streicheln. Ohne seine Frau habe das Leben für ihn keinen Sinn mehr. Er esse kaum noch, schlafe schlecht, habe kein Interesse mehr an der Zeitung und verlasse kaum mehr das Haus. Eine entfernte Verwandte schaue ab und zu bei ihm vorbei und besorge das Nötigste im Haushalt.
Dann fragt er mich plötzlich, ob dies alles Gottes Wille gewesen sei. Mit dem Tod seiner Frau hätte Gott doch noch eine Zeit lang warten können. Ob Gott nicht sähe, dass er ihm alles genommen habe. Warum lasse Gott dies alles zu?
Ich wusste keine Antwort und noch immer habe ich das Gefühl, als ob mir ein Kloß im Halse steckt. Was soll ich ihm sagen? Ich kann doch diese Fragen des alten Mannes nicht mit ein paar Gemeinplätzen beantworten! Ich muss noch einmal hin. Aber was sagen?

❑ Denkt euch in die Lage des Vikars. Sucht nach Antworten für Herrn Wolf.
❑ Kann man dem alten Mann helfen?

Hiob – Spielball Gottes?

Der Name Hiob ist mehr als der Titel des biblischen Buches. Hiob ist der Inbegriff des Menschen, der vor Gottes Augen an übergroßem Leid zu zerbrechen droht.
Hiob ist Symbol für unverstummte Fragen, aber auch für Demut und Glauben, für Unverstandenes in Katastrophen, für Anklagen im Leid.
Hiob ist die radikale Frage, ob der Mensch im Leid zerbrechen und an Gott irre werden, ob seine rastlose Sehnsucht nach dem lebendigen Gott enttäuscht werden muss.

Die so genannte „Pantheon-Bibel" aus dem 12. Jahrhundert illustriert das Buch Hiob: Wir sehen den reichen, geehrten und glücklichen Hiob, der von seinen Nachbarn mit bewundernden Gesten verehrt wird.

Der unbekannte Verfasser schreibt in einem großen Gedicht von einem frommen Mann, der durch eine Kette von Unglücksfällen seine Kinder und seinen gesamten Besitz verliert. Als er auch noch von einer schweren Krankheit befallen wird, besuchen ihn drei Freunde und diskutieren mit Hiob über die Ursachen seines Leids.
In einer Rahmengeschichte schließen Gott und der Satan* im Himmel bei einer Ratsversammlung eine Wette ab, ob Hiob auch noch an Gott glaubt, wenn er Hab und Gut verliert. Dann folgt eine Hiobsbotschaft der anderen. Hiob aber hält seinen Glauben fest: „Der Herr gibt alles. Er kann auch alles nehmen. Ich will ihn preisen, was immer er tut." (Hiob 1,21)

Bei einer zweiten Ratsversammlung fordert der Satan die Gesundheit von Hiob: „Wetten, dass er dich dann öffentlich verflucht?" (Hiob 2,2)
Gott stimmt zu: „Ich gebe seinen Körper in deine Gewalt. Aber sein Leben darfst du nicht antasten." (Hiob 2,6)
Der Satan ließ dann an Hiobs Körper eiternde Geschwüre ausbrechen. So saß Hiob elend und krank auf dem Aschenhaufen seines Lebenswerkes und seine eigene Frau spottet: „Willst du Gott jetzt immer noch die Treue halten? Verfluch ihn doch und stirb!" (Hiob 2,9)

- ❑ Lest die Rahmengeschichte Hiob 1,6–12 und Hiob 2,1–6. Gestaltet die Ratsversammlung im Himmel als Hörspiel. Ihr könnt es auch auf Kassette aufnehmen.
- ❑ Lasst Richter auftreten, die diese Wette beurteilen. Schreibt neue Wetten aufgrund von Tragödien aus unserer Zeit.
- ❑ Schreibt eine Geschichte zu der Illustration aus der Pantheon-Bibel: „Solange es einem gut geht ..."

Hiobsbotschaften

Erzähler: Ein Bote kam zu Hiob:

Bote 1: Feinde aus Saba drangen ein, erschlugen deine Knechte und nahmen alles weg: Schafe, Rinder und Kamele.

Erzähler: Als der erste Bote noch redete, kam ein zweiter:

Bote 2: Deine Söhne und Töchter aßen und tranken im Hause, da kam ein großer Wind und zerstörte das Haus. Es fiel auf die jungen Leute, dass sie starben.

Erzähler: Hiob zerriss sein Kleid, schor sein Haupt und legte sich auf die Erde.

Hiob: Ich bin nackt von meiner Mutter Leibe gekommen, nackt werde ich wieder gehen. Der Herr hat's gegeben, der Herr hat's genommen: Der Name des Herrn sei gelobt.

Erzähler: Und Hiob bekam böse Geschwüre von der Fußsohle bis auf seinen Scheitel. Er konnte nicht mehr in seiner Familie leben. Er war ein Ausgestoßener.

Frau: Hältst du noch fest an deiner Frömmigkeit? Sage Gott ab und stirb!

Hiob: Du redest töricht. Haben wir Gutes empfangen von Gott und sollten das Böse nicht auch annehmen?

Erzähler: Das Leiden des Hiob wird unerträglich. Er ist verzweifelt. In seiner großen Not klagt er.

Hiob: Ausgelöscht sei der Tag, an dem ich geboren bin und die Nacht, da man sprach: Ein Knabe kam zur Welt! Gott, mach doch diesen Tag zur Finsternis! Warum bin ich nicht gestorben bei meiner Geburt? Warum bin ich nicht umgekommen, als ich aus dem Mutterleib kam? Warum hat man mich auf den Schoß genommen? Warum bin ich an den Brüsten gesäugt? Dann läge ich da und wäre still, dann schliefe ich und hätte Ruhe. Warum gibt Gott den Menschen Licht und Leben voller Bitterkeit und Mühe?

❒ Schlechte Nachrichten nennen wir noch immer „Hiobsbotschaften". Erzählt von Erfahrungen in eurem Bekanntenkreis. Wie haben Betroffene reagiert?
❒ Sprecht über die Behauptungen: Not macht stark! Not zerbricht einen Menschen! Not lehrt beten!
❒ Lest Hiobs Klage in Kapitel 3. Was sagt diese Klage über den Menschen Hiob?

Hiobs Freunde

Erzähler: Als aber die drei Freunde Hiobs all das Unglück hörten, kamen sie, ein jeder aus seinem Ort. Denn sie wollten ihn beklagen und trösten. Und als sie ihn sahen, erkannten sie ihn nicht und weinten. Und ein jeder zerriss sein Kleid. Und sie saßen mit ihm auf der Erde sieben Tage und sieben Nächte und redeten nichts mit ihm, denn sie sahen, dass der Schmerz sehr groß war. Dann sprachen sie:

Freund 1: Denk einmal nach: Ging je ein Mensch zugrunde, der treu und ehrlich war und ohne Schuld? Ich kann nur sagen: Wer Unheil sät, der erntet es auch.

Freund 2: Deine Söhne haben gesündigt, darum hat sie Gott verstoßen. Wenn du fromm und rein bist, so wird dich Gott wieder aufrichten.

Freund 3: Wenn du aber dein Herz auf Gott richtest und in deiner Hütte kein Unrecht ist, dann wird das Finstere wie ein lichter Morgen werden.

Hiob: Belehrt mich doch, dann will ich gern schweigen. Wo habe ich mich vergangen? Sagt es mir doch! Wollt ihr mich wegen meiner Worte tadeln und merkt nicht, dass Verzweiflung aus mir spricht? Hört auf zu richten, seid nicht ungerecht! Noch habe ich das Recht auf meiner Seite! Ich bin unschuldig! Ich möchte nicht mehr leben, ich verachte mein Leben. Es ist eins, darum sage ich: Gott bringt den Frommen um wie den Gottlosen. Gott, lasse mich wissen, warum du mich vor Gericht ziehst. Ihr seid leidige Tröster! Wollen die leeren Worte kein Ende haben?

Hiob ist mit Geschwüren bedeckt. Seine Freunde versuchen sein Leid zu erklären. Illustration aus der so genannten „Pantheon-Bibel", 12. Jahrhundert.

❐ – Trösten – schweigen – mitweinen – mitklagen – beratschlagen – belehren – beten – …
Wie wünscht ihr euch Freunde in der Not?

Hiob klagt Gott an

10 Zum Ekel ist mein Leben mir geworden, / ich lasse meiner Klage freien Lauf, / reden will ich in meiner Seele Bitternis.

2 Ich sage zu Gott: Sprich mich nicht schuldig, / lass mich wissen, warum du mich befehdest …

❏ Lest die weiteren Klagen aus dem Buch Hiob laut vor. Versucht, wie Hiob zu sprechen. Was bewirken solche Klagen?
❏ Bedenkt: Die Freunde reden zu Hiob mit der Überzeugung, dass Leiden Strafe für die Sünde ist. Hiob wehrt sich. Stellt euch auf die Seite Hiobs.
❏ Lest Ausschnitte aus den Antworten an die Freunde; sucht für jeden Abschnitt eine Überschrift:
Freund 1 Kap. 6,1–4; 8,11–14,24–30.
Freund 2 Kap. 10,8–12,18–22.
Freund 3 Kap. 13,1–5,13–14,18–22.

Hiob 10, 5-7;
13, 21-24

Die Antwort Gottes

Gott antwortet Hiob mit Fragen

38 Dann sprach der Herr selbst aus einem
Sturm heraus. Er sagte zu Hiob:
2 Wer bist du, dass du meinen Plan anzwei-
felst, von Dingen redest, die du nicht ver-
stehst?
3 Nun gut! Steh auf und zeige dich als Mann!
Ich will dich fragen, gib du mir Bescheid!
4 Wo warst du denn, als ich die Erde machte?
Wenn du es weißt, dann sage es mir doch!
5 Wer hat bestimmt, wie groß sie werden soll-
te? Wer hat das mit der Messschnur festge-
legt? Du weißt doch alles! Oder etwa nicht?
12 Hast du je einen Tag heraufbefohlen, der
Morgenröte ihren Platz bestimmt?
12 Warst du schon unten bei den Meeres-
quellen? Den Grund des Meeres, hast du ihn
durchstreift?
19 Kennst du den Weg zum Ursprungsort des
Lichtes? Von welcher Stelle kommt die Dun-
kelheit?
20 Führst du sie bis ans Ende ihres Weges und
bringst sie dann zu ihrem Ort zurück?
31 Kannst du das Siebengestirn zusammenbin-
den? Löst du den Gürtel des Orions auf?
32 Lässt du die Tierkreisbilder aufmarschieren,
dass jedes sichtbar wird zu seiner Zeit? Lenkst
du den Großen und den Kleinen Wagen?
33 Kennst du die Ordnung, der der Himmel
folgt, und machst sie gültig für die ganze
Erde?
34 Rufst du den Wolken dort Befehle zu, damit
sie Regen auf dich strömen lassen?
39 26 Bist du vielleicht der einsichtsvolle Leh-
rer, bei dem der Falke seine Flugkunst lernte,
wenn er nach Süden zu die Flügel breitet?
27 Schickt dein Befehl den Adler hoch hinauf,
dort in der Höhe seinen Horst zu bauen?
40 Und der Herr fragte Hiob:
2 Mit mir, dem Mächtigen, willst du dich strei-
ten? Willst du mich tadeln oder gibst du auf?

Gott gibt der Welt Maß und Halt.
Französische Buchmalerei des Mittelalters

Hiob erkennt Gottes Weisheit an

3 Da antwortete Hiob dem Herrn:
4 Ich bin zu wenig, Herr! Was soll ich sagen?
Ich lege meine Hand auf meinen Mund!
5 Ich habe mehr geredet als ich sollte, noch
einmal tu ich es bestimmt nicht mehr!

❏ Sprecht über die Reaktion Gottes auf die Klagen Hiobs.
❏ Schreibt ein Lied zu dem Thema: Wer bist du, Mensch, dass du Gott anzweifelst?
❏ Gestaltet die wechselnden Beziehungen zwischen Gott und Hiob in Standbildern oder als Zeichnung.

Auf der Suche nach Antworten auf das Leiden

Als Aaron Kushner drei Jahre alt war, stellten die Ärzte fest, dass er an Progerie (schnelles Altern) litt. Für Aaron bedeutete dies, dass er nicht größer als einen Meter wurde, dass ihm keine Haare wuchsen und sein Gesicht und sein Körper sehr schnell alterten. Er wurde 12 Jahre alt.

Sein Vater, der Rabbi Harold S. Kushner, schreibt über das Leiden:

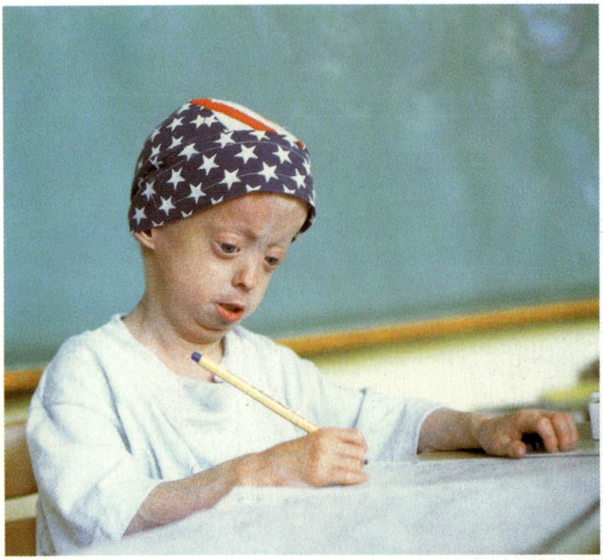

Gott verursacht nicht unser Unglück. Manches Unglück ist einfach Missgeschick, anderes wird von schlechten Menschen verursacht oder ist nur eine unvermeidliche Folge unseres menschlichen, sterblichen Daseins in einer Welt unveränderlicher Naturgesetze. Die schmerzlichen Dinge, die uns widerfahren, sind nicht etwa Strafen für schlechtes Betragen und schon gar nicht in irgendeiner Weise Teil eines Gottesplanes. Weil das Unglück nicht von Gott kommt, brauchen wir uns nicht von Gott verlassen oder verletzt zu fühlen, wenn uns ein Schicksalsschlag trifft. Wir können uns an ihn wenden, damit er uns hilft ihn zu ertragen, gerade weil wir wissen, dass Gott genauso von diesem Schlag betroffen wird wie wir.

Ich meine, dass das Böse, das uns im Leben widerfährt, keinen Sinn hat in dem Augenblick, in dem es uns widerfährt. Aber wir können ihm einen Sinn verleihen. Die Frage, die wir stellen sollten, lautet aber nicht: „Warum geschah mir das? Was habe ich getan, um so etwas zu verdienen?" (Auf diese Frage gibt es keine Antwort.) Besser wäre es zu fragen: „Was kann ich, da mir solches widerfahren ist, jetzt tun?" …

Aber welche Rolle spielt Gott dabei? Wenn Gott nicht die Ursache des Bösen ist, das guten Menschen widerfährt – und wenn er es nicht verhindern kann –, was soll uns Gott dann überhaupt? Wie ändert Gott nun unser Leben, wenn er weder durch Tod noch durch Heilung eingreift? Gott gibt es den Menschen ein, anderen, die von Leid betroffen sind, zu helfen, und durch diese Hilfe werden sie der Gefahr entrissen, sich allein, verlassen oder verurteilt zu fühlen …

Der christliche Theologe Bernhard Häring, der an Kehlkopfkrebs erkrankte, schrieb:
Ich bin nicht versucht, Gott auf irgendeine Weise für meinen Krebs oder ein sonstiges Leiden haftbar zu machen. Das würde meinem Glauben total widersprechen. Ich sage aber auch Gott nicht Dank für mein Los als Kehlkopfloser.

❑ Arbeitet anhand der Texte von Kushner und Häring heraus, wofür Gott nicht verantwortlich gemacht werden kann. Wie verhält sich Gott dem Bösen oder dem Leid gegenüber?
❑ Sammelt Zeitungsberichte über Unfälle und Katastrophen. Beschreibt, wie sich Menschen im Sinne Kushners bzw. Härings verhalten sollten. Welche Fragen halten die Verfasser für unangemessen?

Menschen gehen zu Gott

Das Neue Testament gibt auf die Frage „Leiden an Gott?" eine neue, überraschende Antwort: Gott selbst leidet mit den Menschen; das zeigt das Kreuz Jesu. Dietrich Bonhoeffer, der als Zeuge Jesu Christi im Dritten Reich verhaftet und dann ermordet wurde, hat dies in einem Gedicht, das er im Gefängnis schrieb, so zum Ausdruck gebracht:

Dietrich Bonhoeffer
Seite 178f.

Menschen gehen zu Gott in ihrer Not
flehen um Hilfe, bitten um Glück und Brot
um Errettung aus Krankheit, Schuld und Tod
so tun sie alle, alle, Christen und Heiden

Menschen gehen zu Gott in Seiner Not
finden ihn arm, geschmäht, ohne Obdach und Brot
sehn ihn verschlungen von Sünde, Schwachheit und Tod
Christen stehen bei Gott in Seinen Leiden

Gott geht zu allen Menschen in ihrer Not,
sättigt den Leib und die Seele mit Seinem Brot,
stirbt für Christen und Heiden den Kreuzestod
und vergibt ihnen beiden

Otto Dix, Kreuztragung, Lithographie:
„Jesus bricht unter der Last des Kreuzes zusammen"

Wo Gott begegnet

Gott ist das drogensüchtige Mädchen, das wir vor einigen Tagen im Fernsehen schreien hörten: I need help! I need help! Gott ist ein Geschundener, Gefolterter. Gott ist eine ganze Rasse, die ihrer Hautfarbe wegen niedrig gehalten wird, der die Gleichberechtigung und Freiheit vorenthalten ist. Gott ist der arme Lazarus der Dritten Welt neben den Tischen von uns reichen Christen. Das ist Gott. „Gott in Christus" ...

- ❏ Zu welcher Strophe des Bonhoeffer'schen Gedichts passen diese anstößigen Sätze?
- ❏ Was hilft einem Menschen die Vorstellung, dass Gott mit ihm leidet?

Widerstand und Ergebung

Die christliche Antwort auf die Frage nach dem Leid der Welt lässt sich in den beiden Bonhoeffer'schen Begriffen zusammenfassen: Widerstand und Ergebung. „Widerstand" heißt, dass wir so viel aufhebbares Leid wie nur irgend möglich aus der Welt schaffen sollen; zumal wenn es sich um das Leid anderer handelt. „Ergebung" heißt, dass wir das eigene unaufhebbare Leid annehmen und es so verarbeiten sollen; dass es uns wiederum befähigt, das Leid anderer mitzutragen. Dabei müssen wir uns freilich bewusst bleiben, dass es menschliche Leiden gibt, die weder aufzuheben noch anzunehmen sind, sondern die wir unbeseitigt und ungelöst stehen lassen müssen als einen dunklen und scheinbar sinnlosen Bestandteil unseres menschlichen Daseins.

Heinz Zahrnt

Um Füße bat ich …

Dr. Hugh Johnson, Spezialist für plastische Chirurgie, band sich im Gefühl gespannter Erwartung die Maske um. „Du musst Dr. Mary Vargese operieren sehen“, hatte ihm ein begeisterter Kollege gesagt. „Sie ist eine Künstlerin.“ Dr. Johnson betrat den Operationssaal und ging auf die schlanke Gestalt zu, die an einem niedrigen Tisch im Lichtkreis der Operationslampe saß. Als der Arzt näher trat, hoben sich grüßend ein Paar dunkle, fröhliche Augen zu ihm empor. Er stellte sich neben den kleinen Tisch und sah interessiert zu, wie die junge Chirurgin Sehnen transplantierte, um eine durch Aussatz verkrüppelte Hand wieder brauchbar zu machen.
Während Dr. Johnson die schwierige Operation weiter verfolgte, wuchs seine Bewunderung für die junge Chirurgin. Als die Hand sorgfältig eingegipst war, erwartete Dr. Johnson, dass sich Mary Vargese nun erheben und mit ihm den Operationssaal verlassen würde. Stattdessen kam ein Mann herein, griff nach dem Stuhl und rollte ihn hinaus. Entgeistert starrte Dr. Johnson hinter ihr her. Er hatte nicht einmal bemerkt, dass sie in einem Rollstuhl saß.

… und er gab mir Flügel

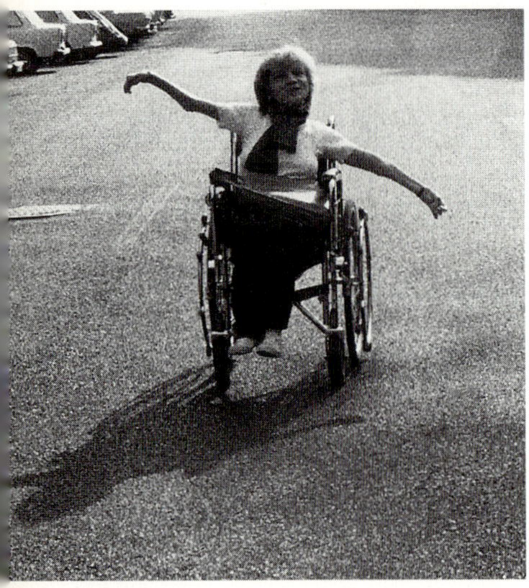

Noch erstaunter war er, als er in den angrenzenden Waschraum trat und sah, dass sich die Ärztin schon für die nächste Operation die Hände bürstete. „Der Fall, der jetzt an die Reihe kommt, wird Sie ganz besonders interessieren. Es ist eine Sehnentransplantation am Daumen.“
„Darf ich Ihnen helfen?“, fragte Dr. Johnson. „Ich könnte eine Hauttransplantation vornehmen. Die gleiche, wie wir sie bei uns bei Vertiefungen an der Wange machen.“
„An einer Wange wie dieser?“ Dr. Vargese hatte ihre Maske abgestreift. Der amerikanische Arzt konnte kaum sein Erschrecken verbergen. Das Gesicht war durch eine furchtbare Narbe entstellt.
„Ich fürchte, das ist zu tief für eine Hauttransplantation. Da müsste eine Knochentransplantation gemacht werden.“
Als sie hinausgefahren worden war, fragte Dr. Johnson den Krankenpfleger: „Warum hat man mir nichts davon gesagt, dass Mary Vargese so schwer behindert ist?“
„Es war ein Autounfall“, antwortete der Krankenpfleger. „Ein Bus mit Ärzten und Studenten überschlug sich und die Doktorin hatte die schlimmsten Verletzungen. Aber wir alle staunen, wie gut sie als Gelähmte damit fertig wird.“
„Es ist doch komisch“, sagte Dr. Johnson, „dass mir das niemand gesagt hat.“
Der Krankenpfleger war verlegen. „Ich glaube, daran haben wir gar nicht gedacht. Jeder von uns hier im Krankenhaus sieht in ihr nur die fabelhafte Chirurgin.“
Später erzählte Mary Vargese, dass sie nach dem Unfall sehr verzweifelt war. Sie hatte auch an Gott gezweifelt und immer wieder gebetet, dass sie wenigstens wieder laufen könnte. Aber dann stand fest, dass sie querschnittsgelähmt bleiben würde. Nun suchte sie nach Aufgaben, die sie aus dem Rollstuhl heraus machen konnte, und ließ sich zur Chirurgin ausbilden, um Hände von Aussätzigen zu operieren. Sie wurde nun die hervorragende Spezialistin.
Als sie zum ersten Mal zu einem Ärztekongress flog, da meinte sie: „Ich haderte mit Gott und bat ihn um Füße – und er gab mir Flügel.“

- ❑ Jemand sagt: „Diese Geschichte erinnert mich an Hiob.“
- ❒ Formuliert Gebete: Einmal, als Mary Vargese noch die hoch begabte Medizinstudentin war, dann nach ihrem schweren Unfall und schließlich als erfolgreiche Chirurgin im Rollstuhl.

Den Ungeliebten Liebe

Bei Mutter Teresa war alles ganz einfach: „Den Ungeliebten gebe ich Liebe. Den Aufgegebenen Obdach und Fürsorge." Sie holte ausgesetzte Säuglinge aus dem Müll und Sterbende aus der Gosse. Sie nahm Aussätzige in die Arme und schaffte ihnen ein Heim. Für sie war die schlimmste Krankheit nicht Lepra oder Tuberkulose, sondern das Gefühl, von niemandem angesehen und von allen verlassen zu sein. Und sie mochte keinem begegnet sein, der hernach nicht glücklicher gewesen wäre.

Mutter Teresa zu rühmen hieße Wasser in den Ganges schütten. Sie hat Ehrendoktortitel und Ehrenbürgerschaften bekommen, sie war „Frau des Jahres 1989". 1979 wurde ihr gar der Friedensnobelpreis zuteil. Damals, in der Aula der Universität Oslo, erzählte sie einem erlesenen Publikum die Geschichte einer Hindufamilie mit acht Kindern: „Ich nahm genug Reis für eine Mahlzeit und brachte ihn dorthin. Ihre Augen glänzten vor Hunger. Zu meiner Überraschung nahm die Mutter den Reis, teilte ihn und ging hinaus. Als sie zurückkam, fragte ich sie, was sie getan habe. Sie antwortete: 'Sie sind auch hungrig.'" Die Aufklärung, dass es sich um Muslime handelte, spitzte Mutter Teresa mit der Frage zu: „Wissen wir, dass unser Nachbar unsere Liebe braucht?"

Agnes Gonxha Bojaxhiu kam 1910 im jugoslawischen Skopje als Kind albanischer Eltern zur Welt. Sie entschied sich früh für ein Leben in der indischen Mission. 1931 legte sie das Gelübde als Loreto-Schwester ab und gab ihren bürgerlichen Namen auf: Für Teresa gab die französische Heilige Therese von Lisieux das Vorbild ab. An der Loreto-Schule in Kalkutta unterrichtete sie Geographie, Geschichte und Religion. Später wurde sie Rektorin an der Mission High School St. Mary. Doch dann tauschte sie ihre Ordenstracht gegen den weißen Sari mit blauer Borte, Zeichen für die Bescheidenheit Mariens. Das kleine Kruzifix auf der Schulter wurde Sinnbild der Liebe. Sie ging in die Slums Kalkuttas und sorgte für die Hungernden, Kranken und Sterbenden, die am Straßenrand lagen und um die sich niemand kümmerte.

Ihr Beispiel machte Schule: Schon ein Jahr später baten junge Mädchen aus Indiens Mittel- und Oberschicht mithelfen zu dürfen. Heute gehören den „Missionarinnen der Nächstenliebe" etwa 5000 Schwestern und Brüder in über 100 Ländern an.

Zu den Ordensgelübden gehört, nie für Geld und nie für die Reichen zu arbeiten. „Wir müssen stolz sein auf unsere Armut", sagte Mutter Teresa. „Unsere Armen sind großartige Leute. Sie brauchen nicht unser Mitleid, sie brauchen unsere verstehende Liebe."

Als sie im September 1997, wenige Tage nach ihrem 87. Geburtstag, in Kalkutta starb, trauerten nicht nur Christen. Die indische Regierung ordnete ein Staatsbegräbnis an und ihrem Sarg folgten durch die Straßen Kalkuttas Mächtige und Ohnmächtige, Christen, Muslime, Hindus und Buddhisten wie auch Atheisten, hohes Militär und Politiker aus der ganzen Welt.

❑ Das Lebenswerk von Mutter Teresa wird unterschiedlich eingeschätzt. Für die einen ist sie Vorbild für ein Leben ohne Luxus und Selbstsucht, andere halten sie für naiv und werfen ihr vor, die ungerechten Verhältnisse zu zementieren, weil sie sie hinnahm. Diskutiert die beiden Standpunkte.

❑ Als Mutter Teresa 1979 den Friedensnobelpreis erhielt, musste das öffentlich begründet werden. Entwerft eine Rede, die ihren Verdiensten gerecht wird.

Als Ebenbild Gottes leben

Gott schuf den Menschen

Gott sprach:
Machen wir den Menschen
in unserem Bild –
nach unserem Gleichnis! ...
Gott schuf
den Menschen in seinem Bild,
im Bilde Gottes schuf er ihn,
männlich, weiblich schuf er sie.
Gott segnete sie.
Gott sprach zu ihnen:
Fruchtet und mehrt euch
und füllt die Erde
und bemächtigt euch ihrer,
schaltet über das Fischvolk
des Meeres,
den Vogel des Himmels
und alles Lebendige,
das sich auf der Erde regt.
Gott sprach:
Da gebe ich euch auch alles Samen säende Kraut,
das auf dem Antlitz der Erde all ist
und all jeden Baum,
daran Samen säende Baumfrucht ist –
euch zum Essen
und allem Lebendigen der Erde,
allem Vogel des Himmels, allem,
was auf Erden sich regt,
darin lebendiges Wesen ist,
alles Grün des Krautes zum Essen.
Es ward so.
Gott sah alles, was er gemacht hatte
und sah, es war sehr gut.
Abends ward und Morgen ward:
der sechste Tag.

1.Mose 1,27–30

Martin Buber
Seite 110

❑ Die jüdischen Gelehrten Martin Buber und Franz Rosenzweig übersetzten die Hebräische Bibel in die deutsche Sprache, indem sie die ursprüngliche Gedankenwelt nachzuempfinden versuchten. Vergleicht diese Übersetzung mit anderen.

❑ Schreibt einen Aufruf an die Menschen des 21. Jahrhunderts mit der Aufforderung „Mensch, lebe als Bild Gottes". Bedenkt dabei: „männlich, weiblich schuf er sie".

❑ Meditiert das Bild: „Gottes Ebenbildlichkeit".

Ich bin eine Frau

Ich bin eine Frau
erschaffen als Ebenbild Gottes
erschaffen mit Wert und Würde
geformt von Gottes eigenen Händen
ins Leben gebracht durch den Atem Gottes.

Ich bin eine Frau
Mutter vieler Leben
Mutter von Präsidenten und Arbeitern
Mutter von Dienern und Ministern
Mutter von Königen und Nichtsnutzen
Mutter von Königinnen und Gehilfen
Mutter von Idioten und Genies.

Ich bin eine Frau
Nahrungsproduzentin, Köchin
Krankenschwester, Nachtwächterin
Ich plage mich von morgens bis abends
pflanzend und erntend
in der sengenden Hitze der Sonne
schwere Lasten tragend
auf heißen Pfaden
auf dem Weg nach Hause
um die Familie zu ernähren.

Ich bin eine Frau
der Schlüssel zur Familie.
Ich bin geliebt, jedoch unterdrückt
geschätzt, jedoch untergeordnet
umarmt, jedoch geschlagen
gebraucht, jedoch vergessen.

Ich bin eine Frau
Gott, Du hast mich erschaffen
und Du kennst mich
Du kennst meinen Namen
Du hörst mich,
wenn die Welt sich weigert zuzuhören
Du verstehst mich, wenn die Welt sich weigert zu verstehen
Du kennst alle meine Probleme
Du siehst meine Tränen
Du bist mein Alles
Bei Dir Gott ist Hoffnung
Ich werde weiterhin Dir vertrauen
Ich bin eine Frau

Grace Eneme

Tonfigur aus Kenia

- ❑ Das Gedicht stammt von der Kamerunerin Grace Eneme. Worin liegt für die Verfasserin die Ebenbildlichkeit des Menschen mit Gott?
- ❑ Setzt die Tonfigur in Beziehung zu diesem Text.
- ❑ Versucht einen ähnlichen Text aus der Sicht einer Europäerin zu schreiben. Auf welche Unterschiede legt ihr dabei Wert? Begründet eure Meinung.

Ebenbilder Gottes oder menschliche Wunschbilder?

Bild einer Mutter von ihrem Sohn

In einem Haus betrachtet eine Frau liebevoll ein Foto ihres Sohnes, jung, lächelnd und strahlend. Sie schreibt ihm an eine längst nicht mehr existierende Adresse, malt sich die fröhlichen Antwortbriefe aus. Wenn ihr Sohn an die Tür klopft, antwortet sie nicht. Wenn er mit aufgedunsenem Gesicht und glasigen Augen zu ihrem Fenster hinaufruft und um Geld bittet, hört sie ihn nicht. Wenn er, mit seinem taumelnden Gang, Briefe für sie hinterlässt, in denen er sie anfleht, ihn zu empfangen, wirft sie die Umschläge ungeöffnet fort. Wenn er abends vor ihrem Haus steht, geht sie zeitig zu Bett. Am Morgen betrachtet sie sein Foto, schreibt sie bewundernde Briefe an eine längst nicht mehr existierende Adresse.

Pablo Picasso, Harlekinpaar am Tisch (1901)

Bild eines Sohnes vom Vater

In einem anderen Haus sitzt ein Mann allein an einem Tisch, der für zwei gedeckt ist. Vor zehn Jahren saß er dort seinem Vater gegenüber, war unfähig ihm zu sagen, dass er ihn liebte, durchforschte seine Kindheit nach einem Moment der Nähe, erinnerte sich der Abende, an denen der Vater, dieser schweigsame Mann, allein mit seinem Buch dasaß – war unfähig ihm zu sagen, dass er ihn liebte. Der Tisch ist gedeckt mit zwei Tellern, zwei Gläsern, zwei Gabeln, wie an jenem letzten Abend. Der Mann beginnt zu essen, kann nicht essen, weint unkontrollierbar. Er hat nie gesagt, dass er ihn liebte.

Bild eines Mannes von sich

In einem anderen Haus spricht ein Mann mit einem Freund. Er spricht von seiner Schulzeit auf dem Gymnasium. Seine besonderen Auszeichnungen in Mathematik und Geschichte hängen an den Wänden, seine Sportabzeichen und Trophäen stehen auf den Bücherregalen. Hier, auf dem Tisch, liegt ein Foto von ihm als Kapitän einer Fechterriege, umringt von anderen jungen Männern, die mittlerweile die Universität besucht haben, Ingenieure und Bankkaufleute geworden und verheiratet sind. Dort, in der Kommode, sind seine Sachen von vor zwanzig Jahren, die Fechterbluse, die Tweedhose, die inzwischen zu eng in der Taille ist. Der Freund, der sich jahrelang bemüht hat, den Mann mit anderen Freunden bekannt zu machen, nickt höflich, ringt in der winzigen Stube stumm nach Luft.

Alan Lightman

Sich ein Bildnis machen
Seite 128 f.

❑ Beschreibt die Wunschbilder, die die jeweiligen Personen haben. Welche Auswirkungen haben sie für die Betroffenen?

❑ Menschen tragen Masken: Sprecht über die Gründe und Wirkungen.

Posthum*

Und Gott sprach zu den Wesen,
die nun auf der Erde sich tummelten:
„Wenn ihr tief genug grabt
oder geduldig die Angel auswerft,
dann wird auch die Stunde kommen,
wo ihr auf Menschen stoßt,
die ich nach meinem Bilde dereinst gemacht,
die aber nach ihrem Bilde leben wollten,
sich mit Schmutz und Gift bewarfen,
bis sie schließlich darin ertrunken,
erstickt oder verdurstet sind,
weil jeder mit seinem Besen
den Schmutz vor des anderen Türe kehrte,
so lange, bis Wälder und Flüsse,
Kapellen und Kirchen,
Häuser und Höfe,
Kinder und Kegel
nicht mehr zu sehen, sondern nur noch zu
riechen waren.

Und Gott sprach zu den Wesen,
die nun auf der Erde sich tummelten:
„Eigentlich ist es schade,
denn der Mensch war mein Lieblingsspielzeug
und ich hatte Gefallen an ihm;
und vielleicht war es ein Fehler von mir,
ihm zu gestatten
eigene Wege zu gehen.
Meine Wege sind zwar unerforschlich,
aber die Wege des freien Menschen
führten ihn in Schlamm und Morast,
wie er's haben und nicht haben wollte.

Nun liegt die Menschheit
unter Abfall und Auswurf,
tief im Schmutz.
Erst warf man Papier und Steine weg,
Tüten und Flaschen,
Speisen und Plastikeimer,
dann warf man die Kühe weg,
die fraßen vergiftetes Gras.
Und zuletzt warf der Mensch sich weg, immer
einer zum anderen,
immer einer zum anderen,
immer einer zum anderen,
die letzten fielen von selbst um.

Und ich ließ sie zuregnen mit himmlischer
Asche.
Als sich der Letzte noch einmal bewegte, las
ich von seinen Lippen:
'Es muss was geschehen!'
Da ließ ich ihn langsam ertrinken."

Und Gott sprach zu den Wesen,
die nun auf der Erde sich tummelten:
„Wenn ich noch einmal Menschen mache,
dann bekommen sie keinen freien Willen,
dann werd' ich sie dumm, aber glücklich
halten.
Geht nun an eure Arbeit!"

Und die Wesen gingen an ihre Arbeit.
Es waren Geier, die sollten das
Oberflächlichste vom Oberflächlichen säubern
und fanden bald ein Papier,
darauf stand noch mit Filzstift geschrieben:
„Kundgebung gegen die
Umweltverschmutzung!
Kommt alle in Massen! Es muss etwas
geschehen!
20 Uhr 15 Gemeindehaus"

Hanns Dieter Hüsch

❑ Wie haben Menschen nach Ansicht des Autors die Ebenbildlichkeit des Menschen mit Gott missbraucht?
❑ Findet eigene Beispiele dafür.
❑ Wie müssten Menschen heute den von Gott gegebenen freien Willen gebrauchen, um der Ebenbildlichkeit zu entsprechen? Lest in diesem Zusammenhang noch einmal die Übersetzung von Martin Buber auf Seite 32.

Klonen – Verwirklichung von Gottes Ebenbild?

Das eigene Kind designen

Ein Gespräch mit dem englischen Thriller-Autor Ken Follett

F: Wie würden Sie reagieren, wenn Sie Ihrem Klon* begegneten?

Follett: Ich wäre ziemlich geschockt. Es wäre so, als ob ich in den Spiegel schauen würde, obwohl ich einer fremden Person gegenüberstünde.

F: Sechs Prozent aller Amerikaner wünschen einen Klon von sich selbst, wenn sie alt geworden sind.

Follett: Mit der jungen Version von sich selbst wollen sich diese Leute wohl unsterblich machen. Doch das ist ein Denkfehler. Würde ich mich beispielsweise jetzt klonen lassen, hätte mein Double trotzdem nicht meine Individualität. Denn trotz des identischen Genmaterials würde mein Klon völlig andere Erfahrungen machen. Er wäre wahrscheinlich viel größer, da er sehr viel besser ernährt werden könnte als ich. Denn als ich 1949 geboren wurde, war das Essen rationiert.

F: In Ihrem neuen Thriller „Der dritte Zwilling" versuchen Forscher den perfekten Soldaten zu klonen. Ängstigt Sie die Genforschung?

Follett: Als Schriftsteller kommt es mir darauf an, eine gute Geschichte zu schreiben. Deshalb benutze ich die Ängste der Leute.

F: Und Ihre eigene Meinung?

Follett: Persönlich fühle ich mich nicht von der Gentechnik bedroht. Ich sehe es als einen wunderbaren medizinischen Fortschritt, dass man schon in der Schwangerschaft herausfinden kann, ob ein Embryo genetisch geschädigt ist. So kann man vielleicht einmal Babys mit ernsthaften Handicaps helfen, indem man beispielsweise ihre DNS verändert. Und falls das Kind unheilbar geschädigt ist, hat die Mutter die Möglichkeit, die Schwangerschaft zu beenden. Auf der anderen Seite ist der Gedanke beunruhigend, dass Eltern eines Tages ihr eigenes Kind designen könnten und wie ein Produkt im Supermarkt aussuchen: „Ich will einen Sohn mit grünen Augen, er soll hübsch sein, jedoch nicht zu intelligent, aber sportlich."

F: Sollte das Klonen verboten werden?

Follett: Verbote sind keine gute Antwort. Der Staat sollte sich da heraushalten. Ich denke, die Leute sind verantwortlich genug, um selbst zu entscheiden, wo die Grenzen verlaufen.

F: In Ihrem neuen Roman geht es um die Frage, ob man so ist, wie man geboren ist, oder ob man das Ergebnis seiner Erziehung und der Gesellschaft ist. Was ist entscheidender: Gene oder Erziehung?

Follett: Die Zwillingsforschung der letzten Jahre hat gezeigt, dass die Natur wichtiger ist, als wir bisher dachten. Ein Kind, das auf die Welt kommt, ist kein weißes Stück Papier, sondern hat ein genetisch festgelegtes Erbgut. So haben Zwillingsforscher herausgefunden, dass 50 bis 60 Prozent der Charaktereigenschaften dem Einfluss der Gene zuzuschreiben sind.

Zoo 2098

- ❑ Welche Position vertritt Ken Follett?
- ❑ Schreibt ihm einen Brief.
- ❑ Welche Gedanken und Gefühle stellen sich bei euch ein, wenn ihr das Bild betrachtet?
- ❑ Zeichnet selbst eine Karikatur oder schreibt eine Satire zum Thema „Klonen im Jahr 2098".

Verbesserung von Gottes Ebenbild?

Chromosomendefekte
Die vorgeburtliche (pränatale) Diagnostik* soll herausfinden, ob das erwartete Kind ohne Behinderungen zur Welt kommen wird. Wird eine Abweichung im Erbgut festgestellt, müssen sich Eltern entscheiden, ob sie ihr Kind mit diesen Behinderungen wollen. Die Genomanalyse* macht es möglich, genetische Abweichungen festzustellen.

Menschenzüchtungen
Angesichts gegenwärtiger wissenschaftlicher Möglichkeiten könnte jemand fordern:
„Unabhängige Kommissionen sollen entscheiden, ob ein Mensch geboren werden darf. Behinderte Menschen, Epileptiker*, geistig Kranke sind der Menschheit nicht mehr zumutbar; sie sind unnötige Kostenverursacher. Sie sind der Gesellschaft nicht nützlich, sondern behindern den Fortschritt. Der Wert des menschlichen Lebens muss an Gesundheit und Intelligenz gemessen werden. Deshalb sind Menschenzüchtungen notwendig."

EEG-Assistentin mit Epileptiker

Lebenswert
Der 18-jährige Heiko M. leidet seit seiner Kindheit an Epilepsie. Er besucht das Berufsbildungswerk Bethel, wo anfallskranke junge Menschen beruflich gefördert werden. Neben der medizinischen und heilpädagogischen Behandlung und Betreuung bekommt er dort eine Ausbildung, die ihm eine spätere Berufschance erschließt. Seine Lehrerin sagt: „Der Wert des menschlichen Lebens darf nicht am Grad seiner Gesundheit gemessen werden. Er gründet sich vielmehr darin, dass jeder Mensch das Ebenbild Gottes ist, von Gott geliebt, so wie er ist.
Heiko ist ein einzigartiger, liebenswerter Mensch."

- ❑ Sprecht über beide Positionen.
- ❑ Veranstaltet eine Podiumsdiskussion mit dem provozierenden Thema: Die Menschen müssen durch Menschenzüchtung verbessert werden.
- ❑ Gestaltet Plakate zum Thema „lebenswert".

Behindert = ausgegrenzt?
Seite 138 f.

Ehrfurcht vor dem Leben: Albert Schweitzer

Der Theologe und Arzt Albert Schweitzer hat sich in vielen seiner Veröffentlichungen für die Erhaltung und Förderung jeglichen Lebens eingesetzt. Er selbst hat sich auch in seinem alltäglichen Handeln von dem Grundsatz der Ehrfurcht vor dem Leben leiten lassen.

Albert Schweitzer wurde am 14.1.1875 in Kaysersberg im Elsass geboren. Er studierte in Straßburg Theologie und Medizin. Zeit seines Lebens war er ein begeisterter Organist. Mit 27 Jahren war er Dozent für Theologie in Straßburg. 1913 ging er nach dem abgeschlossenen Medizinstudium als Missionsarzt nach Lambarene (im heutigen Gabun). Die finanziellen Mittel für das von ihm gegründete Tropenhospital erwarb er durch Veröffentlichungen, Vorträge und Orgelkonzerte in Europa. Durch seine Veröffentlichungen zum Thema „Ehrfurcht vor dem Leben" wurde er bald zu einer anerkannten moralischen Autorität. Neben vielen theologischen Schriften blieben seine Arbeiten über Johann Sebastian Bachs Musikschaffen und den Orgelbau grundlegend. Er erhielt viele Auszeichnungen, darunter 1951 den Friedenspreis des Deutschen Buchhandels, 1952 den Friedensnobelpreis und 1954 den Orden der Friedensklasse 'Pour le mérite'. Für Jugendliche eindrucksvoll zu lesen ist sein Buch „Aus meiner Kindheit und Jugendzeit".

Albert Schweitzer erzählt aus seiner Kindheit:

Ganz unfassbar erschien mir – dies war schon, ehe ich in die Schule ging –, dass ich in meinem Abendgebete nur für Menschen beten sollte. Darum verfasste ich ein Zusatzgebet: „Lieber Gott, schütze und segne alles, was Odem hat, / bewahre es vor allem Übel und lass es ruhig schlafen." Einen tiefen Eindruck machte mir ein Erlebnis aus meinem siebenten oder achten Jahre.

Heinrich Bräsch und ich hatten uns Schleudern aus Gummischnüren gemacht, mit denen man kleine Steine schleuderte. Es war im Frühjahr, in der Passionszeit. An einem Sonntagmorgen sagte er zu mir: „Komm, jetzt gehen wir in den Rebberg und schießen Vögel." Dieser Vorschlag war mir schrecklich, aber ich wagte nicht zu widersprechen, aus Angst er könne mich auslachen. So kamen wir in die Nähe eines kahlen Baumes, auf dem die Vögel, ohne sich vor uns zu fürchten, lieblich in den Morgen hinaus sangen. Sich wie ein jagender Indianer duckend, legte mein Begleiter einen Kiesel in das Leder seiner Schleuder und spannte dieselbe. Seinem gebieterischen Blick gehorchend, tat ich unter furchtbaren Gewissensbissen dasselbe, mir fest gelobend, daneben zu schießen. In demselben Augenblick fingen die Kirchenglocken an, in den Sonnenschein und in den Gesang der Vögel hinein zu läuten. Es war das „Zeichen-Läuten", das dem Hauptläuten eine halbe Stunde voranging. Für mich war es eine Stimme aus dem Himmel. Ich tat die Schleuder weg, scheuchte die Vögel auf, dass sie wegflogen und vor der Schleuder meines Begleiters sicher waren, und floh nach Hause.

Ich bin Leben

„Ich bin Leben, das leben will, inmitten von Leben, das leben will."
In einfachen Beispielen beschreibt Albert Schweitzer seine These von der Ehrfurcht vor dem Leben:

Wo ich irgendwelches Leben schädige, muss ich mir darüber klar sein, ob es notwendig ist. Über das Unvermeidliche darf ich nicht hinausgehen. Der Landwirt, der auf seiner Wiese Gras und Blumen für seine Kühe mäht, muss sich hüten, in geistlosem Zeitvertreib Blumen am Rande der Landstraße zu köpfen.

Diejenigen, die an Tieren Operationen oder Medikamente versuchen oder ihnen Krankheiten einimpfen, um mit den gewonnenen Resultaten Menschen Hilfe bringen zu können, dürfen sich nie allgemein dabei beruhigen, dass ihr grausames Tun einen wertvollen Zweck verfolge. In jedem einzelnen Fall muss erwogen werden, ob wirklich eine Notwendigkeit vorliegt, einem Tier dieses Opfer für die Menschen aufzuerlegen.

Wenn so viel Misshandlung der Kreatur vorkommt, wenn der Schrei der auf dem Eisenbahntransport verdurstenden Tiere ungehört verhallt, wenn in unseren Schlachthäusern so viel Rohheit waltet, wenn Tiere durch unbarmherzige Menschen Unmögliches erdulden oder dem grausamen Spiel von Kindern ausgeliefert sind, tragen wir alle Schuld daran.

Verpflichtung

Da ich Wille zum Leben bin, bejahe ich mein Leben, was nicht einfach besagen will, dass ich Wert darauf lege, mein Dasein fortzusetzen, sondern dass ich es als höchstes Geheimnis empfinde. Wenn ich über das Leben nachdenke, finde ich die Verpflichtung, jeglichen Willen zum Leben in meiner Umwelt dem meinen gleich zu achten.

Die Grundlage des Guten besteht darin, dass sie gebietet, das Leben zu erhalten, zu fördern und zu einem höchsten Wert zu steigern. Das Böse bedeutet Leben vernichten, schädigen, an seiner Entwicklung hindern.

Ahimsa
Seite 230

Der Begriff „Ehrfurcht vor dem Leben" ist weniger lebendig als der Begriff „Liebe". Aber er birgt die gleichen Kräfte in sich.

- Diskutiert den Grundsatz Albert Schweitzers, „Ehrfurcht vor dem Leben und die Verpflichtung, jegliches Leben dem meinen gleich zu achten".
- Gestaltet Plakate zum Thema „Ehrfurcht vor dem Leben".

Gott, der die Liebe ist

Selig seid ihr,
die ihr jetzt weint ...
Seite 62

Vater unser

Myer Cuervo, eine 15 Jahre alte Arbeiterin in Kolumbien, schreibt von der Hoffnung der unterdrückten Kinder in Lateinamerika:

Vater unser, der Du unter Millionen hungernder Kinder Lateinamerikas bist, der Du am Leben aller der Kinder teilhast, die Gerechtigkeit suchen, weil sie ihre Brüder und Schwestern lieben, und die Dir dienen, indem sie jene unterstützen, die kein Dach, kein Essen, keine Kleidung und Medizin haben, Vater Unser, der Du hier auf dieser Erde bist. *Dein Name* wird von jenen in Anspruch genommen, die den Mund nicht aufmachen und willfährig mit denen zusammenarbeiten, die zwar Strategien zur Verteidigung der Rechte der Kinder entwickeln, aber tatsächlich damit fortfahren, die Kinder noch ärmer zu machen.
Herr, wir Kinder Lateinamerikas sehnen uns nach *Deinem Reich*, das all dem ein Ende bereiten wird, was das Leben zerstört und bewirkt, dass Kinder wie Tiere leben müssen.
Dein Reich komme, und es ist nicht mit jenen, die die Gewalt in der Erziehung aufrechterhalten ... Dein Reich, das alles abschafft, was Kinder zu Sklaven der Arbeitgeber und ihrer selbst macht und ihnen die Möglichkeit raubt, ihre Kindheit zu genießen.
Ja, Herr, Dein Reich komme.
Damit wir unseren Egoismus verlieren und für unsere Mitmenschen das suchen, was wir für uns selbst wünschen.
Ja, Herr, wo es Bildungsmöglichkeiten für alle die gibt, die heute am Rand stehen, wo das Land nicht dazu genutzt wird, die Reichen noch reicher zu machen und jene noch ärmer, die nichts besitzen.
Herr, Dein Wille geschehe, und nicht der Wille jener, die die Kindheit vernichten, wenn sie die Kinder und Arbeiter Lateinamerikas beherrschen und ausbeuten, und nicht der Wille jener, die Wirtschaftsstrategien auf Kosten der Armen entwickeln, es geschehe Dein Wille, jedes Joch zu brechen, das Kinder bedrückt und sie ein Klima der Gewalttätigkeit erleiden lässt.
Gib uns unser täglich Brot,
das Brot einer wirklichen Meinungsfreiheit, einer würdigen und gesunden Arbeit ohne Ausbeutung,
das Brot, auf die Straße gehen zu können, ohne auf Maschinenpistolen und Truppen zu treffen, die dazu dienen, uns einzuschüchtern und uns die Kraft zum Arbeiten nehmen.
Gib, dass uns das Brot Deines Wortes und der Bildung in unseren Häusern aus Pappe erreicht, die Kinder auf der Straße und auf dem Müll und uns auf allen unseren Wegen,
das Brot der Gesundheitsversorgung für die schuftenden Kinder, die aufgrund der Arbeitsbedingungen zu sterben drohen, das Brot eines guten Lohnes für Millionen von Kindern, die unter dem Joch der Interessen und Launen ihrer Arbeitgeber leben.
Und vergib uns, Herr,
wenn wir denen nicht verzeihen, die uns das Deine genommen haben, was für uns bestimmt ist,
vergib uns, wenn wir aus Angst kein Licht in dieser Welt der Ungerechtigkeit und Unterdrückung sind.

Kinderarbeit, Mexiko

Beim Kreuz wird mir schlecht

„... für uns gestorben"?

Also das Kreuz hat mich immer sehr belastet, also dieser Satz, dass Jesus für uns gestorben ist, noch dazu auf eine so ekelhafte Art, und alles, was mit Schmerzen zu tun hat, geht mir total ab. Ich kann auch keine Filme sehen, wo irgendwelche Leute gequält werden. Und von daher, dieser Gedanke, dass Jesus ja auch – das ist ja eine ganz ekelhafte Art umzukommen – gequält worden ist, das hat mich absolut abgestoßen. Also das tut mir fast körperlich weh und wenn ich dann auch noch höre, dass er für mich gestorben ist, dann wird mir endgültig schlecht. Auch dieser Gedanke, dass Ostern ja eigentlich das wichtigste Fest für uns Christen ist, damit habe ich absolute Schwierigkeiten. Ostern ist für mich eigentlich, und erst recht der Karfreitag, auch ein Tag gewesen, an dem ich, glaube ich, vielleicht einmal im Leben im Gottesdienst war; also der Geschichte gehe ich absolut aus dem Weg. Und dass in allen Kirchen Kreuze hängen, hat für mich auch eher eine belastende Wirkung als etwas Befreiendes. Das hat sich auch eigentlich in der Zeit nicht geändert. Also seit das Kreuz für mich überhaupt eine Rolle spielt, ist es eigentlich eher belastend.

Heike S., Erzieherin

Das Kreuz sagt, wie wir Menschen sind

Das Kreuz ist einerseits Zeichen des Christentums, weil es sagt, wie wir Menschen sind. Es zeigt nämlich nicht die Grausamkeit Gottes an, sondern unsere eigene. Wir Menschen haben den Gerechten ans Kreuz gebracht, damals Römer und Juden, aber ohne Zweifel würden wir es heute genauso tun. Denn wir können es auch heute nicht ertragen, wenn jemand nicht Teil hat an unserer allgemeinen Korruption. Wir hassen auch heute jeden, der in der fundamentalen Gemeinsamkeit, die uns alle verbindet, nämlich Dreck am Stecken zu haben, aus der Reihe tanzt. Wir hassen auch heute noch den, der uns Gottes reinen Willen vor Augen stellt.
Das Kreuz zeigt auch darin, wer wir sind, weil wir zumeist Täter wie Opfer sind. Auch geschundene, entehrte, gestoßene, getretene Menschen. Das Kreuz zeigt, wer wir sind: Wir bringen zu Tode und sind zu Tode Gebrachte. Wir sind Sünder und Gemordete, Täter und Opfer.
Aber das Kreuz sagt auch, wer Gott ist. Er beantwortet unsere Wirklichkeit nicht mit Gericht und Verurteilung, sondern indem er das Kreuz zum Zeichen der Vergebung werden lässt. Denen, die gemordet haben, und denen, die arme Gemordete sind, uns allen erklärt dieser Gott, dass er den Mord an Jesus aus Feindesliebe zum Anlass der Vergebung nimmt. Von einem grausamen Gott kann keine Rede sein.

Klaus Berger, Theologe

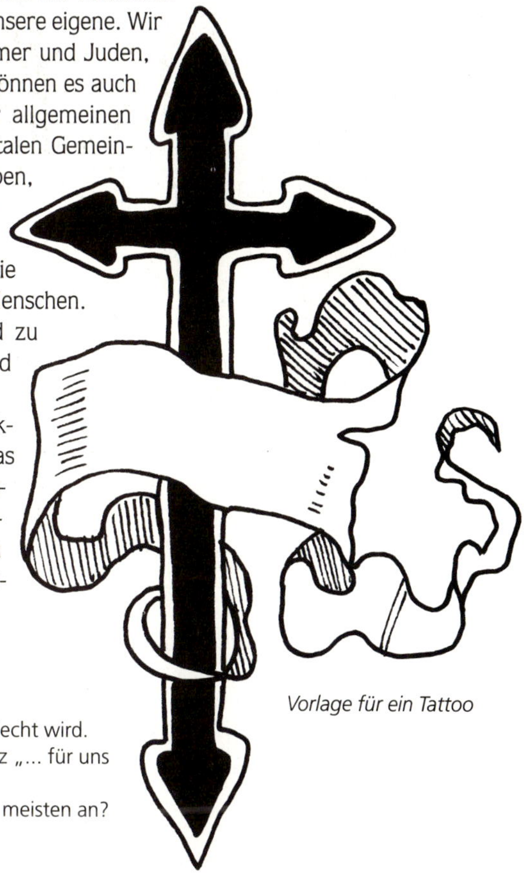

Vorlage für ein Tattoo

- ❏ Bedenkt, warum Heike S. bei dem Gedanken an das Kreuz Jesu so schlecht wird. Kann ihr der Theologe Klaus Berger helfen? Wie verstehen beide den Satz „... für uns gestorben"?
- ❏ Es gibt ganz unterschiedliche Kreuzformen. Welche sprechen euch am meisten an? Was bedeuten die verschiedenen Formen?
- ❏ Diskutiert: Würdet ihr euch ein solches Tattoo anbringen lassen?

Leonardo da Vinci, Abendmahl

Jesus – der Messias

❑ Überlegt, ob die abgebildeten Personen zu Jesus passen. Gibt es Gemeinsamkeiten?

❑ Abendmahl und Tischgemeinschaft stehen in engem Bezug zum Glauben Jesu an das nahe herbeigekommene Reich Gottes. Bereitet ein Frühstück und überlegt, ob das gemeinsame Essen und das Himmelreich in einem Zusammenhang stehen. Markus 14,12-25 kann beim Nachdenken eine Hilfe sein.

Albert Schweitzer
Seite 37 f.

Nelson Mandela

Mutter Teresa
Seite 31

Rigoberta Menchú
Seite 62 f.

Mahatma Gandhi
Seite 230

Jan Ullrich

Adolf Hitler
Seite 171 f.

Wer war Jesus?

Jesus war ein Jude, der mit besonderen Kräften begabt war. Er wirkte in dem Bewusstsein, dass Gott durch ihn Wunder tat. Jesus nannte Gott „Vater" und zeigte so seine besondere Nähe zu Gott. Er wagte es, Sünden zu vergeben, was nach dem jüdischen Glauben allein Gott vorbehalten war. Jesus verstand sich selbst als eine Person, die eine Zeitenwende einleitet, Heil bringt und über andere Menschen hinausragt. Deshalb nannten ihn viele „Messias", d.h. Gesalbter (griechisch „Christus"). Jesus lehnte jedoch für sich selbst die Rolle eines politischen Messias ab, der die Wende mit kriegerischen Mittel herbeiführt.
Dennoch wurde Jesus von den Römern gekreuzigt. Kurz darauf gingen seine Anhänger mit der Botschaft in die Öffentlichkeit, der Gekreuzigte sei vom Tod auferstanden. Ihre Hoffnung auf eine grundlegende Wende sahen sie trotz seines Leidens und seines Todes bestätigt. Durch sein Leiden habe Jesus Sünde und Schuld übernommen und dadurch nicht nur das Volk Israel, sondern auch die Heiden erlöst.

❑ Diskutiert, wer Jesus für euch ist. Ist er ein Hoffnungsträger?

Christus der Weltenherrscher

Die Darstellung Jesu als Pantokrator (Allesbeherrscher) gehört zu den verbreitetsten Darstellungen Christi in der Christenheit. Sie findet sich vor allem in Kuppeln orthodoxer Kirchen.

- ❏ Versucht nachzuempfinden, wie es Menschen ergeht, die unter einer solchen Kuppel stehen und nach oben schauen.
- ❏ Bedenkt, was das Bild politischen Machthabern, unterdrückten Bauern, krebskranken Menschen und wohl situierten Bürgern sagen kann.
- ❏ Sucht zu dem Pantokratorbild entsprechende Musik. Prüft dazu das „Halleluja" aus dem „Messias" von Händel, das „Herrscher des Himmels" aus dem Weihnachtsoratorium von Bach, „Jesus Christ Superstar" aus dem gleichnamigen Musical von Andrew Lloyd Webber; außerdem Vangelis, „Conquest of Paradise" und „Jesus Christus herrscht als König"(Lied Nr.123 im Evangelischen Gesangbuch).

Die Bergpredigt*

Selig sind ...

Selig sind die Sanftmütigen;
denn sie werden das Erdreich besitzen.

Selig sind,
die da hungert und dürstet nach Gerechtigkeit;
denn sie sollen satt werden.

Selig sind die Barmherzigen;
denn sie werden Barmherzigkeit erlangen.

Selig sind die Friedfertigen;
denn sie werden Gottes Kinder heißen.
Matthäus 5,5-7.9

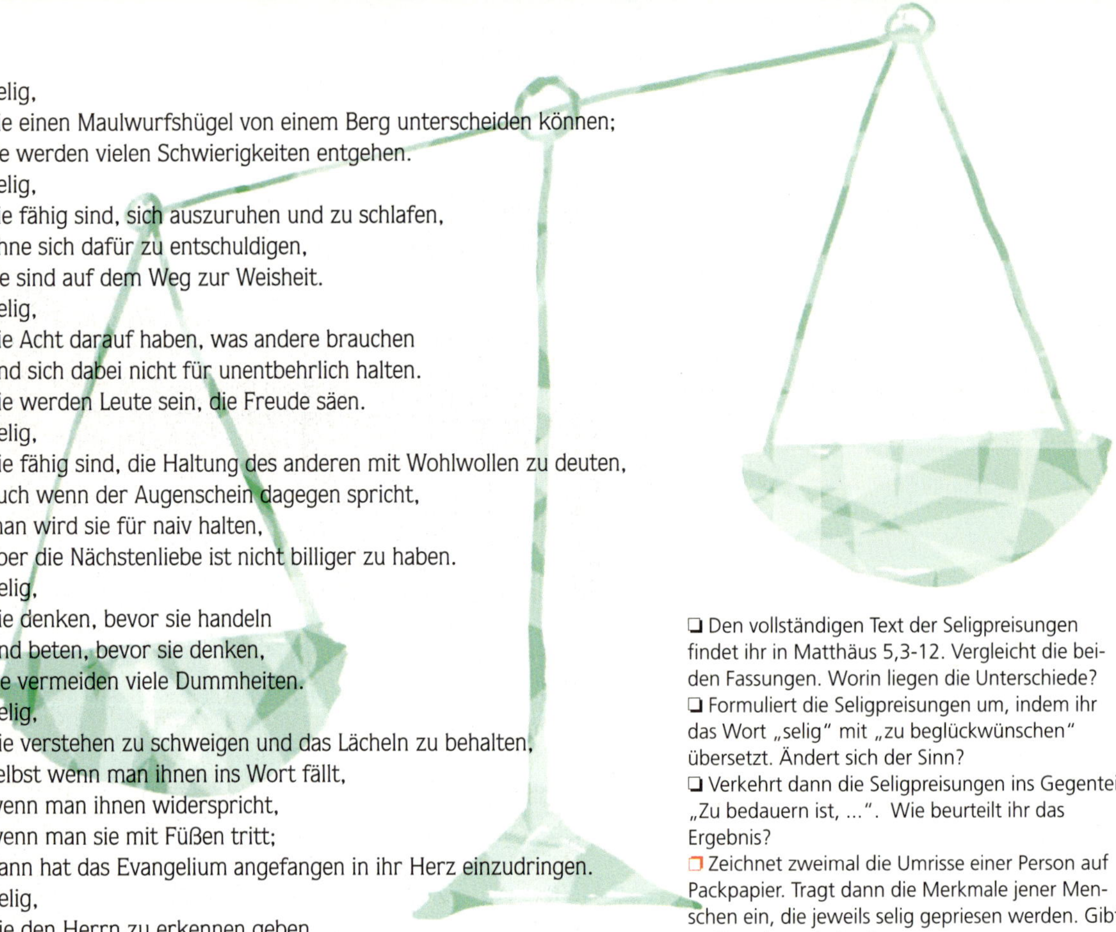

Selig,
die einen Maulwurfshügel von einem Berg unterscheiden können;
sie werden vielen Schwierigkeiten entgehen.
Selig,
die fähig sind, sich auszuruhen und zu schlafen,
ohne sich dafür zu entschuldigen,
sie sind auf dem Weg zur Weisheit.
Selig,
die Acht darauf haben, was andere brauchen
und sich dabei nicht für unentbehrlich halten.
Sie werden Leute sein, die Freude säen.
Selig,
die fähig sind, die Haltung des anderen mit Wohlwollen zu deuten,
auch wenn der Augenschein dagegen spricht,
man wird sie für naiv halten,
aber die Nächstenliebe ist nicht billiger zu haben.
Selig,
die denken, bevor sie handeln
und beten, bevor sie denken,
sie vermeiden viele Dummheiten.
Selig,
die verstehen zu schweigen und das Lächeln zu behalten,
selbst wenn man ihnen ins Wort fällt,
wenn man ihnen widerspricht,
wenn man sie mit Füßen tritt;
dann hat das Evangelium angefangen in ihr Herz einzudringen.
Selig,
die den Herrn zu erkennen geben
allen denen sie begegnen,
ihr habt das wahrhaftige Licht und die wirkliche Weisheit.
Aus der Friedensbewegung der ehemaligen DDR

❑ Den vollständigen Text der Seligpreisungen findet ihr in Matthäus 5,3-12. Vergleicht die beiden Fassungen. Worin liegen die Unterschiede?
❑ Formuliert die Seligpreisungen um, indem ihr das Wort „selig" mit „zu beglückwünschen" übersetzt. Ändert sich der Sinn?
❑ Verkehrt dann die Seligpreisungen ins Gegenteil: „Zu bedauern ist, ...". Wie beurteilt ihr das Ergebnis?
❑ Zeichnet zweimal die Umrisse einer Person auf Packpapier. Tragt dann die Merkmale jener Menschen ein, die jeweils selig gepriesen werden. Gibt es Gemeinsamkeiten?
❑ Mit den Seligpreisungen beschreibt Jesus seinen Glauben an das Reich Gottes. Formuliert dazu ein Glaubensbekenntnis: „ Ich glaube, ...".

Für die Frauen und für die Ehe

Ihr habt gehört, dass gesagt ist:
Du sollst nicht ehebrechen.
Ich aber sage euch:
Wer eine Frau ansieht, sie zu begehren, der hat schon die Ehe gebrochen in seinem Herzen.
Wenn dich aber dein rechtes Auge zum Abfall verführt, so reiß es aus und wirf's von dir.
Es ist besser für dich, dass eins deiner Glieder verderbe und nicht der ganze Leib in die Hölle geworfen werde.
Wenn dich deine rechte Hand zum Abfall verführt, so hau sie ab und wirf sie von dir.
Es ist besser für dich, dass eins deiner Glieder verderbe und nicht der ganze Leib in die Hölle fahre.

Matthäus 5,27-30

Rabbinen* zur Zeit Jesu:
„Wer den kleinen Finger einer Frau berührt, ist wie einer, der eine gewisse Stelle berührt."
"Man soll nicht auf dem Wege hinter einer Frau hergehen, auch wenn es die eigene Frau ist."
„Wer hinter einer Frau einen Fluss durchschreitet, der hat keinen Teil an der zukünftigen Welt."
„Du sollst nicht sagen, dass nur der, welcher mit dem Leibe die Ehe bricht, ein Ehebrecher genannt wird; auch der, welcher mit seinen Augen die Ehe bricht, wird ein Ehebrecher genannt."

In seinen sechs „Antithesen" setzt sich Jesus mit gängigen Rechtsauffassungen seiner Zeit (Thesen) auseinander und stellt diesen seine anderen Sichtweisen gegenüber (Antithesen). Sie sollen den Willen Gottes verdeutlichen.

❑ Diskutiert, ob Jesus mit seiner Meinung in der 2. Antithese total überzieht. Was denken Jungen und was denken Mädchen darüber?
❑ Die Absicht Jesu wird deutlich, wenn man seine Antithese in Bezug setzt zur Lebenssituation von Frauen, wie sie in Aussagen von Rabbinen seiner Zeit zum Ausdruck kommt.

Es ist auch gesagt:
Wer sich von seiner Frau scheidet, der soll ihr einen Scheidebrief* geben.
Ich aber sage euch:
Wer sich von seiner Frau scheidet, es sei denn wegen Ehebruchs, der macht, dass sie die Ehe bricht; und wer eine Geschiedene heiratet, der bricht die Ehe.

Matthäus 5,31f.

❑ Diskutiert: Ist die 3. Antithese noch zeitgemäß?

Ihr habt gehört, dass gesagt ist:
Auge um Auge, Zahn um Zahn.
Ich aber sage euch, dass ihr nicht widerstreben sollt dem Übel, sondern:
Wenn dich jemand auf deine rechte Backe schlägt, dem biete auch die andere dar.

Und wenn jemand mit dir rechten will und dir deinen Rock nehmen, dem lass auch den Mantel. Und wenn dich jemand nötigt, eine Meile mitzugehen, so geh mit ihm zwei.

Matthäus 5,38-41

Gewaltfrei gegen Gewalt – geht das?

Und jetzt?

Am Mittag bin ich hier angekommen. Allein. Morgen früh beginnt hier eine Veranstaltung zu gewaltfreien Aktionen. Wir sind alle im Jugendzentrum untergebracht. Es liegt etwas abseits. Der Stadtteil ist mir fremd. Ich war noch nie hier. Es ist ein Arme-Leute-Viertel. Einzelne Häuser und Türen sind zugemauert. Sie werden wohl bald abgerissen werden.
Als es Abend wird, gehe ich noch ein wenig spazieren. Ich will sehen, wo ich bin. Ich schaue Schaufenster an, Kinos. Es wird dunkel, doch die Auslagen sind hell.
Aus einer Kneipe kommen sechs Jugendliche. Sie sehen wild aus. Ich beschließe, bald ins Bett zu gehen, und gehe in Richtung Jugendzentrum. Die Clique geht in die gleiche Richtung. Sie gehen nebeneinander. Sie bilden eine Reihe. Ob sie mir folgen? Ich habe gelesen, dass es hier oft Überfälle gibt. Ich gehe schneller. Auch die Jugendlichen gehen schneller. Ich gehe an der nächsten Ecke nach rechts. Mal sehen, ob sie mir wirklich folgen. Die Straße ist etwas dunkler als die andere. Nach einigen Metern weiß ich, warum. Es ist eine Sackgasse. Ich schaue über die Schultern. Die sechs sind noch da. Sie kommen näher. Sie gehen auf mich zu. Ich schaue nach rechts und nach links. Die Häuser sind alte Fabrikgebäude. Nirgends leuchtet ein Licht. Ich weiß nicht, was ich tun soll.

❑ Kennt ihr ähnliche Situationen? Welche Reaktion könnt ihr empfehlen? Spielt die Szene und eure Lösungen.

❑ Was würde Jesus empfehlen? Beachtet die Überschrift.

❑ Die 5. Antithese enthält eine allgemeine Regel und drei Beispiele. Jesus hat dabei konkrete Situationen vor Augen. Aktualisiert die Beispiele.

11 Regeln: „Gewaltfrei gegen Gewalt“

1 ***Vorbereiten!***

2 ***Ruhig bleiben!***

3 ***Aktiv werden!***

4 ***Verhalte dich nicht wie ein Opfer!***

5 ***Tue das Unerwartete!***

6 ***Suche das Gespräch!***

7 ***Nicht drohen oder beleidigen!***

8 ***Vermeide den Körperkontakt mit dem Gegner!***

9 ***Hole dir Hilfe!***

10 ***Weiche der Gewalt aus!***

11 ***Sei menschlich und vertrauenswürdig!***

Michael Lang

Feindesliebe – reine Schwächlichkeit?

Friedrich Nietzsche, deutscher Philosoph:

Das Sich-nicht-rächen-Können heißt Sich-nicht-rächen-wollen … Auch redet man von der „Liebe zu seinen Feinden" und schwitzt dabei.

Franz Alt, Journalist:

Feindesliebe ist nicht der Versuch, Streit und Aggression aus der Welt zu schaffen. Aber Feindesliebe ist der Versuch zu streiten, ohne dass Blut fließt und ohne dass gedroht wird. Feindesliebe heißt nicht, Gegensätze zu übertünchen, sondern Gegensätze zu überbrücken, dass man zueinander kommen kann. Streit zivilisiert austragen – das ist nicht nur eine politische, sondern auch eine religiöse Aufgabe. Feindesliebe heißt, sich in die Situation und in die Sicherheitsinteressen des anderen hineinzudenken.

Jesus nach Matthäus 5,43ff.:

Ihr habt gehört, dass gesagt ist:
Du sollst deinen Nächsten lieben
und deinen Feind hassen.
Ich aber sage euch:
Liebt eure Feinde und bittet für die,
die euch verfolgen,
damit ihr Kinder seid
eures Vaters im Himmel.

Pinchas Lapide, jüdischer Theologe:

Ist das nicht zu viel verlangt? Die Antwort auf diese berechtigte Frage, die erst bei der Rückübersetzung ins Hebräische zutage tritt, besagt: Es geht um das Tun. Diese „Tatenliebe" kann nur hinkend umschrieben werden, etwa wie: „erweise ihm Liebe durch Handwerk, nicht durch Mundwerk". Was besagen will, dass nicht eine Herzensregung gefordert wird, was unmöglich ist, sondern praktische Liebeserweise wie Krankenbesuche, das heimliche Geben von Almosen, das Trösten der Trauernden, Brot für die Hungernden, mit einem Wort: all die tausend Liebeserweise, die in Taten münden, Feindseligkeit abbauen und Liebe fördern.

1914 – Erster Weltkrieg, tiefe Gräben trennen die Nationen. Die Quäker, konsequente Vertreter der Bergpredigt, aber kümmern sich um die Gefangenenlager. Sie bringen Nachrichten von den Gefangenen an ihre Familien. Sie verteilen dort Nahrung, Kleidung. Als der Krieg zu Ende ist, richten sie eine „Quäkerspeisung" ein, die deutsche Kinder vor dem Verhungern bewahrt. Nach dem Zweiten Weltkrieg sind es wiederum auch die Quäker, die in Deutschland für Schulspeisungen sorgen. Im Vietnamkrieg durchbricht das Quäkerschiff „Phoenix" mehrfach die amerikanischen Sperren und bringt trotz Verbot Medikamente nach Nord- und Südvietnam.

Ulrich Luz, evangelischer Theologe:

Jesus sprach vom Feind in seiner ganzen Härte und Brutalität. Er verband die Liebe nicht mit einem Zweck. Feindesliebe war keine Chance oder Bewährungsprobe für den Feind, etwas Besseres zu werden. Dieses Gebot ist nicht Taktik eines Kämpfers, nicht Großmut eines Siegers, nicht Resignation eines Besiegten und auch nicht Abgeklärtheit eines Weisen. Taten der Feindesliebe sind von Jesus her Ausdruck des bedingungslosen Ja Gottes zum Menschen um seiner selbst willen.

- ❑ Hat Nietzsche Recht? Welches Verhalten kritisiert er?
- ❑ Vergleicht die verschiedenen Auslegungen der 6. Antithese. Welche kommt dem Bibeltext am nächsten?
- ❑ Informiert euch in einem Lexikon über die Quäker.

Nur etwas für Heilige?

In der Geschichte des Christentums wurde immer wieder darüber diskutiert, ob die Forderungen der Bergpredigt überhaupt erfüllbar sind. Es gab und gibt unterschiedliche Meinungen.

Eine Meinung aus dem Mittelalter sagt, die Bergpredigt gelte nur für besondere Menschen, vorzugsweise für Mönche und Nonnen oder für Heilige. Der normale Christ und die normale Christin können und brauchen sich nicht daran zu halten, für sie gelten die Zehn Gebote. Die Bergpredigt ist für sie eine Überforderung.

Luthers Meinung als Bildergeschichte:

Die Meinung von Gerd Theißen, evangelischer Theologe:

Die Bergpredigt kann indirekt eine Richtschnur für alle werden: Sie verpflichtet nämlich alle, eine Gesellschaft so einzurichten, dass wenigstens einige die Chance haben, eine solche radikale Ethik zu verwirklichen. Sie hat insofern auch eine politische Bedeutung. Der Verteidigungsminister wird zwar kaum nach der Devise handeln: „Wehret nicht dem Bösen!“, der Finanzminister nicht nach dem Motto „Sorget nicht ...!“, die Justizministerin nicht nach der Maxime*: „Richtet nicht, damit ihr nicht gerichtet werdet!“. Aber sie alle können sich für eine Gesellschaft einsetzen und daran arbeiten, dass auch der Kriegsdienstverweigerer, auch der Vertreter einer konsumverweigernden Askese*, auch der „Sanftmütige“, der auf sein Recht verzichtet, einen Lebensraum haben.

- ❏ Formuliert Luthers Verständnis der Bergpredigt.
- ❏ Vergleicht die Positionen von Luther und Theißen mit der des Mittelalters. Welche leuchtet mehr ein?
- ❏ Führt ein Diskussionsspiel durch: Die Ecken des Klassenzimmers erhalten Antworten „Ja“, „Nein“, „Weiß nicht“. Eine Person formuliert dann Meinungen zur Bergpredigt, z.B. „Die Bergpredigt ist erfüllbar“, „Die Bergpredigt ist weltfremd“, „Die Bergpredigt ist nur etwas für Schwächlinge“, „Luther hat Recht“, „Theißen hat Recht“, „Die Bergpredigt ist nur etwas für Heilige“, „Feindesliebe ist unerfüllbar“ usw. Nehmt dann euren Standpunkt ein, indem ihr euch zu eurer Antwortecke bewegt. Sprecht anschließend über die Ergebnisse.

Macht euch keine Sorgen!

Darum so sage ich euch:
Sorgt nicht um euer Leben, was ihr essen und trinken werdet; auch nicht um euren Leib, was ihr anziehen werdet.
Ist nicht das Leben mehr als die Nahrung und der Leib mehr als die Kleidung?
Seht die Vögel unter dem Himmel an: Sie säen nicht, sie ernten nicht, sie sammeln nicht in die Scheunen; und euer himmlischer Vater ernährt sie doch.
Seid ihr denn nicht viel mehr als sie?
Matthäus 6,25f.

Torre Pelice, im September

Liebe Stefanie,

endlich komme ich dazu, dir zu schreiben. Die letzten Wochen waren turbulent. Im Juni habe ich also meine „media superiore" geschafft – und nun? Ich weiß es immer noch nicht genau. Weiter auf die Schule und das Abi bauen? Eine Lehre? Jobben?
Ich habe einen tollen Monat August erlebt: zunächst in Agape, oben in Prali. Eine Pfarrerin aus Apulien war da, ihre kleine Gemeinde versucht, die albanischen Flüchtlinge zu unterstützen. Die war so fröhlich und sorglos, obwohl es da unten nicht einfach ist. Ich habe wieder Leute kennen gelernt: Ein deutscher Banker, der jetzt in Pension ist, hat ein Buch über Tullio Vinay, den Gründer von Agape*, ins Deutsche übersetzt. Er sagte mir, dass wir mit dem Geld gerecht umgehen und damit Projekte in armen Ländern unterstützen sollen und es nicht nur für uns selber ausgeben dürfen. Wir sollten uns nicht so viel Sorgen machen wegen dem Geld.*
Nun muss ich mit Hochdruck nachdenken: Schreibe ich mich wieder im Collegio ein und mache doch Abi? Also zwei Mädchen meiner Klasse gehen ab. Sie haben eine Stelle als Babysitter in wohlhabenden Familien gefunden. Sie wollen endlich eigenes Geld verdienen, um Klamotten kaufen zu können. Giorgio Tourn, unserer früherer Pfarrer, meint, es sei eine Sünde, wenn man mehr als 3.000.000 Lire als Kleidung auf dem Leib trage.
Meine Eltern würden nie zulassen, dass ich einfach jobbe. Meine Mutter meint, ich solle mir ja nur keine Sorgen machen, denn „il Signore provedera".
Eine Lehrstelle zu finden ist im Augenblick ziemlich schwierig. Ich wüsste auch nicht was. Eine aus unserer Klasse lernt nun Altenpflegerin im „Refugio", einem Pflegeheim im Nachbarort San Giovanni, wo viele verwirrte alte Menschen versorgt werden. Ich würde gerne ein freiwilliges soziales Jahr in Agape oder in Riesi auf Sizilien mitmachen, aber dazu muss ich erst 18 sein: Dort kann ich mit den anderen zusammenwohnen und arbeiten, bekomme ein Taschengeld und bin mit anderen zusammen, die auch etwas Sinnvolles tun wollen. Da denkst du gar nicht mehr an Konsum, an das, was du verdienen willst. Da baust du einfach die Barrieren im Kopf ab, bist mal mit dem „Reich Gottes" beschäftigt, auch wenn wir gar nicht wissen, wie es aussieht. Erinnerst du dich noch an unser gemeinsames Lied: „Suchet zuerst ..."? Also ich warte sehnsüchtig auf deine Antwort und deine Meinung...

Deine Daniela

❑ Macht eine Liste aller Sorgen, die in Danielas Brief vorkommen. Welche müssen wichtig genommen werden? Welche fehlen? Singt einmal das Lied der beiden: „Suchet zuerst ...". Sollte man das Lied öfter singen?
❑ Schreibt an Daniela einen Brief. Beurteilt dabei auch die Meinung der Mutter. Hat sie einfach „gut reden"?
❑ Der Brief kommt aus der Waldenserkirche in Italien. Informiert euch in einem Kirchengeschichtsbuch über diese Kirche. Vergleicht die Waldenser mit den Quäkern.

Ihr seid das Licht der Welt!

Ihr seid das Licht der Welt. Es kann die Stadt, die auf einem Berge liegt, nicht verborgen sein.
Man zündet auch nicht ein Licht an und setzt es unter einen Scheffel, sondern auf einen Leuchter, so leuchtet es allen, die im Hause sind.
So lasst euer Licht leuchten vor den Leuten, damit sie eure guten Werke sehen und euren Vater im Himmel preisen.

Matthäus 5,14-16

Our Father in heaven,
hallowed be your name,
your kingdom come,
your will be done,
on earth as in heaven.
Give us today our daily bread.
Forgive us our sins
as we forgive those
who sin against us.
Save us from the time of trial
and deliver us from evil.
For the kingdom, the power,
and the glory are yours,
now and forever. Amen.

Matthäus 6,9-13

❑ Kerzen brauchen ihrerseits Licht, Energie, Wärme, um leuchten zu können. Bedenkt, was Menschen die Kraft gibt, für andere Licht zu sein. Kann das Vaterunser eine Hilfe sein, das in der Mitte der Bergpredigt steht?
❑ Das Lichtwort bekommt noch einmal einen besonderen Charakter durch den Bezug zu jenen Menschen, die selig gepriesen werden. Diskutiert, ob sie „Lichter der Welt" genannt werden können.
❑ Verdunkelt das Klassenzimmer und betrachtet eine brennende Kerze. Welche Musik könnte dazu passen? Was kennzeichnet eine brennende Kerze? Bedenkt Geschichten, in denen Menschen zu einem Licht für andere geworden sind. Warum wird Jesus als Licht der Welt verstanden?

Leben und Teilen in der einen Welt

Selig, die ihr nach Gerechtigkeit hungert ...

Menschenrechtsarbeit
Seite 137

Aus der allgemeinen Erklärung der Menschenrechte vom 10.Dezember 1948

Artikel 1: Alle Menschen sind frei und gleich an Würde und Rechten geboren. Sie sind mit Vernunft und Wissen begabt und sollen einander im Geiste der Brüderlichkeit begegnen.
Artikel 2: Jeder Mensch hat Anspruch auf die hier verkündeten Rechte und Freiheiten ohne Unterscheidung, wie etwa nach Rasse, Farbe, Geschlecht, Sprache, Religion, politischer oder sonstiger Überzeugung, nationaler oder sozialer Herkunft, nach Eigentum, Geburt oder sonstigen Umständen.
Artikel 3: Jeder Mensch hat das Recht auf Leben, Freiheit und Sicherheit der Person.
Artikel 4: Niemand darf in Sklaverei oder Leibeigenschaft gehalten werden ...
Artikel 5: Niemand darf Folter oder anderer grausamer, unmenschlicher oder erniedrigender Behandlung oder Strafe unterworfen werden.
Artikel 18: Jeder Mensch hat Anspruch auf Gedanken-, Gewissens- und Religionsfreiheit ...

Vorrangige Option für die Armen

Albert Schweitzer
Seite 38 f.

Die Zuwendung zum verletzbaren und verletzten Menschen nennt die biblische Überlieferung Brüderlichkeit oder wie ich hinzufüge: Geschwisterlichkeit. Diese drückt die Hoffnung auf eine Form des Zusammenlebens aus, in der die Menschen nicht in ihren Stärken, sondern auch in ihren Schwächen ernst genommen werden. Für das Judentum sind die Witwen und Waisen, die Armen und Fremden diejenigen, an denen sich Geschwisterlichkeit zu erweisen hat. Der Umgang mit denen, die nicht über die soziale Sicherheit einer intakten Familie, eines geregelten Einkommens und einer verlässlichen Umwelt verfügen, entscheidet über die Humanität einer Gesellschaft.

Wolfgang Huber

Liebe deinen Nächsten. Er ist wie du!

Hiermit wird ausgesagt, dass dein Mitmensch, was immer auch der Augenschein sein mag, genauso schwach, gebrechlich, hinfällig und den Ängsten ausgeliefert ist wie du selbst.

Martin Buber

Nachhaltige Entwicklung

„Sustainable Development" ist die Bezeichnung für eine Entwicklung, in der die Bedürfnisse heutiger Generationen befriedigt werden sollen, ohne die Bedürfnisse kommender Generationen zu gefährden.

BUND und Misereor**

- ❐ Entwerft zu den einzelnen Texten jeweils ein Plakat. Welche Konsequenzen ergeben sich, wenn alle diesen Maßstäben folgen? Wird die Welt gerechter?
- ❐ Beurteilt mithilfe der Maßstäbe, was in der Karikatur beschrieben wird.

❒ Formuliert oder malt Traumbilder, wie Menschen und Völker eigentlich zusammenleben sollten. Sind die Bilder auf dieser Seite eine Hilfe?

❒ Vergleicht eure Bilder mit den Maßstäben für ein menschliches Handeln.

... denn ihr sollt satt werden

Selig seid ihr, die ihr jetzt weint ...

Leben auf einer Finca

Ich weiß noch, dass ich im Alter von acht bis zehn Jahren beim Kaffeepflücken geholfen habe. Aber danach habe ich in der Baumwollernte gearbeitet; das ist direkt an der Küste, wo es sehr heiß ist.

Die Schönheit unseres Landes habe ich zum ersten Mal gesehen, als man uns von einer Finca* davonjagte und wir für eine Fahrt bezahlen mussten, die wir auf der Ladefläche eines Kleintransporters machten. Die Lastwagen gehören zur Finca, werden aber nur von den Agenten und den Aufsehern gefahren. Es sind üble Kerle, die die Leute anbrüllen und sie schlecht behandeln. Nur dadurch, dass sie mit uns so umgehen wie der Großgrundbesitzer selber, behalten sie ihren Posten auf der Finca und werden besser bezahlt. Schon die Tatsache, dass sie Spanisch sprechen, rückt sie in die Nähe der Landbesitzer.

Wir Indios sprechen meist kein Spanisch und werden deshalb so oft von vorne bis hinten betrogen. Wir können uns ja nicht beschweren und wissen auch nicht, wo der Großgrundbesitzer wohnt. Die Aufseher haben auf der Finca das Sagen und wenn sich zum Beispiel jemand einen Moment von der Arbeit ausruht, ist gleich der Aufseher da und beschimpft ihn: „Los, an die Arbeit! Ihr werdet nicht fürs Faulenzen bezahlt!" Sie bestrafen die Leute auch, wenn sie nicht schnell genug arbeiten.

Arbeiter auf einer Kaffeeplantage in Guatemala

Für die Zeit auf der Finca nimmt jeder Arbeiter einen Teller mit für die Tortillas, die er dort zu essen bekommt, und einen Becher und eine Wasserflasche. Die Kinder, die noch nicht arbeiten können, haben keinen eigenen Teller und Becher, weil sie kein eigenes Essen bekommen, sondern von der Ration der Erwachsenen mitessen müssen.

Wenn wir nur Tortillas und Bohnen bekommen, die schon ganz schlecht sind, brauchen wir fürs Essen nichts zu bezahlen. Wenn es aber frische Tortillas gibt und vielleicht alle zwei Monate dann einmal ein Ei, dann ziehen sie uns diese Mahlzeiten vom Lohn ab.

Wenn zum Beispiel ein Kind aus Unachtsamkeit einen Kaffeestrauch beschädigt hat, wird auch das vom Lohn abgezogen.

Mein Vater war ein sehr empfindsamer Mensch und immer, wenn ihm etwas nicht recht gelang oder ihm eine Arbeit schwer von der Hand ging, betrank er sich, um alles zu vergessen. Einmal hatte er eine so große Rechnung in der Cantina, dass von dem Lohn fast nichts übrig blieb. Wir wussten nicht, ob er wirklich so viel getrunken hatte, aber jede Kleinigkeit wird ja aufgeschrieben. Daher lernen wir schon früh, uns still und unauffällig zu verhalten. Meine Mutter sagte uns immer: „Fasst nichts an, sonst müssen wir es hinterher bezahlen."

Rigoberta Menchú

❑ Was müsste an diesem Leben unbedingt geändert werden? Formuliert einen Forderungskatalog. Welche Formen des Widerstandes schlagt ihr vor? Wie werden Großgrundbesitzer reagieren?

❑ Informiert euch über das Leben von Rigoberta Menchú.

... denn ihr werdet lachen

Unsere wichtigste Waffe – die Bibel

Rigoberta Menchú

Wir haben zum Beispiel den Auszug aus Ägypten gelesen, haben den Text ausgelegt. Es geht da hauptsächlich um das Leben des Moses, der sein Volk aus der Unterdrückung befreien wollte und alles versuchte, damit dieses Volk seine Freiheit bekam. Wir verglichen den Moses jener Zeit mit den „Moses" von heute, die wir sind. Wir suchten Texte aus der Bibel, die man mit unserer indianischen Kultur vergleichen konnte, Gestalten, in denen wir uns wieder finden konnten. Wir haben das Beispiel des Moses, der die Männer repräsentiert. Wir haben das Beispiel der Judith, die zu ihrer Zeit eine bekannte Frau war, die für ihr Volk kämpfte und gegen den König, den es damals gab, und dem Feldherrn des Königs schließlich sogar den Kopf abschlug. Sie ist eine Frau, die den Sieg in ihrer Hand trägt – den Kopf des Feldherrn. Das gab uns eine Vorstellung davon, wie wir uns als Christen verteidigen mussten. Und das brachte uns auf den Gedanken, dass ein Volk ohne gerechte Gewalt seine Freiheit nicht erlangen kann. Auch die Geschichte von David, der in der Bibel ein kleiner Hirtenjunge ist und den König Goliath besiegte, das war eine Geschichte für die Kinder unseres Dorfes.

So suchten wir Bibelstellen und Psalmen, die uns lehrten, uns unserer Feinde zu erwehren. Es half uns, unsere Situation besser zu begreifen. Wir kamen zu der Einsicht, dass Christ sein heißt, daran zu denken, dass jeder Einzelne unseres indianischen Volkes genügend zu essen haben muss. Gott selbst sagt doch, dass jeder Mensch auf der Erde bekommen soll, was er braucht.

Eine Idee, die man uns in den Kopf gesetzt hat, war die, dass alles Sünde sei. Wir fragten uns: „Wenn alles Sünde ist, warum töten dann die Großgrundbesitzer die armen Campesinos, die doch nicht einmal der Natur etwas zuleide tun können?" Wir entdeckten, dass Gott keineswegs einverstanden ist mit unserem Leid, dass es kein Schicksal ist, das Gott uns auferlegt hat, sondern dass es die Menschen dieser Erde sind, die uns Leid, Armut, Elend und Ungerechtigkeit aufladen.

Ich bin Christin und als Christin beteilige ich mich an unserem Kampf. Für mich als Christin gibt es nur eines: das Leben Christi. Christus war ein einfacher Mann. Er wurde in einer kleinen Hütte geboren. Er wurde verfolgt und brauchte eine kleine Gruppe von Anhängern, damit seine Saat aufging. Das waren seine Jünger, die Apostel. Er gab sogar sein Leben, aber er lebte weiter, denn Generationen sind ihm bis heute gefolgt. Das haben wir aus der Bibel gelernt.

Unsere Aufgabe als Christen ist darüber nachzudenken, wie das Reich Gottes auf Erden verwirklicht werden kann. Es wird erst existieren, wenn niemand mehr Hunger leiden muss.

Rigoberta Menchú

- ❏ Formuliert das Glaubensbekenntnis von Rigoberta Menchú. Bedenkt dazu die angesprochenen biblischen Erzählungen. Wie würde Rigoberta Menchú die Seligpreisungen verstehen?
- ❐ Spielt die Diskussion zwischen Rigoberta Menchú und einem christlichen Großgrundbesitzer, der sich seinerseits auf die Bibel beruft, um seine Rechte und sein Verhalten zu verteidigen.

Selig sind die Friedfertigen

Billiger Kaffee macht arm

Mehr als ein paar Hilfsprojekte, gute oder weniger gute, entscheiden die Bedingungen, unter denen zwischen Nord und Süd Handel getrieben wird, die „Terms of Trade". Seit Beginn der 80er Jahre verschlechtern sich die Preise für Agrargüter und Rohstoffe, die wir aus den Entwicklungsländern beziehen. Gleichzeitig wächst deren Schuldenlast.

Kaffee ist nur ein Beispiel für die ungleichen Handelsbeziehungen zwischen der armen und der reichen Welt. Aber er ist ein besonders anschauliches Beispiel dafür, dass wir als Verbraucher von den ungerechten Nord-Süd-Beziehungen profitieren. Freuen wir uns nicht, wenn Kaffee, Kakao oder Tee billig zu haben sind?

Billiger Kaffee macht arm – die Pflanzer, Pflücker und Kleinbauern. Menschen, die sich schinden müssen, oft vergeblich, weil die Preise kaum die Pflückkosten decken. Und wenn die

Wer verdient am Kaffee?

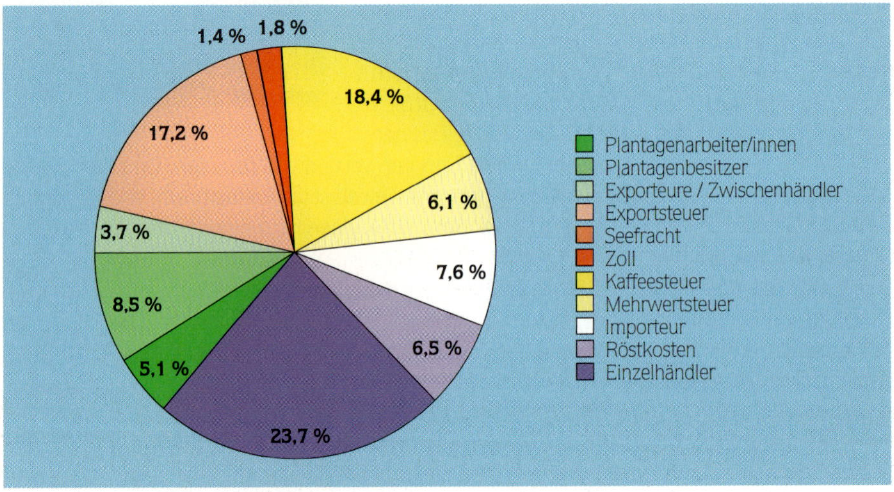

Preise einmal steigen, kommt bei diesen Menschen kaum etwas davon an. Mächtige Organisationen stehen zwischen den Kleinbauern in Kenia oder Guatemala und den Verbrauchern in Deutschland. Sie sind mächtiger als die Bauern, aber auch mächtiger als wir. Sie bestimmen, was wir zu bezahlen haben und was dort gezahlt wird.

Aber können wir gar nichts tun? Gewiss können wir nicht von heute auf morgen die Welt gerechter machen. Aber wir können uns einmischen und durch bewussteres Konsumverhalten zur Veränderung beitragen. In Deutschland und anderen europäischen Ländern haben alternative Handelsorganisationen begonnen, an den Mächtigen vorbei so etwas wie fairen Handel zu organisieren. Mit mehr Erfolg bei den Verbrauchern, als es viele für möglich hielten. Das macht Hoffnung, hier wie dort. Und die können wir gebrauchen.

Erhard Eppler

- ❏ Findet Gründe für die These von Erhard Eppler: „Billiger Kaffee macht arm".
- ❏ Diskutiert die Forderung: Jeder soll 20 Prozent mehr für den Kaffee bezahlen, damit die Plantagenarbeiter mehr zum Leben haben.
- ❏ Entwerft Strategien, wie Kaffeeverbraucher sich einmischen und die Lebensbedingungen von Kaffeepflückern wirksam verändern können. Erkundigt euch in Dritte Welt-Läden nach der Aktion „Transfair-Kaffee". Geht es dabei um Friedensarbeit?

Komplexe Abhängigkeiten

Die einen leben im Wasserüberfluss, die anderen im Wassermangel. Kann man aber Wasser aus den wasserreichen Ländern in die Trockenzonen der Erde schaffen? Was hilft es dem Süden, wenn die im Norden ihren Wasserverbrauch einschränken?

So einfach lassen sich die Probleme nicht lösen. Denn die Nord-Süd-Abhängigkeit ist sehr komplex. Für die südlichen Länder ist die Wassermenge, die im Norden verbraucht wird, unerheblich – wenn das Wasser so in den Kreislauf zurückgeführt wird, dass es nutzbar bleibt. Wenn dagegen Wasser, Luft und Boden vergiftet, Wälder gerodet und Biotope* zerstört werden, ist das für den Süden sehr wohl von Bedeutung.

Auch die technischen Möglichkeiten, die in den Industrieländern entwickelt wurden, beeinflussen die Wassersituation im Süden der Welt. Der Norden exportiert technisches Wissen, Geräte und Entwicklungskonzepte. So wurden jedoch die ökologischen Probleme im Sahel* durch kurzsichtige, unangepasste „Katastrophenhilfe", durch Tiefbrunnenbohrungen und den Einsatz leistungsfähiger Dieselpumpen noch verschärft.

Ein weiterer, nicht zu unterschätzender Faktor sind die Lebens- und Ernährungsgewohnheiten des Nordens: Dessen Verbraucherverhalten schafft Anreize für die Exportproduktion der Entwicklungsländer, die Wasserreserven und Böden oft über Gebühr strapaziert und das Wasser zunehmend mit Schadstoffen belastet.

Es gilt, sparsamer und verantwortungsbewusster mit der Ressource Wasser umzugehen. Wenn die Menschen in den Wasserländern Wasser sparen, wenn sie Abwasser vermeiden bzw. Brauchwasser wieder verwenden, könnte das Vorbildfunktion für den Süden, besonders für die so genannten Schwellenländer*, haben – und vor allem zu ihrer Glaubwürdigkeit beitragen. Wasserschutz- und Wassersparkonzepte, die gemeinsam mit den Partnern in den südlichen Ländern erarbeitet werden, können Bedeutung für die Industrie- und Entwicklungsländer erlangen.

❑ Versucht, die Abhängigkeiten von Nord und Süd graphisch darzustellen. Was können die wasserarmen und die wasserreichen Länder voneinander lernen?

❑ Stellt euch vor, ihr steht unter einem Wasserfall.
Was empfindet ihr? Was ist das „Wasser"?
Lest dazu Psalm 104,10-13.

Psalm 104,10-13

Gut leben statt viel haben

Stilvoll leben bedeutet, man selbst zu sein und gleichzeitig zu begreifen, dass wir Menschen soziale und gesellige Wesen sind, deren Sicherheit und Wohlbehagen untrennbar von anderen Menschen abhängen. Ein Teil der Freude am billigeren und doch besseren Leben liegt darin, Kniffe und Erkenntnisse mit anderen zu teilen und eine Gegenkultur zu errichten, in der die Menschen angenehmer und zufriedener leben können.

In so genannten „primitiven Gesellschaften" wissen alle Mitglieder, wie man ein Haus baut, Nahrung findet, anpflanzt und zubereitet, mit Krankheiten zurechtkommt, Kinder zur Welt bringt und vieles anderes mehr. Es sollte unser Ziel sein, in unseren modernen Lebenszusammenhängen ein ähnliches Kompetenzniveau zu erreichen.

Eine Möglichkeit, einige wichtige alltägliche Regelmäßigkeiten besser zu verstehen, bietet sich mit dem „Grünen Dreieck". Die Eckpunkte des Dreiecks sind Umwelt, Gesundheit und Geld. Sie werden von folgendem Grundsatz zusammengehalten: Wann immer du etwas für einen dieser Punkte tust, bewirkst du fast automatisch auch etwas für die beiden anderen.

Zum Beispiel: Wer sich gesundheitsbewusst ernährt, weniger fetthaltige Fleisch- und Milchprodukte isst, mindert die Wahrscheinlichkeit von Kreislauferkrankungen und spart gleichzeitig Geld. Darüber hinaus profitiert auch die Umwelt davon, denn Fleischproduktion ist sehr landintensiv, benötigt eine Menge Ressourcen und nimmt viel Kapazität in Anspruch.

Oder: Wer zu Fuß geht oder Fahrrad fährt, verringert den Abgasausstoß und damit auch die Gefahr von Smog und saurem Regen und trägt zu einer Verzögerung des Treibhauseffektes bei. Wer das Auto häufiger stehen lässt, tut durch regelmäßige Bewegung auch etwas für die Gesundheit – und spart Geld für Benzin und Autoreparaturen.

Wann immer der Geldbeutel geschont, ein teures Produkt, dessen Herstellung viel Energie und Rohstoffe verbraucht, nicht gekauft oder eine kostspielige Reise, die eine Menge Erdöl in Luftverschmutzung und Lärm verwandelt, nicht gemacht wird, ist auch der Erde geholfen.

Es ist fast immer ökologisch und finanziell erstrebenswerter, sich für wenig oder gar kein Geld mit anderen Menschen zusammen zu amüsieren, als hart zu arbeiten und dafür heftig zu konsumieren. Dinge selbst anzubauen oder herzustellen ist normalerweise billiger, gesünder und ökologisch sinnvoller.

Auch wer das Grüne Dreieck anwendet, sollte sich bewusst sein, dass es keinen „Konsum ohne Reue" gibt. Selbst das gründlichste Recyclingprogramm kann die enormen Schäden, die zum Beispiel durch das Auto oder durch Fleischkonsum entstehen, nicht aufwiegen. Doch auch wenn man nicht alles auf einmal ändern kann, macht es Sinn, an einem Punkt anzufangen.

Ernest Callenbach

- Überprüft die Argumente an euren eigenen Erfahrungen. Nennt weitere Beispiele.
- Hätte ein solcher Lebensstil auch positive Folgen für das Zusammenleben in der einen Welt? Hält er den „Maßstäben der Gerechtigkeit" stand?
- Stellt euch vor, ihr habt eine Werbeagentur und bekommt den Auftrag, eine Werbekampagne zu diesem Lebensstil zu entwickeln. Nehmt ihr diesen Auftrag an? Wenn ja, was fällt euch ein?

Jacques Chery, Misereor-Hungertuch aus Haiti

Selig sind, die Leid tragen, denn sie sollen getröstet werden

Haiti gehört zu den ärmsten Ländern dieser Erde. Jahrzehntelang wurde die Insel von einer Diktatur beherrscht. Es herrschten Angst und Gewalt. Die Arbeitnehmer hatten keine Rechte, Gewerkschaften waren verboten. Viele Menschen versuchten mit einfachen Booten nach Florida zu entfliehen. Die 6,3 Millionen Einwohner Haitis leben weitgehend auf dem Lande. Sie sind Bauern. Aufgrund eines jahrhundertelangen Raubbaus sind die Böden jedoch häufig nicht mehr kultivierbar.
Nach 1492 wurde das Land von den Spaniern beherrscht, die für die Arbeit in den Goldminen Sklaven aus Afrika holten. 1697 fiel Haiti an Frankreich. 1791 kam es zu einem Sklavenaufstand, der mit der Errichtung einer Republik endete. Die Menschen in Haiti sind stolz auf ihre afrikanische Herkunft und Religion, auf ihre historischen Beziehungen zu Frankreich, auf ihre Geschichte als freies Volk. Haitianische Kunst verbindet Voodoo* und Christentum. Das neunteilige Meditationsbild erzählt von den Erfahrungen des haitianischen Volkes, von seinen Hoffnungen und Erwartungen und setzt diese in Beziehung zur biblischen Botschaft.

- ❑ Das Bild spielt auf verschiedene biblische Erzählungen an. Findet sie heraus.
- ❑ Das Hungertuch verweist auch auf Erfahrungen von Menschen, besonders in der Dritten Welt. Welche könnt ihr erkennen? Kennt ihr weitere?

Sterben – Tod – Auferstehung

Diagnose: Krebs

Zehn Jahre nach dem Tod ihrer Tochter veröffentlicht Christel Zachert ein Tagebuch mit Briefen ihrer Tochter. Es hat den Titel „Wir treffen uns wieder in meinem Paradies". Nach einem Jahr des Kampfes gegen ihre Krankheit starb Isabell am Buß- und Bettag 1982.

Es war Samstagabend. Wir wollten rechtzeitig zu Hause sein, da Matthias vierzehn Jahre alt wurde. Christian und Matthias begrüßten uns freudig, aber du, so sagten uns die Jungs, seist schon ins Bett gegangen und würdest schlafen. Wir wunderten uns sehr und respektierten es. Nach einer Weile musst du aber doch aufgewacht sein und kamst aus deinem Zimmer, blass und erschöpft, wie ein schwer kranker Mensch. Wir mühten uns um dich.
Am Sonntagmorgen fuhr Vater gleich mit dir zu unserer Hausärztin. Verschleppter grippaler Infekt war die Diagnose, Penizillin die Therapie, die Lungen nach Abklingen des Fiebers röntgen zu lassen die Empfehlung.
Der Sonntag war ausgefüllt mit bohrenden Fragen. Irgendetwas musste doch schuld sein, dass du so eine schwere „Grippe" bekommen hattest. Ein Satz von dir machte uns stutzig: „Wenn ich wirklich krank bin, dann bin ich sehr krank und das schon längere Zeit."
Am Montag und Dienstag ging das Fieber zwar zurück, aber du wurdest immer schwächer. Am Mittwoch fiel dir das Sprechen schon schwer. Du saßest im Bett und schnapptest nach Luft. Wir fuhren mit dir ins Krankenhaus; wir mussten doch wissen, ob es eine einfache oder eine doppelseitige Lungenentzündung war. Nach einer Stunde wussten wir: Es war ein bösartiger Tumor.

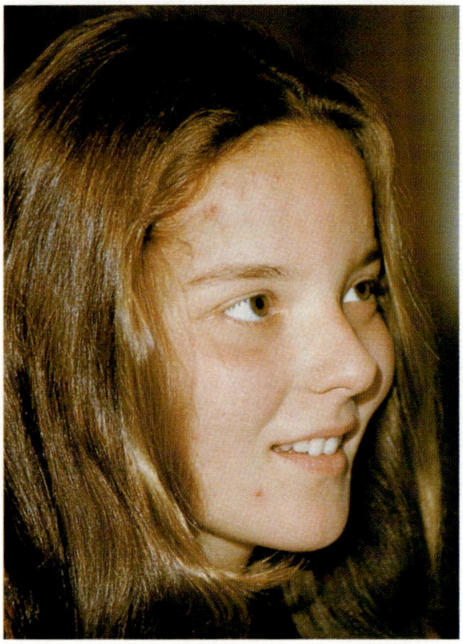

Der Oberarzt wurde gerufen. Deine Lunge musste sofort punktiert werden, damit du nicht ersticktest. Wir wichen nicht von deiner Seite, sahen, dass die Flüssigkeit, die man aus deiner Lunge absaugte, rot war ... Der Arzt sagte uns direkt, dass es auf alle Fälle ein bösartiger Tumor im Endzustand sei. Um welche Art von Tumor es sich dabei handele, könne man noch nicht sagen. Wir waren von der Nachricht wie erschlagen. Ich begriff sofort die Ernsthaftigkeit deines und unseres Schicksals. Wir durften und wollten unsere Ängste nicht auf dich übertragen und in dein Herz pflanzen. Du musstest alle Kraft einsetzen, um mit deinen Schmerzen und Beschwerden zurechtzukommen. Wir konnten dir noch nicht sagen, was wir schon wussten.

- ❏ Kennt ihr ähnliche Geschichten?
- ❏ Sollen die Eltern Isabell die Wahrheit sagen?
- ❏ Was würdet ihr jetzt den Eltern raten?

Briefe in der Krankheit

Meine liebe Doris! *28.7.1982*

Seit gestern ist die Therapie beendet und gerade bekomme ich eine Bluttransfusion, weil meine Blutwerte so schlecht sind. Insgesamt sind aber alle Nachrichten wahnsinnig gut: Alle Untersuchungen sind sehr gut. Es wird, sobald es mein Blut erlaubt, eine neue Therapie gestartet, die mir wahrscheinlich auch wieder ein ziemlich normales Leben erlauben wird. So dürfte ich auch wieder an einen geregelten Schulbesuch denken. Ich freue mich sehr auf die neue Klasse. Vielleicht wachsen mir ja auch die Haare wieder so weit, dass ich ohne Perücke oder Tuch herumlaufen kann. Mit dem Tuch, das habe ich jetzt erst ganz neu entdeckt, ist es viel angenehmer als mit dieser dummen Perücke.
Liebe Doris, grüße bitte deine ganze Familie von mir, hoffentlich bis bald.

Deine Belli

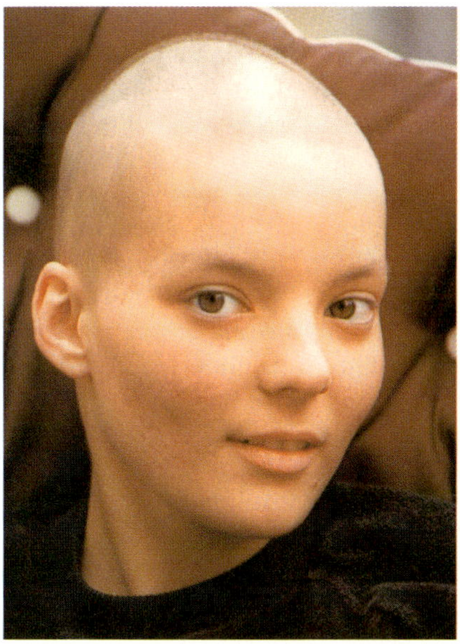

Liebe Doris! *17.9.1982*

Wie dir vielleicht mein Vater am Telefon erzählt hat, geht es mir im Moment nicht so sehr gut. Ich habe unheimliche Angst, dass die Therapien nichts nützen und ich den Entschluss fasse, nicht mehr therapiert werden zu wollen, weil es nichts bringt, sondern nur die Qual der Therapie. Ich bin im Moment sehr mutlos und deprimiert, weil ich fast sofort wieder so große Schmerzen bekommen habe. Das war nun schon extra eine besonders schwere Therapie und ich habe trotzdem Schmerzen.
Ich habe auch vor der Art des Sterbens Angst. Es ist so grausam. Manchmal kann ich nicht atmen, manchmal mich nicht mehr bewegen. Ich will aber doch so gerne leben!
Liebe Doris, sag deiner Mutter alles Liebe von mir.

Deine Belli

Liebe Belli! *21.9.1982*

Vielen herzlichen Dank für deinen Brief. Er war sehr, sehr offen. Ich will versuchen, genauso offen zu antworten. Dabei bin ich nun etwas ratlos. Ich kann eine Menge schreiben, über das Wetter und anderes, aber ich möchte doch auf das, was du geschrieben hast, eingehen und nicht einfach daran vorbeisehen. Ich möchte dir irgendwie helfen, doch mir fällt nur eine Sache ein, die meiner Meinung nach wirklich hilft. Es fällt mir auch

schwer, es so auszudrücken, dass es nicht nach unnützer Theorie aussieht. Vielleicht denkst du auch, dass ich leicht reden kann, wo ich nicht in dieser Situation stecke. Trotz allem werde ich es versuchen zu schreiben. Vielleicht ist es für dich eine wirkliche Hilfe.
Du weißt ja, dass ich an Jesus Christus glaube. Ich glaube auch, dass er jedem in jeder Situation helfen kann. Leider ist hier schon die erste Frage, auf die ich keine Antwort weiß. Ich weiß nicht, warum er zulässt, dass du so starke Schmerzen erdulden musst. Das ist einfach unbegreiflich. Darum wird es auch unverständlich sein zu glauben, dass Gott jeden Menschen liebt. Das scheint unmöglich, doch wage ich es trotzdem daran festzuhalten. Vielleicht gerade deshalb, weil Jesus am Kreuz so viele Schmerzen erleiden musste. Darum kann er dich besser verstehen als jeder andere. Und weil er dich so gut versteht und kennt, kann er auch helfen, selbst wenn es uns ganz unverständlich ist, warum er so viel Leid zulässt.
Vielleicht denkst du gerade jetzt, dass ich noch von Gottes Liebe reden kann, wo ich gar keine richtigen Schmerzen kenne. Da hast du Recht, doch gibt es viele andere Menschen, die trotz Leid an Gott glauben konnten. Darum möchte ich doch weiterschreiben, selbst wenn ich deine Lage noch nie annähernd erlebt habe.
Eine Bibelstelle gefällt mir besonders gut. Da heißt es: „Jesus Christus ist gekommen, damit wir Leben im Überfluss haben.“ Der Satz sieht im ersten Moment lächerlich und sogar falsch aus, weil sich die vielen Schmerzen sicher nicht als „Leben im Überfluss“ bezeichnen lassen. Aber Gott hat ganz andere und uns teilweise unverständliche Maßstäbe. Wenn er von Leben spricht, meint er nicht ein Leben mit dem, was uns als lebenswert erscheint, zum Beispiel Komfort, Amüsieren und andere Dinge. Gott schenkt ganz anderes Leben: Leben mit Erfüllung, einem Sinn, innerlichem Frieden und Freude. Dieses Leben bietet er jedem von uns an. Es liegt an uns, ob wir auf ihn vertrauen und uns darauf einlassen oder nicht. Eine Stelle im Römerbrief (8,34-38) sagt, dass uns nichts, weder Tod noch Leben noch irgendeine Gewalt, von der Liebe Gottes trennen kann. Das hat auch die Folge, dass nichts ein von Gott geschenktes Leben zerstören kann. Ein Leben mit Gott wird nie aufhören, sondern ewig dauern, weil es nicht von außen beeinflusst wird. Das heißt, dass du ganz unabhängig davon, ob die Therapie erfolgreich ist oder nicht, leben kannst. Gott ist immer bei dir, er schenkt dir Kraft auch gegen die Angst.

Römer 8,34-38

Liebe Belli, das war es, was ich dir sagen wollte. Hoffentlich war es nicht zu hochtrabend und theoretisch. Ich werde auch im Gebet oft an dich denken. Ich wünsche dir das Allerliebste, Gottes Segen und von ganzem Herzen Erfolg bei der Therapie.

Deine Doris

Liebe Doris!

Ich bin wieder im Krankenhaus und es geht mir nicht sehr gut. Diese Therapie ist etwas verändert worden und ich muss mich oft übergeben. Ich wollte dir aber wenigstens sehr für deinen Brief danken. Grüße alle von mir.

Deine Belli

- ❑ Versucht in einer Kurve zu beschreiben, wie es Isabell nach ihren Briefen geht.
- ❑ Kann der Brief von Doris eine Hilfe sein? Welche Sätze wären für euch eine Hilfe? Welche Sätze sind schwer zu verstehen?
- ❑ Bedenkt, was Isabell jetzt braucht.

Die Stunde des Todes

23.10.1982

Die Schmerzen sind wieder schlimmer, vor allem im Steiß. Ich habe eine so große Angst zu sterben, weil eigentlich keine Besserung eintritt. Ich merke immer deutlicher, was es heißt, schwerstkrank zu sein. Auch stimmt mich der Gedanke so traurig, dass ich manche lieben Leute nie mehr wieder sehen werde. Denn wenn ich sterbe, dann bestimmt noch vor Weihnachten. Gestern war ich noch so zuversichtlich und heute Morgen kann ich mir kaum noch ein erträgliches Morgen vorstellen. Selbst der Tod käme schmerzhaft. Ich will aber noch nicht sterben. Es gibt noch so viele Sachen, die ich machen möchte.

Liebe Marie, *15.11.1982*

ich liebe dich wie meine Schwester. Es war schön, das Gefühl kennen zu lernen, eine Schwester zu haben.
Du hast mir viel gegeben.
Auf Wiedersehen in meinem Paradies!
Deine Belli

Zum Schluss lag im Tagebuch noch der verschlossene Brief an Töbi. „An meinen lieben Töbi" stand außen drauf. Alle guckten gespannt auf diesen Brief. Ich nahm ihn in die Hände und sagte: „Den Inhalt dieses Briefes kennt nur Belli. Dieser Brief wird Töbis und Bellis Geheimnis bleiben!" – Ich schloss das Tagebuch.
Papa, Matthias, Christian und ich, wir wachten den Rest der Nacht an deinem Bett. In den letzten Minuten bildeten wir einen Kreis um dich und gaben uns die Hände – du wirst uns auf immer verbinden! Es war Buß- und Bettag. Am 17. November, um fünf Uhr morgens, warst du erlöst.

❑ Was, stellt ihr euch vor, geschieht in der Todesstunde? Kann man das malen? Hieronymus Bosch hat dies versucht. Versucht sein Bild zu deuten.
❑ Hätte dieses Bild für Isabell eine Hilfe sein können? Wenn nein, entwerft ein Todesbild für Isabell.

Hieronymus Bosch, Der Aufstieg in das himmlische Paradies

Der Tod Jesu

Matthias Grünewald, Die Kreuzigung

2 Mein Gott, mein Gott, warum hast du mich verlassen? /
Ich schreie, aber meine Hilfe ist ferne.
5 Unsere Väter hofften auf dich; /
und da sie hofften, halfst du ihnen heraus.
7 Ich aber bin ein Wurm und kein Mensch, /
ein Spott der Leute und verachtet vom Volke.
8 Alle, die mich sehen, verspotten mich, /
sperren das Maul auf und schütteln den Kopf:
9 „Er klage es dem HERRN, der helfe ihm heraus /
und rette ihn, hat er Gefallen an ihm."
15 Ich bin ausgeschüttet wie Wasser,
alle meine Knochen haben sich voneinander gelöst; /
mein Herz ist in meinem Leibe
wie zerschmolzenes Wachs.
20 Aber du, HERR, sei nicht ferne; /
meine Stärke, eile, mir zu helfen!
22 Hilf mir aus dem Rachen des Löwen
und vor den Hörnern wilder Stiere – /
du hast mich erhört!

Psalm 22

❏ Nach den Evangelisten Matthäus und Markus hat Jesus am Kreuz Psalm 22 gebetet. Was sagt das über seine innere Verfassung?
❏ Die Kreuzigung von Matthias Grünewald sollte ein Trost für Sterbende sein. Könnt ihr dies nachvollziehen? Beachtet die Briefe von Isabell und Doris.

Die Anteilnahme am Tod von Isabell war überwältigend. In der Schule und bei allen Freunden und Bekannten. Dies wird deutlich am Nachruf ihrer Tennistrainerin in der Clubzeitung:

Isabell Zachert lebt nicht mehr – erst sechzehn Jahre jung. Vergebens kämpften ein Jahr lang Ärzte, und besonders sie selbst, gegen die tückischste aller Krankheiten. Zwischen Bangen und Hoffen wehrte sich Isabell trotzig, ja verbissen gegen das drohende Ende. Sie wusste, dass es kommen würde.
Eine Therapiepause gab ihr zu Pfingsten letzte Gelegenheit, den BTHV, ihre sportliche Heimat, zu besuchen. Gern erinnern wir uns an ihren Bericht in der Clubzeitung, in dem sie fast fröhlich ihre Eindrücke über das Tennis-Jugend-Turnier schildert. Die Bambina-Spielerin und mehrfache Clubmeisterin war eine glückliche Frohnatur, stets ansprechbar und hilfsbereit. Sie, die versprach, eine gute Nachwuchsspielerin zu werden, sagte noch in der letzten Woche zu mir – leise und traurig –, „jetzt bin ich wohl ein Verlust für den BTHV".
Isabell fehlt uns wirklich – für immer.

Sibylle Pagenkopf

Todesbilder

Die häufigste Bezeichnung, die den Tod grammatikalisch als Tat des Toten beschreibt, ist „sterben“ oder „versterben“. Dies ist unter allen gewiss die realistischste und auf den ersten Blick am wenigsten verschleiernde Bezeichnung. Die Etymologie* allerdings kann zeigen, dass selbst diese Vokabel andere Bedeutungsinhalte hatte als unwiderrufliches Ende: sterben hieß ursprünglich „starr werden“. Die Beschreibung des Todes als Abschied oder Abreise ist verknüpft mit dem Bild der Wanderung zu neuem Dasein, neuem Leben, und entspricht darin primitiven Bildern. Die Abreise stellt den Tod aber zugleich dar als Aktivität des Toten, der Tote ist Urheber seines eigenen Todes.

❑ In Todesanzeigen und Nachrufen findet man unterschiedliche Bilder des Todes. Arbeitet verschiedene Todesbilder heraus und versucht sie zu erklären.
❑ Entwerft eine Todesanzeige für Isabell. Wie würde die Anzeige ihrer Klasse aussehen?
❑ In der Umgangssprache gibt es ganz unterschiedliche Ausdrücke für das Sterben: Er hat den Löffel abgegeben, er ist abgekratzt, sie hat das Zeitliche gesegnet, ist abgenippelt, sie schaut sich die Radieschen von unten an, er hat ins Gras gebissen ... Kennt ihr weitere Formulierungen? Welche Bilder von Sterben und Tod lassen sich darin erkennen? Was unterscheidet die Umgangssprache von der Sprache in Todesanzeigen oder bei Trauerfeiern?

Wir taten unsere letzte Pflicht. Die Anweisungen hatte ich von dir noch zwei Tage zuvor erhalten. Dein weißes Kleid, das du beim Abendmahl anhattest, wolltest du tragen. Das pastellblaue Baumwolltuch ums Köpfchen, bloß keine Perücke, aber bitte auch keine Glatze. Und bitte eine große Beerdigung. „Es soll jeder zu meinem Abschied kommen können, der kommen will.“ Es war ein großer Abschied. Wie viele Menschen dich liebten, sahen wir an diesem Tag ganz deutlich. Und wir waren deine Eltern und Brüder, das erfüllte uns mit großem Stolz. Wir wollten von nun an ganz besonders versuchen, dass auch du stolz auf uns sein kannst. Matthias legte in der Schultrauerfeier die erste Probe ab. Du hattest ihn in deiner Todesstunde gebeten, den Schülern zu berichten, wie du gestorben bist. „Ich versprach es ihr“, berichtete Matthias im Schulgottesdienst vorne in der Kirche, „und sie sagte mir, dass man vor dem Tod keine Angst zu haben braucht. Sie war zutiefst davon überzeugt, weiterzuleben und uns wieder zu sehen. Am Abend ging Isabell leise, befreit und glücklich in ihr Paradies.“ – Du warst sicherlich sehr stolz auf ihn.

❑ Versetzt euch in die Lage der Familie von Isabell: Wie soll die Beerdigung aussehen? Wie soll der Grabstein gestaltet sein?

Isabell

✻ 3.3.1966 † 17.11.1982

Eines bestehet,
nimmer vergehet,
was du liebend getan!

Völlig unerwartet müssen wir Abschied nehmen von meiner lieben, herzensguten Frau, meiner Tochter, unserer Mutti, Oma, Schwester, Schwägerin, Tante und Cousine

Sibylle Appel

geb. Groß

✻ 25.2.1941 † 17.11.1992

Es gibt ein Wiedersehen.

Erlöst!

Unser lieber Vater, Schwiegervater und Opa

Josef Dürrschnabel

✻ 24.3.1918 † 19.11.1982

ist in Gottes Frieden heimgegangen.
In Liebe und Dankbarkeit:

Was kommt nach dem Tod?

Plato, griechischer Philosoph (428–347 v. Chr.):
Ich sage, wenn die reine Seele sich des Leibes entledigt und nichts vom Leibe mit sich schleppt, weil sie im Leben schon freiwillig nichts mit ihm gemein hatte und vor ihm geflohen ist und nur danach strebte, sich in sich selber zu sammeln ... Dann sage ich, scheidet die Seele von hinnen in das ihr angestammte, unsichtbare, göttliche, ewige Reich der Vernunft, dort darf sie sich ihres Heiles freuen, erlöst vom Irrtum, von der Sinnlosigkeit, der Angst, der wilden Liebe und allen Übeln. Dort lebt sie wahrhaftig, wie es unter den Eingeweihten heißt, mit den Göttern.

Paul-Henri Thierry d'Holbach, französischer Atheist:
Die unsinnige Lehre von einem künftigen Leben hindert die Menschen daran, sich mit ihrem wahren Glück zu befassen und auf die Vervollkommnung ihrer Institutionen, ihrer Gesetze, ihrer Moral und ihrer Kenntnisse bedacht zu sein; leere Trugbilder haben ihre Aufmerksamkeit gänzlich in Anspruch genommen; sie ergeben sich freiwillig in die religiöse und politische Tyrannei, sie verkümmern im Irrtum, schmachten in Elend und das alles in der Hoffnung auf einen glücklicheren Tag.

Eine Mitschülerin:
In der Natur gibt es ein ständiges Werden und Vergehen. Aus einer Raupe wird ein Schmetterling, aus dem Schmetterlingsei eine Raupe. Ich glaube, dass meine Seele nach dem Tod in einem anderen Menschen weiterlebt, dass mein Leben also wieder von neuem beginnt.

Ein Freund:
Isabell lebt in unseren Herzen und in unserer Erinnerung weiter.

Paulus:
Es wird gesät verweslich und wird auferstehen unverweslich. Es wird gesät in Niedrigkeit und wird auferstehen in Herrlichkeit. Es wird gesät in Armseligkeit und wird auferstehen in Kraft. Es wird gesät ein natürlicher Leib und wird auferstehen ein geistlicher Leib. Gibt es einen natürlichen Leib, so gibt es auch einen geistlichen Leib. *1. Korinther 15,42-44*

❐ Stellt euch vor, ihr besucht einige Tage nach der Beerdigung von Isabell mit einem siebenjährigen Kind das Grab. Das Kind fragt, wo Isabell jetzt sei. „Ist sie jetzt oben im Himmel und schaut auf uns herab?" Formuliert eine mögliche Antwort. Sind die Texte eine Hilfe?

Die Auferstehung Jesu

Nun aber ist Christus auferstanden von den Toten als Erstling unter denen, die entschlafen sind. Denn da durch einen Menschen der Tod gekommen ist, so kommt auch durch einen Menschen die Auferstehung der Toten.

1. Korinther 15,20f.

- ❑ Für Paulus ist es ganz gewiss, dass Jesus auferstanden ist. Wie denkt ihr über die Auferstehung Jesu? Der Maler Matthias Grünewald hat eine ganz bestimmte Vorstellung davon.
- ❑ „Weil Christus auferstanden ist, werden auch wir auferstehen." Könnt ihr dies bejahen?
- ❑ Vergleicht das Bild von Grünewald mit den biblischen Texten.

Matthias Grünewald, Auferstehung Christi

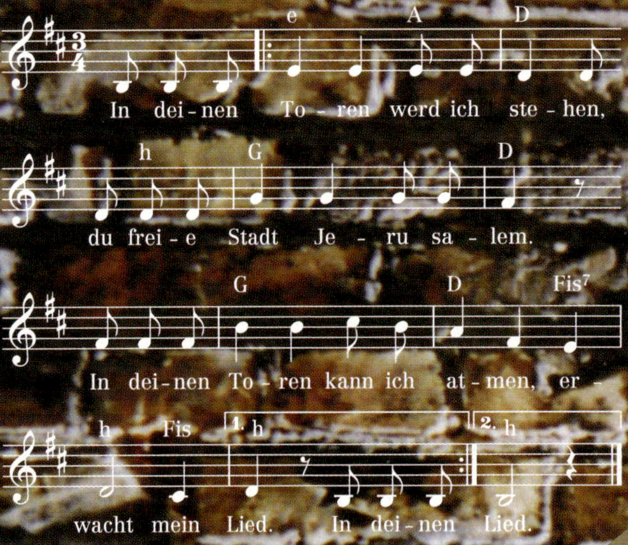

„Denn von Zion geht aus die Weisung und

Heimat und Fremde

Jeremia – höret die Stimme!
Geschichten aus dem Exil
Keine Zukunft ohne Erinnerung
Neue Anfänge

das Wort des Herrn von Jerusalem“ (Jes 2,3b)

Jeremia – höret die Stimme!

Hören Ein Prophet hört unmittelbar, was Gott ihm mitteilt. Das Gehörte muss er weitersagen. Aus dem Hörer und von Gott Gerufenen wird ein Rufer Gottes.

- ❑ Schreibt in „Hörblasen", was euch zu diesem Bild einfällt (Stichworte!). Heftet die Hörblasen an die Tafel und redet darüber.
- ❑ Lest folgende Bibelstellen: Jesaja 1,2; 5,8.9; 6,8; 30,21; 50,4; Jeremia 4,5; 6,10; 7,24; 23,16f.; 26,15; 28,23; Klagelieder 3,8. Was erfahrt ihr daraus über den Auftrag eines Propheten?
- ❑ Nehmt in Gruppen Geräusche auf und spielt sie der übrigen Klasse vor.
- ❑ Setzt euch still an einen belebten Platz. Berichtet einander, was ihr gehört habt.

Toni Zenz, Der Hörende

Gerufen werden

[4] Und des HERRN Wort geschah zu mir:
[5] Ich kannte dich, ehe ich dich im Mutterleibe bereitete, und sonderte dich aus, ehe
du von der Mutter geboren wurdest, und bestellte dich zum Propheten für die Völker.
[6] Ich aber sprach: Ach, Herr HERR, ich tauge nicht zu predigen; denn ich bin zu jung.
[7] Der HERR sprach aber zu mir: Sage nicht: „Ich bin zu jung“, sondern du sollst
gehen, wohin ich dich sende und predigen alles, was ich dir gebiete.
[8] Fürchte dich nicht vor ihnen; denn ich bin bei dir und will dich erretten, spricht der
HERR.
[9] Und der HERR streckte seine Hand aus und rührte meinen Mund an und sprach zu
mir: Siehe, ich lege meine Worte in deinen Mund.
[10] Siehe, ich setze dich heute über Völker und Königreiche, dass du ausreißen und
einreißen, zerstören und verderben sollst und bauen und pflanzen. *Jeremia 1*

❑ Jeremia schreibt an einen Freund. Er berichtet von seinem Erlebnis und von seinen Bedenken gegenüber dem Auftrag, den er erhalten hat.

Da ist einer

Ich freue mich,
denn ich werde gerufen.–
Da ist einer, der mich kennt.
Da ist einer, der meinen Namen weiß.
Da ist einer, der mich braucht.

__________ *wer?*

Ich freue mich,
denn ich werde gerufen –
anzufangen,
aufzubrechen,
loszugehen,
immer der Stimme nach.

__________ *wohin?*

Ich muss es wagen,
denn ich werde gerufen
zu einer Aufgabe,

__________ *wozu?*

zur Verantwortung,

__________ *wofür?*

zum Leben.

__________ *wie?*

Ich freue mich,
denn ich werde gerufen –
obwohl ich so viel falsch mache,
obwohl ich doch oft Angst habe,
obwohl meine Hände leer sind.
Ich freue mich,
denn ich werde gerufen – trotzdem!
Immer wieder,
jeden Tag.

__________ *warum?*

Ich werde gerufen
auf meinem Weg zu dem,
der mir einst den Namen gab,
mit dem er mich jetzt ruft.
Dagmar

❑ Füge in die Leerzeilen ein, wozu Dagmar berufen ist. Was ist deine „Berufung“?
❑ Stellt Unterschiede zwischen der Berufung Jeremias und der „Berufung“ Dagmars heraus. Überlegt, warum sich Dagmar über ihre „Berufung“ freut und warum Jeremia Bedenken hat.

Rednerketten – Prominente gegen Rassismus

Reden

Umgang mit Fremden
Seite 134 ff.

Aus dem Dunkel des Arri-Filmstudios in München tritt Rita Süssmuth ins scharfe Spotlicht und zitiert das Grundgesetz: „Die Würde des Menschen ist unantastbar.“ Sie fügt hinzu: „Die Würde des Menschen. Nicht nur die des Deutschen.“ Die Bundestagspräsidentin ist eine unter 17 Prominenten aus Politik, Kunst und Medien, die aufgereiht wie die Schwalben vor dem Flug in den Süden auf der Bühne sitzen und darauf warten, dass sie, einer nach dem anderen, für eine kurze, aber einprägsame Starrolle aufgerufen werden: Zwei Minuten reden über das Thema „Denke ich an Deutsche und Ausländer, fällt mir zum inneren Frieden das ein ...“ Alle sind Teil eines Experiments, das die Veranstalter als einmalig bezeichnen: 17 Promis bilden eine „Rednerkette“. Veranstalter ist der Verein Münchener Lichterkette, der vor fünf Jahren die Einwohner der bayerischen Landeshauptstadt dazu aufgerufen hat, am Abend des Nikolaustages mit Kerzen, Laternen und Lampions auf die Straßen zu gehen, um ihre Solidarität mit den ausländischen Mitbürgern zu zeigen. 400 000 folgten dem Aufruf, in den Augen des Hauptinitiators Giovanni di Lorenzo ein überwältigendes Zeichen dafür, dass die Mehrzahl der Münchener und auch der Deutschen insgesamt nicht ausländerfeindlich ist.
Die Rednerkette soll der Auftakt sein, dem neu gegründeten Förderkreis „Lichterkette“ ein solides finanzielles Fundament zu verschaffen.

- ❏ Bildet in eurer Klasse eine solche Rednerkette. Ihr könnt auch ein anderes gesellschaftspolitisches Thema wählen.
- ❏ Lest die „Tempelrede“ Jeremias in Jeremia 7,1-11. Formuliert sie als heutige Rede.

Jeremia 7,1-11

Die Wahrheit lässt sich nicht unterdrücken

Jerusalem unter König Zedekia

Ein Teil der Bevölkerung Judas wurde durch den babylonischen König Nebukadnezar nach Babylonien deportiert. Zedekia – einst von Nebukadnezar zum König eingesetzt – hat sich im Vertrauen auf die Hilfe Ägyptens von diesem losgesagt. Vergeblich warnt der Prophet Jeremia vor dieser Bündnispolitik. Seit Wochen trägt er ein Rinderjoch* als Zeichen dafür, dass Juda das Joch der Herrschaft Babyloniens tragen müsse.
Nebukadnezar belagert Jerusalem, muss aber abziehen, weil ein ägyptisches Heer im Anmarsch ist. In Jerusalem herrscht großer Jubel. Der Prophet Chananja, der in Zeiten des Unglücks von Juda schlau geschwiegen hat, findet mit seinen Heilsankündigungen eine begeisterte Zuhörerschaft.

Das zerbrochene Joch

„Nur zwei Jahre", weissagte er, „nur zwei Jahre noch, dann habe ich zerbrochen das Joch des Großherrn von Babel. Spruch Zebaoths*! Nur zwei Jahre, dann bringe ich zurück an diesen Ort alle Verbannten Babels. Denn zerbrechen will ich das Joch ..." Mitten im Satze stockte Chananja. Sein Auge hatte den unter das Rinderjoch gebeugten Jeremia erkannt. Er wurde rot. Sein Mund zuckte. Scham und Zweifel schienen seine Worte zu ersticken. Jeremia aber grüßte ihn ehrerbietig: „Möge doch die Wahrheit mit dir sein, Chananja, und nicht mit mir."

Chananja schien in Träume zu versinken. Plötzlich riss er seine ein wenig fett gewordene Gestalt empor. Er trat rasch an Jeremia heran und nahm ihm, ehe dieser sich's versah, das Joch von den Schultern. Dann hielt er das morsche gebogene Holz hoch vor die Augen des Volkes. Das wurmstichige Joch krachte, splitterte und zerbrach endlich in zwei Stücke. Mit atemloser Stimme jubelte Chananja auf: „Zerbrechen werde ich so das Joch Nebukadnezars, des Königs von Babel – Spruch Zebaoths."

Chananjas Gemeinde jubelte auf. Auch Jeremia fühlte ein seltsames Wohlsein. Sein Herz war Chananja immer geneigt gewesen, wenn er ihm auch niemals trauen durfte. Ach, wie namenlos war er jetzt bereit, Chananja zu trauen, da dessen Hand ihm die abscheuliche Last abgenommen hatte. Er ging froh seines Weges, obgleich er als Künder* vor den Menschen eine Niederlage erlitten hatte. Zusammen mit seinem Jünger Baruch schlug er den Weg zur südlichen Mauer des Vorhofs ein. Noch hatten sie diese nicht erreicht, als Jeremia plötzlich zusammenzuckte, laut aufstöhnte und zu taumeln begann. Baruch sprang hinzu und hielt ihn fest. Schreckensweite Augen starrten ihn an. Eine heisere Fieberstimme, die er nicht kannte, ächzte vor Grauen:

„Das hölzerne Joch ist zerbrochen ... Das eiserne Joch ist geschmiedet ... Das muss ich tragen fortan ..."

nach Franz Werfel

Elisabeth Voigt, Jochträger

❑ Vergleicht das Verhalten Chananjas und Jeremias miteinander.

❑ Diskutiert die Frage, woran man einen wahren und einen falschen Propheten erkennt.

Leiden

Jeremia wird von Gott beauftragt, in der Stadt Jerusalem und den umliegenden Dörfern die Botschaft Gottes zu verkündigen: „Ihr seid Gott untreu geworden, verachtet seine Gebote und verehrt fremde Götter. Ich allein bin euer Gott. Kehrt um zu mir!"

Jeremia verkündet den Willen Gottes über viele Jahre: Er spricht immer schärfer und unerbittlicher zu den Menschen, die nicht zu Gott umkehren wollen. Der Kreis seiner Gegner und Feinde wird immer größer. Sogar die eigene Familie wendet sich von ihm ab und versucht, ihn durch einen Mordanschlag loszuwerden, der aber fehlschlägt.

In der Zwischenzeit wird das babylonische Reich immer stärker. Die Babylonier wollen die umliegenden Völker unter ihre Herrschaft bringen. Auch für den Kleinstaat Juda bedeutet dies höchste Gefahr. Jeremia sieht voraus, dass die babylonische Kriegsmacht gegen Jerusalem ziehen wird; wenn die Bewohner sich wehren, werden die Babylonier die Stadt einnehmen und die Einwohner in die Gefangenschaft führen.

Für Jeremia ist das Eingreifen der babylonischen Kriegsmacht eine Strafe Gottes für das Volk Juda, weil es nicht zu Gott umkehren will. Er warnt deshalb davor, sich auf die Ägypter als Verbündete zu verlassen und sich gegen die Babylonier zu wehren. Jerusalem soll die Strafe annehmen und sich den Babyloniern unterwerfen.

Die Berater sagen zum König: Dieser Mann muss sterben; mit seinen Reden raubt er den Soldaten und den Bewohnern den Mut. Der König entgegnet: Dieser Mann sei in eurer Hand. Da ergreifen sie Jeremia und werfen ihn in die Zisterne. In der Zisterne gibt es kein Wasser, nur Schlamm. Und Jeremia sinkt in den Schlamm ein.

Elisabeth Voigt, In Ketten

Jeremia 38,7-13; 39,1 ff.

❑ Jeremia könnte sich retten, wenn er seine Worte zurücknähme. Klärt in einem Rollenspiel: Wie soll sich Jeremia entscheiden?

❑ In Jeremia 38,7-13 und 39,1ff. könnt ihr nachlesen, wie die Geschichte ausging.

❑ Das Leiden Jesu erinnert an das Leiden Jeremias. Beide litten um der Wahrheit willen. Beide passten den Menschen nicht ins Konzept.
Klärt, warum Jeremia den Menschen nicht ins Konzept passte.
Mit Hilfe folgender Bibelstellen könnt ihr herausfinden, warum Jesus den Menschen nicht ins Konzept passte:
Matthäus 5,43-48; 21,12-17; 5,21-26; 18,21-35; Lukas 12,22-34; Johannnes 13,1-17; Markus 12,18-31.

Klagen

Verflucht sei der Tag,
an dem ich geboren bin;
der Tag soll ungesegnet sein,
an dem mich meine Mutter
geboren hat!

Wenn ich nicht
so allein wäre,
wäre vielleicht
alles anders!
Aber so ...

Lustlos, trostlos,
lieblos, mutlos, chancenlos –
soll das MEIN Leben sein???

Sooft ich rede, muss ich schreien;
„Frevel und Gewalt!“ muss ich rufen.
Denn des HERRN Wort ist mir zu
Hohn und Spott geworden täglich.

HERR, du hast mich überredet
und ich habe mich überreden lassen.
Ich bin darüber
zum Spott geworden täglich,
und jedermann verlacht mich.

Jeremia 20,1-14

Träume sind genug vorhanden.
Aber haben sie
überhaupt eine Chance?

Viele Fragen plagen mich:
Schaffe ich die Ausbildung?
Wie fallen die nächsten Arbeiten aus?
Was ist, wenn ich durch die Prüfung falle?

Ich habe gar keine Lust mehr,
überhaupt noch zu lernen.
Wofür denn?
Immer nur arbeiten, lernen, Stress?

Warum bin ich doch aus dem Mutterleib hervorgekommen, wenn ich nur
Jammer und Herzeleid sehen muss
und meine Tage in Schmach zubringe!

All meine Freunde und Gesellen
lauern, ob ich nicht falle.

Dieses Leben
nimmt mir jede Lust!
Nur um Geld zu verdienen,
sich was leisten zu können,
gegenüber anderen zu protzen?
Wie kommmen andere da durch?

Warum denn?
Habe ich denn überhaupt
noch Chancen?
Kann ich überhaupt etwas werden?
Ich bin total abgestumpft.

- Karin hat an diese Klagemauer Texte des Propheten Jeremia und eigene Texte geheftet. Stellt Gemeinsamkeiten und Unterschiede der Klagen Jeremias und der Klagen Karins heraus.
- Ihr könnt eure Klagen an eine „Klagemauer“ heften.
- Gestaltet ein Plakat mit Lasten, die heute einen „Propheten“ niederdrücken könnten.
- Formuliert euren Klagepsalm.
Psalm 13 kann euch helfen nicht in der Klage stecken zu bleiben.

Psalm 13

Anklagen

Der Fall Tanja

Marc Chagall,
Die Zerstörung Jerusalems durch Nebukadnezar

Tanja kam zu Beginn der 9. Klasse neu an die Realschule. Sie musste ihre alte Schule verlassen, weil dort die Probleme mit ihr immer größer wurden und sie die 8. Klasse bereits einmal wiederholt hatte. Anfangs lief alles gut. Tanja fand schnell neue Freunde, die Lehrer lobten sie für ihre Leistungen.
Doch dann entwickelte sich die Klasse zur Problemklasse der Schule. Tanja gehörte mit zu den Störern. Die Lehrer, die sie anfangs mochten, ließen sie fallen. Sie hatten sich bei ihrer alten Schule erkundigt und so einiges erfahren. Dass Tanja störte, um auf sich aufmerksam zu machen, übersahen ihre Lehrer. Sie erhielt von nun an bei Klassenkonferenzen das Etikett „schwierige Schülerin". Ihre positiven Eigenschaften, z.B. für andere einzutreten, und ihre Not wurden nicht wahrgenommen. Einzelgespräche mit ihr fanden nicht statt. Maßnahmen wie Vermerke im Klassentagebuch, Gespräche mit Tanjas Eltern oder die Androhung eines Schulausschlusses blieben ohne Wirkung. Ebenso gelang es dem Schulleiter nicht, angemessen auf diese schwierige Klasse zu reagieren und die Zusammensetzung zu verändern. So verschlimmerte sich die Lage der Klasse und insbesondere die Lage Tanjas im 10. Schuljahr noch einmal. Die Abschlussfahrt wurde ersatzlos gestrichen, da kein Lehrer sich bereit erklärte die Klasse zu begleiten. Vor der schriftlichen Prüfung im Frühjahr waren sich alle darüber im Klaren, dass – wenn irgend möglich – niemand aus dieser Klasse durchfallen dürfe. Man wollte diese problematischen Jugendlichen so schnell wie möglich loswerden.
Zu dieser Zeit hatte sich Tanja bereits innerlich von der Schule und von ihrem späteren Berufsleben gelöst. Sie war schwanger und ihr Feund hatte sie verlassen. Niemand nahm ihre innere Mutlosigkeit wahr. So konnte sie unbemerkt von den andern den Entschluss fassen, ihrem Leben selbst ein Ende zu setzen.
Nach der schriftlichen Prüfung, die sie bestanden hätte, sprang sie nachts in ihrem Heimatort von einem Hochhaus. An ihrer Beerdigung nahm der Schulleiter ihrer Schule nicht teil. Ebenso wurde ihr Tod im offiziellen Programm der Realschulabschlussfeier nicht erwähnt.
Die Stimmung an diesem Abschlussabend war gelöst und fröhlich. Alle waren froh, dass der Prüfungsstress vorüber war. Dann hielten die beiden Klassensprecher von Tanjas Klasse gegen Ende des Abends eine Rede. Schlagartig änderte sich die Stimmung.

❑ Formuliert in Partnerarbeit eine Rede für diese Abschlussfeier.

Aus Liebe zu Gott und den Menschen

Dietrich Bonhoeffer
(Seite 178 f.)

Martin Luther King
Schwarzer Baptistenprediger in den USA. Vorkämpfer für die Gleichberechtigung der Rassen. Wurde 1968 von einem weißen Rassenfanatiker ermordet.

Mutter Teresa
Unterrichtete als Ordensschwester an einer Mädchen-Missionsschule in Kalkutta/Indien. Seit 1946 kümmerte sie sich besonders um die Armen der Slums in Kalkutta. Für ihre Arbeit mit Waisen, Kranken und Sterbenden erhielt sie 1979 den Friedensnobelpreis. 1997 starb sie im Alter von 87 Jahren.

Aus Liebe zu Gott und zu den Menschen

Offen sein für Gott

Den Willen Gottes sagen
Sand sein im Getriebe
Unruhe stiften
Anklage erheben
Gegner zurückweisen
Träge wachrütteln
Traurige ermutigen
Für die Wahrheit einstehen
Mit Gottes Zukunft rechnen
– aus Liebe zu Gott
und den Menschen

Sophie Scholl
Verfasste und verteilte zusammen mit anderen Studierenden in München Flugblätter gegen die Verbrechen des Dritten Reiches. Wurde im Februar 1943 im Alter von 21 Jahren verhaftet und hingerichtet.

Johann Hinrich Wichern (Seite 164)

Mutter Teresa
Seite 31

Rigoberta Menchú
Seite 62f.

Frère Roger Schutz
(Seite 200f.)

Rigoberta Menchú
Ihre Eltern, Campesinos (Kleinbauern) im Hochland von Guatemala, wurden 1980 bei Unruhen gefoltert und getötet. Wegen ihrer Arbeit für die Campesinos musste Rigoberta nach Mexiko fliehen. Seit 1983 setzte sie sich als Mitglied der UNO-Menschenrechtskommission besonders für die Rechte der Indios ein, 1992 erhielt sie für ihre Arbeit für soziale Gerechtigkeit und Versöhnung zwischen Indios und Einwanderern in Guatemala den Friedensnobelpreis.

Katharina Staritz (Seite 180f.)

- Beschafft euch in Gruppen weitere Informationen über die Personen auf dieser Seite.
- Ordnet die Aussagen dieser Personen Szenen aus dem Leben Jeremias zu.

Geschichten aus dem Exil

Heimat ist ...

Wo ich mich wohl fühle

Heimat ist für mich da, wo ich mich zu Hause und wohl fühle. In unserem neuen Haus fühle ich mich nicht zu Hause, denn irgendwie ist alles noch fremd. Nach dreizehn Jahren umzuziehen war für mich eine sehr schwere Sache. Aber auch in unserem alten Haus habe ich mich nie ganz heimisch gefühlt. So richtig daheim fühle ich mich eigentlich nirgends.

Heimweh bedeutet für mich, dass ich mich nach der Großstadtatmosphäre sehne oder nach der Ruhe und Weltfremdheit im Ferienhaus. Also: Wenn ich Heimweh habe, dann ist das eigentlich Fernweh. Für mich ist die Heimat da, wo mein Herz dran hängt, wo ich meine besten Freunde habe, woran ich immer wieder gern zurückdenken kann und dadurch wieder fröhlich werde. *Sonja, 16 Jahre*

René Magritte, Die persönlichen Werte (1951/52)

- Diskutiert über Sonjas Vorstellungen von Heimat.
- Beantwortet folgende Fragen oder befragt euch gegenseitig. Ihr könnt auch eine Umfrage unter Freunden und Bekannten durchführen:
  Wenn du dich im Ausland aufhältst und dort Deutsche triffst, befällt dich dann Heimweh?
  Was bezeichnest du als Heimat? Deinen Wohnort? Dein Zimmer? Die Gegend, in der du wohnst? Deutschland? Europa? Was gefällt dir an deiner Heimat besonders?
  Welche Gründe könnten dich dazu bewegen auszuwandern?
- Entwerft ein Symbol, ein Wappen oder eine Fahne für „eure" Heimat.
- Gestaltet ein Plakat oder einen Jahreskalender mit dem Titel „Bilder aus der Heimat".
- Versucht herauszufinden, was für ein Mensch hinter den abgebildeten „persönlichen Werten" steht. Ihr könnt ein Bild oder eine Collage mit euren persönlichen Werten gestalten.

Umgang mit Fremden
Seite 134-137

❑ Der Künstler wurde zu diesem Bild durch einen Bibeltext angeregt. Lest 2. Samuel 6,12-19. Auf dem Bild könnt ihr Einzelheiten der Geschichte entdecken.

Oh Jerusalem!
Von Deinen Mauern aus
wird die Welt zur Welt.
Oh Jerusalem!
Der Tau, der sich auf Dir
niederlässt,
heilt jede Krankheit,
denn er kommt
aus den Gärten des Paradieses
Ausspruch des Propheten Mohammed

❑ Lest Jesaja 2,1-5, Psalm 122 und Offenbarung 21,1-7.
❑ Vergleicht die Hoffnungen und Sehnsüchte, die sich in den Bibeltexten und in dem muslimischen Text mit Jerusalem verbinden.
❑ Im Evangelischen Gesangbuch könnt ihr Lieder finden, in denen Jerusalem im Mittelpunkt steht.

Jerusalem

2.Samuel 6,12-19

Thomas Zacharias, Jerusalem

Stadt dreier Religionen

Für die Juden ist Jerusalem die Stadt Davids. Am Ende der Tage wird dort der Messias einziehen und sein Friedensreich aufrichten; in Jerusalem werden die allgemeine Auferstehung der Toten und das Jüngste Gericht stattfinden. Im messianischen Friedensreich wird auch der Tempel neu erstehen.
Für die Christen ist Jerusalem die Stadt des Todes und der Auferstehung Jesu. Mit der Wiederkunft Jesu zum Gericht ist die Hoffnung auf das neue Jerusalem verbunden.
Für die Muslime ist Al Kuds, wie sie Jerusalem nennen, nach Mekka und Medina die drittheiligste Stadt. Der Felsen Moria, über dem der Felsendom erbaut wurde, erinnert an die Geschichte von Isaaks Opferung und an den Ritt des Propheten Mohammed in den Himmel zum Empfang des Korans. Daneben steht die berühmte Al Aksa-Moschee.

❑ Gestaltet ein Plakat mit dem Thema „Jerusalem – Stadt der drei Religionen Judentum, Christentum und Islam". Ihr könnt dazu Bildbände über Jerusalem und Reiseprospekte heranziehen.
❑ Informiert euch über die heutige politische Lage in Jerusalem.
❑ Manche sagen: Die Beheimatung der drei großen Religionen in Jerusalem bietet einen Anlass für Streit. Andere sagen: Die Friedenssehnsucht, die allen drei Religionen gemeinsam ist, bietet Chancen.

Niemand verlässt freiwillig seine Heimat

Die unerwarteten Fremden Seite 136f.

Sarajewo, im Januar 1993

Noch während ich mein Tagebuch schreibe, spüre ich die Angst, die mich heute früh geschüttelt hat. Als vor zwei Jahren hier der Krieg begann, wusste ich nicht, was Angst bedeutet. Ich dachte immer, dunkle Keller oder schlechte Noten machen Angst. Aber heute hat mir ein dunkler Keller das Leben gerettet. Ich war auf dem Weg zum Wasserholen, als Granaten in die umliegenden Häuser einschlugen. Menschen rannten um ihr Leben. Kinder schrien und wenige Meter vor mir brach eine Frau von einem Granatsplitter getroffen zusammen. Ich rannte in den nächsten Hauseingang und hinunter in den Keller. Ungehemmt weinte ich dort meinen Schrecken heraus. Ich weiß nicht mehr, was Glück und Lebensfreude ist.

❐ Was müsste geschehen, damit du deine Heimat verlässt?

Sarajewo, Ende Januar 1993

Erschöpft und voller Bilder und Stimmen schreibe ich diese Zeilen. Heute verließen wir Sarajewo, die Stadt, in der ich geboren und aufgewachsen bin. Die Stadt, in der ich zur Schule ging und wo meine Freunde leben. Doch diese Stadt macht uns nur noch Angst. Wir können nicht mehr in ihr leben. Der letzte große Angriff hat auch unsere Wohnung stark beschädigt. Mutter wollte nicht mehr hier bleiben. Von Vater haben wir schon seit Monaten nichts mehr gehört. Er ist irgendwo an der Front, die überall verläuft.
Schon gestern haben wir das Nötigste zusammengepackt, jeder nur so viel, wie er tragen konnte. Ich bin unsicher, ob ich die wirklich wichtigen Sachen dabei habe. Im Schutz von UN-Truppen wurden wir zu einem Bus gebracht. Auf Schleichwegen fuhren wir nach Kroatien.
20 Stunden waren wir unterwegs. Jetzt liege ich in der Dunkelheit einer alten Fabrikhalle auf einem Feldbett und höre die leisen Geräusche der anderen Flüchtlinge. Wie wird es weitergehen?

❐ Was würdest du auf eine solche Flucht mitnehmen? Packe einen Koffer.

Bosnische Flüchtlinge

Stuttgart, im November 1993

Viel ist geschehen seit unserer Flucht aus Sarajewo und den letzten Eintragungen in mein Tagebuch. Irgendwann wurden wir von einem UN-Beauftragten gefragt, ob wir nach Deutschland wollten. Warum nicht Deutschland? Wir hatten schon viel Gutes von diesem Land gehört. Nach einer endlos scheinenden Fahrt kamen wir nach Stuttgart in eine Sammelunterkunft für Bosnienflüchtlinge. Aber den Krieg habe ich nicht hinter mir gelassen. Er ist in den Sorgen um Vater und die Freunde und in den Gesprächen mit den Lagerbewohnern immer gegenwärtig. Neue Schwierigkeiten sind hinzugekommen: die unbekannte Sprache, die fremde Stadt, Vorschriften, die wir nicht kennen, und das Warten.

❒ Du sprichst als Flüchtling kein Deutsch. Mit deinem Schulenglisch versuchst du der Ausländerbehörde den Grund deiner Flucht zu erklären.

Sarajewo, im Januar 1998

Ich bin wieder in der Stadt, die einst mein Zuhause war. Der Krieg ist zu Ende, wir mussten und wollten zurück in unsere Heimat. Doch alles ist anders als früher. In unserer Wohnung leben fremde Menschen. Wir haben ein Zimmer in einer Siedlung am Rande der Stadt. Mutter findet keine Arbeit. Bei den Einstellungen werden die bevorzugt, die den Krieg über in der Stadt ausgeharrt haben. Vater hat sich verändert. Er ist verschlossen und manchmal braust er wegen Kleinigkeiten auf. Ständig haben wir Streit. Mutter versucht zu vermitteln und bei mir um Verständnis für ihn zu werben. Zu viel Tod und Elend habe er im Krieg gesehen. Vielleicht hat auch er Tod und Elend gebracht? Obwohl die Waffen schweigen, ist dieser Krieg in den Köpfen und Herzen der Menschen hier noch nicht zu Ende. Zwischen mir und meinen ehemaligen Freunden liegen meine Jahre in Deutschland. Ich bin eine Fremde im eigenen Land.

Zerstörte kroatische Stadt

❒ Versetze dich in Eldina. In einem Brief an eine Freundin in Deutschland erzählst du von deiner jetzigen Lage in Sarajewo.
❒ Vier Jahre lebte Eldina in Deutschland. Was könnte sie alles erlebt haben?
❒ Informiert euch über das Leben von Flüchtlingen in eurer Gegend.

Wege ins Exil

2.Könige 24, 18-25,21

Im Jahre 598 v.Chr. eroberte Nebukadnezar Jerusalem. Er setzte den judäischen König Jojachin ab und führte ihn zusammen mit einem Teil der Jerusalemer Bevölkerung nach Babylon ins Exil. Nebukadnezar setze Zedekia zum König ein (vgl. 2.Könige 24,8-17). Die Weggeführten hofften auf baldige Rückkehr nach Jerusalem.
Als König Zedekia sich im Vertrauen auf das Bündnis mit Ägypten gegen Babylonien erhob, eroberte Nebukadnezar Jerusalem erneut, zerstörte Stadt und Tempel und ließ einen großen Teil der Bevölkerung Jerusalems und Judas nach Babylonien deportieren. Dort wurden sie vor allem beim Bau von Bewässerungskanälen eingesetzt.
Damals flohen viele Judäer nach Ägypten und siedelten sich dort an. Der Prophet Jeremia wurde gegen seinen Willen von Landsleuten nach Ägypten verschleppt, wo sich seine Spur verliert (vgl. Jeremia 42 und 43).
Für die Judäer bedeuteten diese Ereignisse eine tiefe Erschütterung ihres Glaubens: Gott hatte Abraham das Land versprochen. Gott hatte dem Königshaus Davids einen dauernden Bestand zugesagt. Der Tempel in Jerusalem war für die Judäer der einzige Ort der Anbetung und Gegenwart Gottes. Für viele war der Tempel die Garantie für den Schutz Gottes. Dies kommt in vielen „Zionsliedern" zum Ausdruck.
Wo blieben nun die Verheißungen Gottes?

Psalm 46; 48

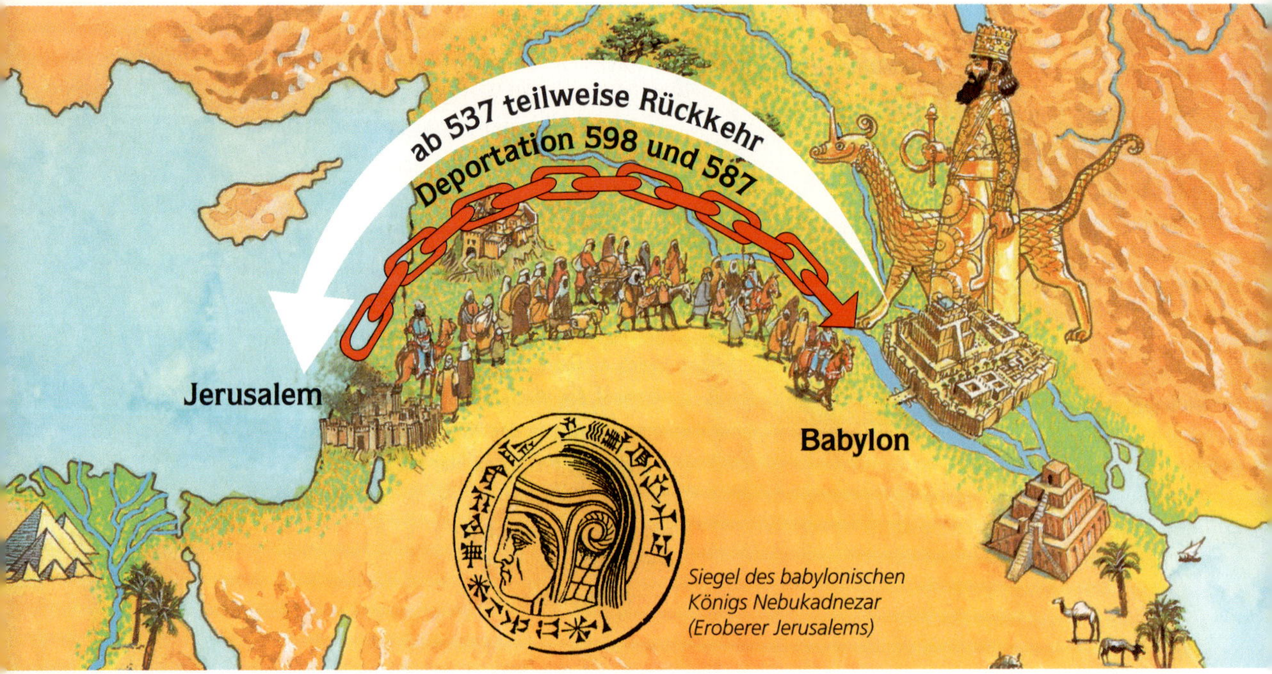

Siegel des babylonischen Königs Nebukadnezar (Eroberer Jerusalems)

❑ Ihr könnt in den angegebenen Bibelstellen Näheres über die hier beschriebenen Ereignisse nachlesen.

By the rivers of Babylon ...

❑ Das Lied war ein Hit der Gruppe Boney M. Lest Psalm 137, der die Grundlage des Liedtextes ist, und vergleicht Lied und Psalm miteinander.
❑ Schreibt Psalm 137 so um, dass ihn Eldina sprechen kann.
❑ Ein Frau aus Judäa schreibt in ihr Tagebuch, was ihr der Verlust der Heimat Jerusalem bedeutet.

Psalm 137

Im Exil entstand der Synagogengottesdienst. Dieser besteht aus Gebet, Lesung (Predigt) und Lied. Opfer fanden nicht statt, daher benötigte man auch keine Priester zur Durchführung eines Gottesdienstes. Dies war für antike Religiosität etwas Einmaliges. Zu solchen Gottesdiensten konnte man sich an jedem Ort, auch im Freien, versammeln.

❑ Lest den Brief, den Jeremia nach der ersten Deportation an die Judäer in Babylon schrieb (Jeremia 29,4-7).
❑ Wie leben Judäer in Babylon, die den Brief Jeremias ernst nehmen?
❑ Ein Judäer in Babylonien schreibt in sein Tagebuch, warum ihm der Brief Jeremias seinen Glauben gestärkt hat.

Jeremia 29, 4 - 7

Das Judentum

Für die im Land verbliebenen Judäer und die ins Exil Weggeführten bürgerte sich der Name „Juden" ein; dieser Name ist abgeleitet vom Stamm „Juda".
Seit dem babylonischen Exil legten die Juden größten Wert auf die strenge Einhaltung der Tora, insbesondere auf die Einhaltung des Sabbatgebotes und der Speisegesetze. Die strenge Einhaltung der Tora wächst aus der Erkenntnis, dass das Exil als Strafe Gottes dafür zu sehen ist, dass man immer wieder den von Gott in den Geboten vorgezeichneten Weg verlassen hat.
Man betonte die Unterschiede zu anderen Völkern. Hierher gehört insbesondere die Sitte der Beschneidung, aber auch die Einhaltung der übrigen Gesetzesvorschriften. Die Betonung der Unterschiede ist typisch für eine Minderheitensituation. Seit dem Exil wuchs im Judentum die Hoffnung auf einen Retter, einen neuen Gesalbten, der das Volk erlösen wird.
Ab dem Jahr 538 durften die Israeliten wieder in ihre zerstörte Heimat zurückkehren. Allerdings kehrten nicht alle zurück, viele blieben im Zweistromland und lebten dort weiter als jüdische Gemeinden zusammen.

❑ In diesen Merkmalen, die sich im babylonischen Exil herausbildeten, liegen wesentliche Gründe dafür, dass das Judentum über mehr als 2000 Jahre in der Diaspora* bestehen konnte. Formuliert diese Gründe.

In der Heimat zum Fremden gemacht

Max Elsas wurde am 10. März 1858 als dritter Sohn des Benedikt und der Rebekka Elsas in Ludwigsburg geboren. Nach seiner Schulzeit am Realgymnasium (Realschule) nahm er 1876 eine Ausbildung als Textilfachmann in Reutlingen auf. Später schloss er noch eine kaufmännische Lehre an. Damit war er gerüstet für die Übernahme der elterlichen Buntweberei in Ludwigsburg.

Doch Max Elsas engagierte sich nicht nur im elterlichen Betrieb, auch für das Gemeinwohl war er aktiv: 1882 trat er der Feuerwehr bei, 1905 bis 1908 war er Mitglied des Bürgerausschusses. Bald saß er für die Demokratische Partei im Stadtrat und wurde wenige Jahre später zum Ersten Stellvertreter des Oberbürgermeisters bestimmt. Während des Ersten Weltkrieges vertrat er den Bürgermeister.

Viele andere Aufgaben für das Gemeinwesen versah er nach dieser Zeit: So war er Schatzmeister des Industrieverbandes in Ludwigsburg, Mitglied der Handelskammer, Ausschussmitglied des Württembergischen Industrie- und Handelstages.

Zu seinem 70. Geburtstag im Jahr 1928 erschien in der Ludwigsburger Zeitung eine ausführliche Würdigung von Max Elsas.

Briefkopf der Textilfabrik Elsas von 1898

Bereits im Jahr der „Machtergreifung" (1933) tritt Max Elsas von allen Ämtern zurück. In den folgenden Jahren wird er mehr und mehr von der Bürgerschaft ausgeschlossen. 1935 eröffnet ihm der Wirt seines Ludwigsburger Stammlokals, dass er von nun an in seiner Gaststätte als Jude unerwünscht sei. Im Anschluss an die so genannte „Reichskristallnacht" kommt auch er für zwei Tage in Haft. Sein Geschäft wird aufgelöst. 1941 siedelte man ihn ins jüdische Altersheim nach Eschenau um. 1942 wird er ins Ghetto Theresienstadt deportiert. Dort stirbt er am 30.9.1942.

Ein verdienter Bürger

Ludwigsburg, 9. März 1928 – Morgen begeht Herr Max Elsas, Fabrikant und Gemeinderat, seinen 70. Geburtstag. Wir dürfen diesen Feiertag nicht vorübergehen lassen, ohne ihm dazu auch im Namen der Bürgerschaft die herzlichsten Glückwünsche dargebracht zu haben.

Aus einer alteingesessenen Familie hervorgegangen, in der Charakterfestigkeit zum Familienerbteil geworden ist, hat sich auch der Gemeinderat Max Elsas immer durch ein geradliniges und bewusstes Wirken ausgezeichnet.

Mit 24 Jahren trat Herr Max Elsas in Erfüllung seiner Bürgerpflicht der Feuerwehr bei, der er von 1882 bis 1907 angehörte. In den Jahren 1905 bis 1908 berief ihn das Vertrauen seiner Mitbürger in den Bürgerausschuss. Von da an hat er seine Erfahrung und sein Können dem Gemeinderat zur Verfügung gestellt. Wertvolle Mitarbeit leistete er besonders im Verwaltungsausschuss, im technischen Ausschuss sowie im Gasausschuss, wo er überall durch seine Fachkenntnis ratend und tuend mithelfen konnte. An führender Stelle stand Gemeinderat Elsas besonders auf sozialem Gebiet. Durch seine langjährige Tätigkeit in den Steuerausschüssen beim Finanzamt leistete er wertvolle Mitarbeit vor allem für Industrie, Gewerbe und Handel. Während des Krieges war er Vorsitzender der Kriegshilfe für Stadt und Bezirk, wobei allen Bedrängten positive Unterstützung zuteil wurde.

Seit 1918 ist er Seniorchef der alteingesessenen Buntweberei Elsas & Söhne. Ich wünsche dem Jubilar von Herzen, dass er sich noch bester Gesundheit erfreuen darf, noch viele Jahre seine kraftvolle und umfassende Tätigkeit im Interesse der Allgemeinheit und nicht zuletzt auch seiner Firma ausüben kann und wünsche ihm zu seinem morgigen Festtag viel Glück und Freude.

- ❑ Wie wird Max Elsas in diesem Zeitungsartikel charakterisiert?
- ❑ Zu seinem 75. Geburtstag im Jahr 1933 findet sich keine Notiz in der Zeitung – und dies, obwohl jeder 75-Jährige in den „Mitteilungen" gewürdigt wird. Benennt die Gründe.
- ❑ Leider wurde damals kein Beschwerdebrief an die Redaktion geschrieben. Formuliert den Brief eines engagierten Christen im März 1933 an die Redaktion.

In der Fremde keine Heimat

❑ Viele Menschen sind in den letzten Jahren aus anderen Ländern nach Deutschland gekommen, um hier zu leben und zu arbeiten, in die Schule zu gehen und einen Beruf zu erlernen. Sie erleben unser Land häufig als „fremde Heimat Deutschland". Sucht Kontakt zu solchen Menschen und fragt sie nach ihren Erfahrungen.

Die Sehnsucht bleibt

„Nächstes Jahr in Jerusalem!"

– diese Hoffnung der Juden wird an jedem Seder-Abend ausgesprochen. In allen Verfolgungen war sie Trost und Hilfe zum Überleben.*
Inhalt dieser Hoffnung ist zum einen der Wunsch, im Land Israel frei von Verfolgungen zu leben. Zum andern: Hoffnung auf das messianische Reich des Friedens für Israel und die ganze Menschheit.
Die Christen haben diese Hoffnung übernommen. Die Hoffnung auf das Kommen der Wiederkunft Christi verbunden mit dem Kommen des himmlischen Jerusalem war für sie in Zeiten der Verfolgung Trost und Hilfe.
Unter Kaiser Domitian (81-96 n.Chr.) wurde die göttliche Verehrung des Kaisers zur Pflicht erklärt. Wer sich dem Befehl des Kaisers verweigerte, wurde mit dem Tode bestraft. In dieser Situation entstand die Offenbarung des Johannes, die von einem „Seher", der auf der Insel Patmos in der Verbannung lebte, verfasst wurde.

Der Seher

Langsam, ja fast bedächtigen Schrittes steigt Johannes den schmalen Trampelpfad empor. „Wie wird es ihnen gehen, meinen Schwestern und Brüdern, den Christen in Kleinasien? Immer mehr hat sich unsere Lage verschlechtert, immer mehr hat man uns verfolgt, bis sie mich schließlich hierher auf Patmos verbannt haben, die Römer, die sich sogar erdreisten, dass wir ihren Gott anbeten sollen."
Mit Tränen in den Augen geht Johannes gedankenverloren weiter, Schritt für Schritt. Er weiß nicht, wie lange er schon hier ist; es waren zu viele Tage und Nächte. Seine Gesichtszüge verraten den Schmerz, von dem er erfüllt ist. Trotzdem ist in seinem Blick ein merkwürdiges Lächeln zu erkennen. Gott hat ihn auch hier in der Einsamkeit nicht verlassen. Das spürt er immer wieder. Immer wieder hört er Gott, immer wieder sieht er Dinge und Ereignisse in einem anderen Licht. Sieht er weiter? „Seher", so nennen sie ihn schon seit geraumer Zeit, „Johannes der Seher".
Noch ein paar Schritte, dann ist er oben auf dem Felsen, und der Blick ist frei. „Da, was ist das? Träume ich? Oder ist das Wirklichkeit?" Johannes ist auf einmal hellwach. Im Licht der untergehenden Sonne sieht er ein Glänzen, wie er es noch nie gesehen hat! Erst schemenhaft, dann immer klarer: „Es ist etwas Großartiges, Bedeutungsvolles! Eine festlich geschmückte Stadt! Goldglänzend und wunderbar klar gegliedert! Ordnung statt Chaos! Hohe feste Mauern und offene Tore! Alles wird gut!" Ist es ein Traum, ein Wunschtraum von Johannes dem Seher? Oder ist es so? Oder wird es so sein? Johannes wirkt aufmerksam und konzentriert. Er lauscht. Da ist das Rauschen der Wellen, aber da ist noch mehr: Er hört eine Stimme, erst leise, dann immer deutlicher: „Siehe da, die Hütte Gottes bei den Menschen! ... Und Gott wird abwischen alle Tränen von ihren Augen und der Tod wird nicht mehr sein noch Leid noch Geschrei noch Schmerz wird mehr sein; denn das Erste ist vergangen!" Wird es so werden? – So wird es sein. Und wieder hört er eine Stimme, jetzt noch deutlicher als je zuvor: „Siehe ich mache alles neu!" Und Johannes schaut von seinem hohen Felsen aus noch genauer hin auf jene vollkommene Stadt, dieses neue Jerusalem. Und er sieht, dass wahr wird, wovon er nicht zu träumen gewagt hat!

Offenbarung 21,1-8

Rüdiger Rutkowski

Vergiss das Träumen nicht

Vergiss das Träumen nicht
von einer Welt ohne Krieg und Streit
von einer Welt,
in der du frei atmen kannst,
von einer Welt,
in der Leben immer stärker ist

Vergiss das Träumen nicht
von Menschen,
die noch Menschen sind
von Menschen, die Liebe, Wärme,
Nähe geben
von Menschen, die vertrauen können

Vergiss das Träumen nicht
von Inseln, Meeren, Quellen
von Blumen, Farben, bunten Perlen
von Nacht und Sternen

Vergiss das Träumen nicht
von Hoffnung auf ein besseres Leben
von Liebe, die DU meint
und nicht nur ICH
vom Glauben an ein Leben jetzt
und nach dem Leben

Vergiss das Träumen nicht
Träume werden wahr –
in dir und mir,
wenn wir bei uns beginnen
und andere mit uns gehn

Hans und Marie-Therese
Kuhn-Schädler

Sieger Köder, Ich sah das neue Jerusalem wie eine Braut (Offenbarung 21)

❒ Gestaltet euer „himmlisches Jerusalem". Tragt darin eure Wünsche und Hoffnungen ein. Ihr könnt dazu die Hoffnungen, die in dem Gedicht angesprochen werden, heranziehen.
❒ Ihr könnt auch das Gedicht malen.

Keine Zukunft ohne Erinnerung

Auschwitz

Ich kann mich nicht mehr als neutrale Beobachterin fühlen

Für das Geschehen im „Dritten Reich*" habe ich mich interessiert, seit ich ungefähr elf, zwölf Jahre alt war. Es hatte mich auch zu interessieren, denn diese Dinge waren fester Bestandteil der Lehrpläne in der DDR nicht nur für Geschichte. Ich kann mich erinnern, dass ich sehr früh und mehr als einmal „Nackt unter Wölfen" von Bruno Apitz gelesen habe, dass ich Fernsehsendungen zu diesem Thema unbedingt sehen wollte. Doch bei all dem fühlte ich mich im Grund weit von diesem Abschnitt deutscher Geschichte entfernt. Das war alles schon so lange her, die Schwarzweißaufnahmen aus der damaligen Zeit waren so unwirklich. Ich fühlte mich nicht als Nachkomme oder gar Erbin dieses Teils deutscher Geschichte, denn ich lebte ja in der DDR, einem deutschen Staat, bei dem eine der wichtigsten Eigenschaften die des Antifaschismus war. Man konnte und brauchte sich gar nicht in Beziehung zur Täterseite zu setzen, sondern befand sich von vornherein auf der Seite der „Guten".

Auschwitz heute

Dass meine Urgroßeltern und meine Großeltern von 1933 bis 1945 aktive Hitlergegner waren, zog ich keinen Moment in Zweifel. Ich hatte gelernt: Alle ehemaligen Nazis sind nach dem Krieg in den Westen geflüchtet, weil sie sich dort in Sicherheit wussten, denn niemand würde sie behelligen. Sie und andere gründeten die kapitalistische, imperialistische BRD, der man demnach nur feindlich gesonnen sein konnte. Hier die „Guten", dort die „Bösen".

Als ich vierzehn war, verlor dies alles plötzlich seine Gültigkeit, die DDR hörte auf zu existieren. Jetzt gab es auf einmal wieder Nazis – und zwar nicht irgendwo, sie saßen neben mir auf der Schulbank. Das war für mich unglaublich und ich sah mich ständig in der Rolle des Angegriffenen, der sich verteidigen muss, stellvertretend für Ausländer, Linke, Homosexuelle ..., gleichzeitig aber auch in der des Anklägers. Schon damals fühlte ich mich unsicher und ziemlich hilflos, weil mir – wie ich damals glaubte – einfach die besseren Argumente fehlten.

Ich denke, dass es neben meinem sowieso vorhandenen Interesse eben diese Suche nach Argumenten, nach anwendbarem Wissen war, die mich 1992 motiviert hat, zusammen mit anderen Jugendlichen für eine Woche nach Auschwitz zu fahren. Und ich fühlte mich nach dieser Woche wider Erwarten gestärkt. In Auschwitz traf ich zum ersten Mal mit einer Überlebenden zusammen. Sie hat mir Kraft und Mut gegeben, weiterzumachen und nicht die Geduld zu verlieren. Irgendwie war da dieses Gefühl von „Verantwortung haben" schon vorhanden, mir aber noch nicht vollends bewusst. Die Fahrt nach Auschwitz war für mich der Anstoß, mich stärker damit zu beschäftigen.

Erlebnisse wie eine Reise nach Israel, Gespräche mit Überlebenden, der Film „Schindlers Liste“ und Ähnliches haben mich immer wieder zu mir selbst zurückgebracht; ich konnte Wesentliches wieder von Unwesentlichem unterscheiden. Ich wusste, was ich mit meinen Erfahrungen tun sollte.

Nach dem zweiten Mal Auschwitz drei Jahre später ist alles ganz anders und doch auch wieder gleich. Ich kann mich nicht mehr als neutrale Betrachterin fühlen. Ich bin das Kind meiner Eltern, die Enkelin meiner Großeltern, die während der Nazizeit in Deutschland gelebt, gearbeitet, gekämpft haben – auf welcher Seite? Auf keiner? Irgendwo dazwischen? Nach dem zweiten Auschwitzaufenthalt fühlte ich mich überhaupt nicht mehr gestärkt – im Gegenteil: Ich bin verunsichert, habe viele Fragen, auf die ich keine Antwort weiß.

Ich glaube, es ist nicht genug, die gemachten Erfahrungen für sich zu speichern und zu verarbeiten; man muss sie weitergeben. Das ist aber genau mein Problem: Ich habe das Gefühl, anderen Leuten, Freunden, meiner Familie, Bekannten nicht einen Bruchteil von dem vermitteln zu können, was ich durch Auschwitz gelernt habe. Ich kann mich nur mit Leuten darüber verständigen, die sowieso ähnlich denken und fühlen wie ich. Ich denke aber, dass es in meiner Verantwortung liegt, mich gerade mit anderen, die zum Beispiel politisch rechts stehen oder gar keine politische Meinung haben, auseinander zu setzen.

Auschwitz bedeutet für mich vor allem das Aufzeigen dessen, wozu der Mensch – jeder Mensch? – fähig ist. Es bedeutet für mich auch den Auftrag zu verhindern, dass es wieder geschieht, wobei ich weiß, dass es ähnliche Lager im ehemaligen Jugoslawien und anderswo gab und gibt – und dass ich nichts dagegen tue. Es bringt mich dazu, mich selbst zu hinterfragen.

Kathrin Ahnert

Erörtert in Gesprächsgruppen:

- Im Blick auf ihr Verhältnis zu Auschwitz hat Kathrin eine Entwicklung durchgemacht. Das zeigt sich an ihren Gefühlen. Welchen Überlegungen könnt ihr euch anschließen, wo widersprecht ihr?
- In welchem Zusammenhang, bei welchen Anlässen habt ihr etwas über Auschwitz gehört?
- Diskutiert über den Sinn einer Reise nach Auschwitz oder zu einem anderen ehemaligen KZ.

Auschwitz, Lagerzaun

Judenfeindschaft

Christlicher Antijudaismus	Allgemeine Judenfeindschaft	Rassischer Antisemitismus
Ablehnung der Juden aus religiösen Gründen. Die Juden als „Christusmörder“. Ein getaufter Jude ist kein Jude mehr.	Vorurteile gegenüber der jüdischen Minderheit aufgrund der ethischen, sozialen, politischen oder kulturellen Unterschiede, z.B. das Vorurteil: Die Juden sind „geldgierig“.	Hass gegen die Juden als angeblich „minderwertige Schmarotzerrasse“. Der Hass gilt allen Menschen jüdischer Abstammung, ganz gleich, ob sie getauft sind oder nicht.

Rassismus
Seite 134f.

„Sehet wir ziehen dahin, das heilige Grab aufzusuchen. So lasst uns an den Juden Rache nehmen, die Jesus umgebracht haben.“

Parole der Kreuzfahrer

„Der Gott des Juden ist das Geld. Und um Geld zu verdienen, begeht er die größten Verbrechen. Er ruht nicht eher, bis er auf einem großen Geldsack sitzen kann, bis er zum König des Geldes geworden ist.“

„Der erste Schritt zur Anbahnung des sozialen Friedens in unserem Vaterlande, ja in der gesamten zivilisierten Welt, wird deshalb der sein, dieser überhand nehmenden Herrschaft des Judentums einen Damm entgegenzusetzen.“

Rudolf Todt, 1877

„Die Judennase ist an ihrer Spitze gebogen. Sie sieht aus wie ein Sechser ...“

„Der getaufte Jude bleibt Mitglied des großen Blutsbundes der Hebräer und hat die Pflicht, die jüdischen Sonderinteressen wahrzunehmen. Die Juden verbindet der gemeinsame Hass gegen alles Nichtjüdische.“

Theodor Fritsch, 1893

„Wenn ihr ein Kreuz seht, dann denkt an den grauenhaften Mord der Juden auf Golgatha ...“

❑ Der Nationalsozialismus stellte den rassischen Antisemitismus in den Vordergrund; er machte sich aber auch die beiden anderen Formen des Judenhasses zunutze. Dies zeigen die drei Bilder auf dieser Seite; sie stammen zusammen mit den dazugehörenden Texten aus einem 1938 erschienenen antisemitischen Kinderbuch „Der Giftpilz. Ein Märchenbuch für Jung und Alt.“
Ordnet Texte und Bilder den drei Formen des Judenhasses zu und charakterisiert sie mit eigenen Worten. Ihr könnt dazu auch ein Plakat gestalten.

Erlebnisse wie eine Reise nach Israel, Gespräche mit Überlebenden, der Film „Schindlers Liste“ und Ähnliches haben mich immer wieder zu mir selbst zurückgebracht; ich konnte Wesentliches wieder von Unwesentlichem unterscheiden. Ich wusste, was ich mit meinen Erfahrungen tun sollte.

Nach dem zweiten Mal Auschwitz drei Jahre später ist alles ganz anders und doch auch wieder gleich. Ich kann mich nicht mehr als neutrale Betrachterin fühlen. Ich bin das Kind meiner Eltern, die Enkelin meiner Großeltern, die während der Nazizeit in Deutschland gelebt, gearbeitet, gekämpft haben – auf welcher Seite? Auf keiner? Irgendwo dazwischen? Nach dem zweiten Auschwitzaufenthalt fühlte ich mich überhaupt nicht mehr gestärkt – im Gegenteil: Ich bin verunsichert, habe viele Fragen, auf die ich keine Antwort weiß.

Ich glaube, es ist nicht genug, die gemachten Erfahrungen für sich zu speichern und zu verarbeiten; man muss sie weitergeben. Das ist aber genau mein Problem: Ich habe das Gefühl, anderen Leuten, Freunden, meiner Familie, Bekannten nicht einen Bruchteil von dem vermitteln zu können, was ich durch Auschwitz gelernt habe. Ich kann mich nur mit Leuten darüber verständigen, die sowieso ähnlich denken und fühlen wie ich. Ich denke aber, dass es in meiner Verantwortung liegt, mich gerade mit anderen, die zum Beispiel politisch rechts stehen oder gar keine politische Meinung haben, auseinander zu setzen.

Auschwitz bedeutet für mich vor allem das Aufzeigen dessen, wozu der Mensch – jeder Mensch? – fähig ist. Es bedeutet für mich auch den Auftrag zu verhindern, dass es wieder geschieht, wobei ich weiß, dass es ähnliche Lager im ehemaligen Jugoslawien und anderswo gab und gibt – und dass ich nichts dagegen tue. Es bringt mich dazu, mich selbst zu hinterfragen.

Kathrin Ahnert

Auschwitz, Lagerzaun

Erörtert in Gesprächsgruppen:

❑ Im Blick auf ihr Verhältnis zu Auschwitz hat Kathrin eine Entwicklung durchgemacht. Das zeigt sich an ihren Gefühlen. Welchen Überlegungen könnt ihr euch anschließen, wo widersprecht ihr?
❑ In welchem Zusammenhang, bei welchen Anlässen habt ihr etwas über Auschwitz gehört?
❑ Diskutiert über den Sinn einer Reise nach Auschwitz oder zu einem anderen ehemaligen KZ.

Auf dem Weg zum Massenmord

Nach der Machtübernahme im Januar 1933 gingen die Nationalsozialisten sofort daran, ihren Antisemitismus in praktische Politik umzusetzen. Dabei konnten sie sich auf den traditionellen christlichen Antijudaismus und den nationalistischen Antisemitismus stützen. Die antijüdischen Maßnahmen wurden ständig verschärft. Man kann dabei vier Phasen unterscheiden:

1. Erste Verfolgungen 1933-1935
einzelne Maßnahmen gegen die Juden, z.B. Boykott jüdischer Geschäfte und Entfernung aus der Beamtenschaft (Arierparagraph)
1. April 1933

2. Bürger zweiter Klasse 1935-1938
verstärkte Diskriminierung aufgrund der Nürnberger Rassengesetze von 1935

3. Erste von den Nazis organisierte Pogrome* und Deportationen 1938-1941
organisierte Ausschreitungen gegen Juden und jüdisches Eigentum (9./10.11.1938: „Pogromnacht"); Juden wird der Besuch deutscher Schulen, Theater und Kinos verboten (15.11.1938); Erste Massentransporte in polnische und französische Lager.

4. Massenmord an den europäischen Juden 1941-1945
1941: Polizeiverordnung über die Kennzeichnung der Juden
1942: Besprechung in Berlin über die „Endlösung der Judenfrage"

- Deutet die Symbole auf dem Bild.
- Ordnet die folgenden Texte den einzelnen Stufen zu.
- Ihr könnt mit Hilfe von Bildern und Texten eine Collage erstellen.

Aus einer Anordnung des Präsidenten der Reichskulturkammer vom November

Den Juden ist der Zutritt zu Darbietungen der deutschen Kultur, zu Theatern, Lichtspielunternehmungen, Konzerten, artistischen Unternehmen, ... Tanzvorführungen und Ausstellungen kultureller Art mit sofortiger Wirkung nicht mehr zu gestatten.

Schulunterricht an Juden

Nach der ruchlosen Mordtat von Paris kann es keinem deutschen Lehrer und keiner deutschen Lehrerin zugemutet werden, an jüdische Schulkinder Unterricht zu erteilen. Auch versteht es sich von selbst, dass es für deutsche Schüler und Schülerinnen unerträglich ist mit Juden in einem Klassenraum zu sitzen. Die Rassentrennung im Schulwesen ist zwar in den letzten Jahren im Allgemeinen bereits durchgeführt, doch ist ein Restbestand jüdischer Schüler auf den deutschen Schulen übrig geblieben, dem der gemeinsame Schulbesuch mit deutschen Jungen und Mädeln nunmehr nicht weiter gestattet werden kann.
Vorbehaltlich weiterer gesetzlicher Regelung ordne ich daher mit sofortiger Wirkung an:
1. Juden ist der Besuch deutscher Schulen nicht gestattet. Sie dürfen nur jüdische Schulen besuchen. Soweit es noch nicht geschehen sein sollte, sind alle zurzeit eine deutsche Schule besuchenden jüdischen Schüler und Schülerinnen zu entlassen.
...
Berlin, den 15.November

Der Reichsminister für Wissenschaft, Erziehung und Volksbildung
In Vertretung: Zschintzsch

Aus der Polizeiverordnung über die Kennzeichnung der Juden vom 1. September

... § 1.(1) Juden (§ 5 der Ersten Verordnung zum Reichsbürgergesetz vom 14.November 1935 – RGBl. I S. 1333), die das sechste Lebensjahr vollendet haben, ist es verboten, sich in der Öffentlichkeit ohne einen Judenstern zu zeigen.
(2) Der Judenstern besteht aus einem handtellergroßen, schwarz ausgezogenen Sechsstern aus gelbem Stoff mit der schwarzen Aufschrift „Jude“. Er ist sichtbar auf der linken Brustseite des Kleidungsstücks fest aufgenäht zu tragen.

Aus einer Anordnung der Parteileitung der NSDAP vom 28.März

1. In jeder Ortsgruppe und Organisationsgliederung der NSDAP sind sofort Aktionskomitees zu bilden zur praktischen, planmäßigen Durchführung des Boykotts jüdischer Geschäfte, jüdischer Waren, jüdischer Ärzte und jüdischer Rechtsanwälte. Die Aktionskomitees sind verantwortlich dafür, dass der Boykott keinen Unschuldigen, umso härter aber die Schuldigen trifft. ...
3. Die Aktionskomitees haben sofort durch Propaganda und Aufklärung den Boykott zu popularisieren. Grundsatz: Kein Deutscher kauft noch bei einem Juden oder lässt von ihm und seinen Hintermännern Waren anpreisen. Der Boykott muss ein allgemeiner sein. Er wird vom ganzen Volk getragen und muss das Judentum an seiner empfindlichsten Stelle treffen.

Gesetz zum Schutze des deutschen Blutes und der deutschen Ehre vom 15. September

§ 1 Eheschließungen zwischen Juden und Staatsangehörigen deutschen oder artverwandten Blutes sind verboten. Trotzdem geschlossene Ehen sind nichtig ...
§ 2 Außerehelicher Verkehr zwischen Juden und Staatsangehörigen deutschen oder artverwandten Blutes ist verboten.
§ 3 Juden dürfen weibliche Staatsangehörige deutschen oder artverwandten Blutes unter 45 Jahren in ihrem Haushalt nicht beschäftigen.

Aus dem Protokoll der so genannten „Wannsee-Besprechung“ vom 20.1.

Im Zuge dieser Endlösung der europäischen Judenfrage kommen rund 11 Millionen Juden in Betracht ...
Unter entsprechender Leitung sollen im Zuge der Endlösung die Juden in geeigneter Weise im Osten zum Arbeitseinsatz kommen. In großen Kolonnen werden die arbeitsfähigen Juden straßenbauend in diese Gebiete geführt, wobei zweifellos ein Großteil durch natürliche Verminderung ausfallen wird. Der ... verbleibende Restbestand wird, da es sich bei diesem zweifellos um den widerstandsfähigeren Teil handelt, entsprechend behandelt werden müssen, da dieser ... bei Freilassung als Keimzelle eines neuen jüdischen Aufbaus anzusprechen ist ...

Judenfeindschaft

Christlicher Antijudaismus	Allgemeine Judenfeindschaft	Rassischer Antisemitismus
Ablehnung der Juden aus religiösen Gründen. Die Juden als „Christusmörder". Ein getaufter Jude ist kein Jude mehr.	Vorurteile gegenüber der jüdischen Minderheit aufgrund der ethischen, sozialen, politischen oder kulturellen Unterschiede, z.B. das Vorurteil: Die Juden sind „geldgierig".	Hass gegen die Juden als angeblich „minderwertige Schmarotzerrasse". Der Hass gilt allen Menschen jüdischer Abstammung, ganz gleich, ob sie getauft sind oder nicht.

„Der erste Schritt zur Anbahnung des sozialen Friedens in unserem Vaterlande, ja in der gesamten zivilisierten Welt, wird deshalb der sein, dieser überhand nehmenden Herrschaft des Judentums einen Damm entgegenzusetzen."

Rudolf Todt, 1877

„Der getaufte Jude bleibt Mitglied des großen Blutsbundes der Hebräer und hat die Pflicht, die jüdischen Sonderinteressen wahrzunehmen. Die Juden verbindet der gemeinsame Hass gegen alles Nichtjüdische."

Theodor Fritsch, 1893

Rassismus
Seite 134f.

„Sehet wir ziehen dahin, das heilige Grab aufzusuchen. So lasst uns an den Juden Rache nehmen, die Jesus umgebracht haben."

Parole der Kreuzfahrer

„Die Judennase ist an ihrer Spitze gebogen. Sie sieht aus wie ein Sechser ..."

„Der Gott des Juden ist das Geld. Und um Geld zu verdienen, begeht er die größten Verbrechen. Er ruht nicht eher, bis er auf einem großen Geldsack sitzen kann, bis er zum König des Geldes geworden ist."

„Wenn ihr ein Kreuz seht, dann denkt an den grauenhaften Mord der Juden auf Golgatha ..."

❑ Der Nationalsozialismus stellte den rassischen Antisemitismus in den Vordergrund; er machte sich aber auch die beiden anderen Formen des Judenhasses zunutze. Dies zeigen die drei Bilder auf dieser Seite; sie stammen zusammen mit den dazugehörenden Texten aus einem 1938 erschienenen antisemitischen Kinderbuch „Der Giftpilz. Ein Märchenbuch für Jung und Alt."
Ordnet Texte und Bilder den drei Formen des Judenhasses zu und charakterisiert sie mit eigenen Worten. Ihr könnt dazu auch ein Plakat gestalten.

Wegsehen

Der Einzelne kann doch nichts tun

Mit dem Judenpogrom im November 1938 – im Volksmund "Reichskristallnacht" genannt – trat die NS-Judenverfolgung in eine neue, schreckliche Phase ein. Nach der Ermordung eines deutschen Diplomaten durch einen jungen polnischen Juden in Paris wurden auf Anordnung der NS-Führung die Synagogen in Deutschland zerstört, jüdisches Eigentum beschlagnahmt, viele deutsche Juden misshandelt und in KZ-Haft genommen. Die NS-Führung behauptete, es handele sich dabei um Äußerungen eines „spontanen Volkszorns".

❑ Stellt Vermutungen darüber an, warum man das Novemberpogrom von 1938 „Reichskristallnacht" nannte. Der Bericht von H. Kling kann euch dabei helfen.
❑ Versetzt euch in die Rolle des Mädchens, die aus dem Fenster schaut.

Viele Schaulustige drängten sich um den Brandplatz und auch die Feuerwehr war schon eingetroffen. Aber sie bekämpfte nicht die Flammen, sie spritzte nur die Nachbarhäuser ab, damit diese nicht auch noch Feuer fingen. Da traf ich auf einen Schulkameraden: „Sag mal, warum löschen die denn das Feuer nicht?" Entgeistert sah er mich an. „Mensch, lebst du denn auf dem Mond? Die Synagoge wurde doch bewusst angezündet. Hast du heute Morgen nicht gesehen, wie wir die Scheiben der jüdischen Geschäfte eingeschlagen haben? Das war Klasse, das hat Spaß gemacht." *Heinrich Kling*

❑ Ein Rabbiner aus Amsterdam nach dem Krieg: „Warum haben damals nicht alle Kirchenglocken geläutet?"

In der S-Bahn

Ein junger Afrikaner steigt ein, er setzt sich in das einzige noch leere Abteil des S-Bahn-Wagens. Kurz danach steigen drei jugendliche Skins zu. Obwohl noch viele Plätze frei sind, setzen sie sich zu dem Farbigen. Sie machen sich breit, strecken die Beine lang aus und reden überlaut miteinander. Dem Afrikaner ist die Situation sichtlich unangenehm, er rückt dicht ans Fenster und vermeidet es, die Jugendlichen anzusehen. Sie sehen ihm frech ins Gesicht und sprechen ihn lautstark an, so dass alle im Zugabteil das Gespräch mitbekommen: „Warum setzt du dich weg von uns? Du willst wohl nichts mit uns zu tun haben?" – „Guck meinen Freund an, wenn er mit dir redet!" – „Wie heißt du?"
Der Afrikaner sagt kaum hörbar seinen Namen. „Ich hab's nicht verstanden!" – „Jetzt redet man freundlich mit ihm und der antwortet einem noch nicht mal." – „Antworte meinem Freund gefälligst, wenn er dich was fragt."
Die Leute im Abteil verfolgen die Szene teils neugierig, teils erschrocken.

❑ Versetzt euch in die Lage der Mitreisenden.
❑ Diese Ausschreitungen sind sicher nicht mit dem nationalsozialistischen Staatsterror zu vergleichen. Sie sind dennoch gefährlich. Warum?

„Die gänzliche Ausrottung des Judentums ...“

Bewegt sich schon das Gefühl des Juden im rein Materiellen, so noch mehr sein Denken und Streben ... Sein Wirken wird in seinen Folgen zur Rassentuberkulose der Völker.
Und daraus ergibt sich Folgendes: Der Antisemitismus aus rein gefühlsmäßigen Gründen wird seinen letzten Ausdruck finden in der Form von Pogromen. Der Antisemitismus der Vernunft jedoch muss führen zur planmäßigen gesetzlichen Bekämpfung und Beseitigung der Vorrechte des Juden, die er nur zum Unterschied des anderen zwischen uns lebenden Fremden besitzt (Fremdengesetzgebung). Sein letztes Ziel aber muss unverrückbar die Entfernung der Juden überhaupt sein. Zu beidem ist nur fähig eine Regierung nationaler Kraft und niemals eine Regierung nationaler Ohnmacht.

Adolf Hitler in einem Brief an Adolf Gemlich von 16. September 1919

Illina Gur, Mutter

Die gänzliche Ausschaltung des Judentums in Europa ist keine Frage der Moral, sondern eine Frage der Sicherheit der Staaten. Der Jude wird immer so handeln, wie es seinem Wesen und seinem Rasseinstinkt entspricht, er kann gar nicht anders. Wie der Kartoffelkäfer die Kartoffelfelder zerstört, ja zerstören muss, so zerstört der Jude die Staaten und Völker. Dagegen gibt es nur ein Mittel, nämlich radikale Beseitigung der Gefahr.

Propagandaminister Joseph Goebbels 1940

Vor allem verpflichte ich die Führung der Nation und die Gefolgschaft zur peinlichen Einhaltung der Rassegesetze und zum unbarmherzigen Widerstand gegen den Weltvergifter aller Völker, das internationale Judentum.
Gegeben zu Berlin, den 29. April 1945, 4.00 Uhr

aus Hitlers Testament

❏ Aus den Texten wird deutlich, was das Ziel der nationalsozialistischen Judenpolitik war. Wie wird diese Politik begründet?

Von euch werden die meisten wissen, was es heißt, wenn 100 Leichen beisammen liegen, wenn 500 da liegen oder wenn 1 000 da liegen. Dies durchgehalten zu haben und dabei – abgesehen von Ausnahmen menschlicher Schwächen – anständig geblieben zu sein, das hat uns hart gemacht. Dies ist ein niemals geschriebenes und niemals zu schreibendes Ruhmesblatt unserer Geschichte.

Auszug aus einer Ansprache des Reichsführers SS Heinrich Himmler am 6. Oktober 1943 vor über 100 SS- und Polizeiführern in Posen

Gegen die Unmenschlichkeit – Kunst im KZ

Der kalte polnische Wind fegt über das Gelände des ehemaligen Konzentrationslagers Majdanek. Wir frieren in unseren warmen Daunenjacken. Die Gespräche sind verstummt. Nachdenklich betreten wir die ehemaligen Häftlingsbaracken, betrachten die Ausstellung, erfahren vom Vernichtungswillen der Nazis und deren ausgeklügelten Methoden. Wir gehen die Wege, die Tausende von Häftlingen gingen, vorbei an Elektrozäunen und Wachtürmen. Dann stehen wir in einem niedrigen Raum, der Gaskammer. Hier fand die menschenverachtende Ideologie der Nazis, die andere zu Untermenschen erklärte, ihre grausame Vollendung. Mir fällt es schwer, einen klaren Gedanken zu fassen, und noch schwerer ist es, Worte zu finden. Vielleicht sollte an diesem Ort auch einfach nur geschwiegen werden. Ich denke an ein Gedicht von Volker von Törne: „Hier stehst du schweigend, doch wenn du dich wendest, dann schweige nicht."

Wir gehen weiter, Häftlingsbaracke reiht sich an Häftlingsbaracke. Und dann stehen wir unvermittelt vor einer Säule. Drei in Stein gemeißelte Adler setzen von ihrer Spitze aus zum Flug in die Freiheit an. Ein Fremdkörper ist dieses Kunstwerk inmitten dieser perfekt organisierten Todesmaschinerie. Es ist ein Werk ehemaliger Häftlinge, unter dem Vorwand entstanden, das Lager solle verschönert werden. Was die Nazis nicht wussten: Im Sockel der Säule mauerten die Häftlinge Asche von verbrannten Mithäftlingen ein, ein stummer Aufschrei gegen das Morden. Die drei Adler symbolisieren die Häftlinge, all die Kinder, Frauen und Männer des KZ Majdanek. Sie stehen für ihre Sehnsucht nach Freiheit und ihre Hoffnung auf einen Sieg über die Nazis.

Hier haben Häftlinge, Juden, Polen, Russen, Zigeuner all jenen, die zu Asche verbrannten, ein Denkmal errichtet. Und sie haben ihrer eigenen Hoffnung ein Denkmal gesetzt inmitten all der Hoffnungslosigkeit und Angst. Es war ihre Form des Widerstands. Ich bin froh, dass uns die Gefangenen dieses Kunstwerk hinterlassen haben.

Wir verlassen diesen Ort des Todes. Neben dem Grauen, der Trauer und der Scham nehme ich die Erinnerung an die „Drei-Adler-Säule" mit und an ihre Erbauer.

Jürgen Heuschele

❏ Erläutert den Satz „Ich bin froh, dass uns die Gefangenen dieses Kunstwerk hinterlassen haben."
❏ Informiert euch über Kunst, die in KZs entstanden ist.
❏ Jemand sagt: „Kunst im KZ ist eine Form des Widerstands gegen die Nazis." – Setzt euch mit dieser Meinung auseinander.

Die Drei-Adler-Säule, 1943 in Majdanek von Häftlingen errichtet. Die Säule wurde vom Kommando Ing. Stanislaw Zelents und die Skulptur vom Bildhauer Maria Albin Boniecki ausgeführt.

Ohne Erinnerung keine Zukunft

Mit diesem Denkmal wird in Jad Waschem (Jerusalem) an die Deportation und Ermordung der Juden Europas erinnert. Jad Waschem ist die Gedenkstätte Israels für die Opfer der Shoah*. Am Holocaust*-Gedenktag, dem 27. Tag des Monats Nissan (z.B. 20. April 2001), ertönen im Staat Israel die Sirenen. Für zwei Minuten ruht der Verkehr im ganzen Land.

❑ „Jad Waschem" bedeutet „Denkmal und Name", Holocaust kann man mit „Ganzopfer" übersetzen, Shoah mit „Vernichtung". Klärt im Gespräch, was diese Namen aussagen.

Ich glaube, dass nur Erinnerung den Wahnsinn stoppen kann.

Elie Wiesel, Überlebender des KZ Auschwitz

Aus der Gedenkrede des früheren Bundespräsidenten Richard von Weizsäcker anlässlich des 40. Jahrestages der Beendigung des Zweiten Weltkrieges am 8. Mai 1985:
Versöhnung ohne Erinnerung kann es nicht geben. Erinnern heißt, eines Geschehens so ehrlich und rein zu gedenken, dass es zu einem Teil des eigenen Innern wird. Das stellt große Anforderungen an unsere Wahrhaftigkeit. Es geht nicht darum, Vergangenheit zu bewältigen. Das kann man gar nicht. Sie lässt sich ja nicht nachträglich ändern oder ungeschehen machen. Wer aber vor der Vergangenheit die Augen verschließt, wird blind für die Gegenwart. Wer sich der Unmenschlichkeit nicht erinnern will, der wird wieder anfällig für neue Ansteckungsgefahren.

❑ Diskutiert diese Aussagen. Ihr könnt in Gruppenarbeit entsprechende Sätze für eine Gedenkrede für folgende Jahrestage formulieren:
- 8. Mai 1945: Ende des Zweiten Weltkriegs
- 9. November 1938: Reichspogromnacht
- 27. Januar 1945: Befreiung des KZ Auschwitz durch die Alliierten.

Anfang Dezember 1970 besuchte der damalige Bundeskanzler Willy Brandt die polnische Hauptstadt Warschau, um den deutsch-polnischen Vertrag zu unterzeichnen. Am Denkmal für die im Warschauer Ghetto* umgekommenen Juden kniete Willy Brandt nieder und verharrte in Schweigen.

❑ Gebt dem Bild einen Titel.
❐ Diese spontane Aktion löste damals in Deutschland viele zustimmende, aber auch ablehnende Reaktionen aus. Diskutiert Pro und Contra des Verhaltens von Willy Brandt. Ihr könnt dazu die Aussagen von Seite 104 heranziehen.

!!! Aufruf !!!

der Bürgerinitiative „Perspektive Berlin“ an den Berliner Senat, die Regierungen der Bundesländer, die Bundesregierung:

Ein halbes Jahrhundert ist seit der Machtübernahme der Nazis und dem Mord an den Juden Europas vergangen. Aber auf deutschem Boden, im Land der Täter, gibt es bis heute keine zentrale Gedenkstätte, die an diesen einmaligen Völkermord, und kein Mahnmal, das an die Opfer erinnert.
Das ist eine Schande.

Deshalb fordern wir, endlich für die Millionen ermordeter Juden ein unübersehbares Mahnmal in Berlin zu errichten. Und zwar auf dem ehemaligen GESTAPO-Gelände, dem Sitz des Reichssicherheitshauptamtes, der Mordzentrale in der Reichshauptstadt. Die Errichtung dieses Mahnmals ist eine Verpflichtung für alle Deutschen in Ost und West.

30. Januar 1989

Dieser Aufruf erschien in vielen deutschen Zeitungen. Er löste Debatten über die Frage aus, ob ein solches Denkmal sinnvoll sei.

❑ Diskutiert über Notwendigkeit und Zweck eines solchen Denkmals und trefft eine Entscheidung für oder gegen den Bau.
❐ Entwerft selbst ein Denkmal oder schreibt einen Zeitungsartikel, in dem ihr euch für oder gegen ein Denkmal aussprecht.

Neue Anfänge

Juden in Deutschland

Aus Teilen der 1938 zerstörten Synagoge erbauter Eingang des heutigen jüdischen Gemeindezentrums in der Fasanenstraße in Berlin

Ich bin froh meinen Glauben zu haben

Besonders in den Zeiten vor christlichen Feiertagen kam ich mir etwas komisch vor, aber trotzdem wollte ich nicht Christ sein, und jetzt sage ich mir, wenn die Christen Weihnachten feiern, feiere ich sowieso Chanukka*.

Mir ist aufgefallen, dass alle Leute, die irgendwelche Vorurteile gegen Juden und das Judentum haben, entweder keine Ahnung über die Religion haben und/oder keinen Juden kennen.

Aber ich bin froh meinen Glauben zu haben, ich würde auch gar nicht auf den Gedanken kommen, etwas anderes zu sein, und mir macht es auch Spaß, in die Gottesdienste von Feiertagen zu gehen. Ich muss ehrlich gestehen, dass ich an den Schabbatgottesdiensten kaum teilnehme, weil ich es aus zeitlichen und anderen Gründen nicht schaffe.

Ich finde es gut, dass die Sitten und Bräuche eingehalten werden und dass die Kinder dann bei Festen den Gemeindesaal schmücken und den Feiertagen entsprechend etwas vortragen, singen oder tanzen. Es ist dann auch schön, wenn die gesamte Gemeinde mittanzt und sich freut. Was ich aber schade finde, ist, dass das Judentum in der Welt eine kleine Minderheit ist und dass vor allem hier in Deutschland das Christentum so überragt.

Da es jetzt wieder so viele Neonazis, Rechtsradikale gibt, habe ich Angst, dass sie uns Juden wieder angreifen würden.

Doch wenn ich jetzt in den Straßen rumlaufe und Neonazis sehe, fürchte ich mich nicht, denn sie können mich nicht erkennen, denn ich sehe genauso aus wie alle Mädchen in meinem Alter, und ich habe keine spitzen Ohren und keine krumme Nase, wie es damals von den Juden vermutet wurde.

Evelyn, 16 Jahre

❏ Erfahrungen – Ängste – Hoffnungen. Wie geht Evelyn damit um?

Vor 1933 lebten in Deutschland etwa 500 000 jüdische Mitbürger, nach der Kapitulation 1945 waren es noch etwa 15 000. Die meisten von ihnen waren mit Nichtjuden verheiratet. Etwa 2000 hatten während der Kriegsjahre im Untergrund, einige andere in den Konzentrationslagern überlebt. 1945 setzte eine Flüchtlingswelle aus Osteuropa ein, weil es dort nach Kriegsende zu antisemitischen Pogromen* gekommen war. Zwischen 1945 und 1950 lebten bis zu 200 000 jüdische Flüchtlinge in den Lagern der Besatzungsmächte als „displaced persons" (DP). Die meisten von ihnen wanderten so schnell wie möglich in den neu gegründeten Staat Israel oder in die USA aus. Eine kleinere Zahl geflohener deutscher Juden kehrte in diesen Jahren zurück, so dass die Zahl von etwa 15 000 ansässigen Juden bis in die frühen 50er Jahre gleich blieb. Durch leichte Zuwanderungen erhöhte sich die Mitgliederzahl der jüdischen Gemeinden bis 1988 auf ca. 28 000. Heute – nach der Öffnung des Eisernen Vorhangs – haben die jüdischen Gemeinden in Deutschland über 70 000 Mitglieder.

❏ Ihr könnt weitere Zahlen über Juden in Deutschland erheben und diese Zahlen grafisch darstellen. Nehmt Kontakt zu einer jüdischen Gemeinde in eurer Region auf.

Von der Diskriminierung zum Dialog

Kirche und Synagoge vom Straßburger Münster (13. Jh.)

Im Mittelalter gab es immer wieder gelehrte Gespräche („Disputationen“) zwischen jüdischen und christlichen Theologen. Das Ergebnis dieser Gespräche stand jedoch oft schon von vornherein fest: Die Christen sollten Recht behalten. Das Bild zeigt, wie die Christen im Mittelalter das Verhältnis von Judentum und Christentum sahen.

❑ Deutet die Darstellungen. Achtet dabei auf die Symbole, die die beiden Frauengestalten in den Händen halten.
❑ Überlegt, warum die mittelalterlichen Disputationen zwischen jüdischen und christlichen Theologen oft keine echten Dialoge waren.

Ein Pionier des Dialogs

Der Heidelberger Pfarrer und spätere Prälat Hermann Maas (1877–1970) hatte viele jüdische Freunde und war ein Pionier des Gesprächs mit den Juden. Er wurde von den Nazis als „stadtbekannter Judenfreund“ beschimpft. Der ehemalige Heidelberger Rabbiner Pinkuss schrieb in einem Brief vom Juni 1985:*

Er sah das Christentum als Teil eines ganzen Judentums, so liebte er beide. Auf seinem Schreibtisch standen nebeneinander: der Davidstern, der siebenarmige Leuchter und das Kreuz. Seine menschliche Verbundenheit war so tief, dass wir am Heiligabend bei ihm waren und er bei uns zur Pessachfeier (Seder) und an den hohen Feiertagen des Judentums. Das ging so weit, dass ich ihm dringend raten musste, seine Sicherheit nicht durch Teilnahme an unseren Gottesdiensten zu gefährden. In Israel ist sein Name geehrt als der „eines Gerechten unter den Völkern“.

❑ Wie würde Hermann Maas einer Besuchergruppe die Figuren vom Straßburger Münster erklären?

Nach dem Zweiten Weltkrieg kam es in Deutschland zu einem offenen Dialog zwischen Juden und Christen.
Das nebenstehende Bild zeigt ein Terrakottarelief von Biagio Friesa. Der Künstler schuf es im Jahre 1978 zum 40. Jahrestag der Pogromnacht für die evangelische Kirche in Bartholomä (Baden-Württemberg).

❑ Deutet dieses Bild und gebt ihm eine Überschrift. Vergleicht es mit den Darstellungen am Straßburger Münster.

Umkehr und Neuanfang

Evangelischer Oberkirchenrat

Karlsruhe, den 9.August 1946.
Fernsprecher 5865/5868

z.d.a.

Nr. 15155.
1 Anlage.

Den Kreisdekan Hermann Maas Abst
in Heidelberg betr.

An Herrn Landesbischof der Vereinigten Evang.-prot.Landeskirche Badens
z.Zt.Nonnenweier.

Dieser Tage überbrachte ein Heidelberger Student eine Nummer der Jllustrierten Zeitschrift "Jüdische Rundschau" und machte uns darin auf einen Brief aufmerksam, den Herr Kreisdekan H.Maas an den Frankfurter Rabbiner Dr.L.Neuhaus gerichtet hat und der in dieser Nummer abgedruckt sei. Jn Heidelberg herrsche namentlich in studentischen Kreisen große Erregung über diese Äußerung eines bekannten und angesehenen Vertreters der Evang.Kirche.

Wir fügen das Schreiben des Herrn Kreisdekans H.Maas in der Anlage bei.

Mit den besten Wünschen für Ihre Erholung und herzlichen Grüßen
Ihr
Gustav Rost

O/0496

Notiz eines badischen Oberkirchenrats an seinen Landesbischof

- ❑ Überlegt euch Gründe für die Empörung der Heidelberger Studenten.
- ❑ Welches Verhältnis zu den Juden wird in beiden Äußerungen deutlich?
- ❑ Der Landesbischof nimmt auf einer Pressekonferenz zu den Vorgängen in Heidelberg Stellung.

Hermann Maas liest in einem jüdischen Gebetbuch

Sehr verehrter Herr Dr. L. Neuhaus!
... Trotzdem ich fast alles wusste, was an Entsetzlichem geschehen ist, stehe ich doch aufs Neue tief erschüttert vor diesen Tatsachen. Obwohl ich gar nichts rückgängig oder wieder gutmachen kann, muss ich Ihnen ein Wort dazu sagen ...
Wie furchtbar groß ist die Last der Schuld, die auf dem nichtjüdischen deutschen Volke liegt und damit auf jedem Einzelnen, auch auf mir. Wir sind mitschuldig, auch wenn wir Israel so heiß geliebt haben und gegen diese grauenhaften Mächte gekämpft haben, wie ich es versuchte ...
Wir können ach so wenig tun. Wir können nur das Haupt in Scham verhüllen und zerbrochen niedersinken und klagen um die Zerschlagenen des Volkes Israel.
Ich sage Ihnen das aus tiefster Not und bitte um Vergebung ... Ja, wir müssen Sühne* leisten. Leidend und handelnd, bekennend und kämpfend gegen allen Hass und Missachtung. Ich sage das, wo mir das Wort gegeben ist in den Gemeinden ...

Mit „Schalom al Israel"
und herzlichem „Birchat Zion"
grüße ich Sie
Ihr ergebener
Hermann Maas, Pfarrer
Heidelberg, Beethovenstraße 64

Hermann Maas schickte diesen Leserbrief an die Jüdische Rundschau. Diese hatte in ihrer ersten Nummer nach dem Krieg über die Shoa* berichtet. Der Frankfurter Rabbiner Dr. Neuhaus hatte dazu ein Geleitwort verfasst.

Aktion Sühnezeichen

Frieden durch Versöhnung

Wir laden ein zu unseren zweiwöchigen Aufbaulagern in Polen, Israel und Holland.
Arbeitsschwerpunkte sind Erhaltungsarbeiten auf jüdischen Friedhöfen und in Gedenkstätten ehemaliger Konzentrationslager, Mitarbeit bei Bau- und Erhaltungsmaßnahmen an sozialen Einrichtungen sowie gemeinsame Freizeiten mit behinderten Kindern und Erwachsenen.
Unsere Aktion wurde 1958 von evangelischen Christen als Antwort auf die furchtbaren Verbrechen Deutschlands während des Dritten Reiches gegründet. Unser Motto: „Gegen das Vergessen – für die Erinnerung. Gegen Ausgrenzung und Diskriminierung – für gleichberechtigtes Miteinanderleben. Statt Gleichgültigkeit – Mut zur Verantwortung."
Sie haben auch die Möglichkeit, Ihren Zivildienst bei uns abzuleisten.
Wenn Sie Interesse haben, schreiben Sie uns!
Aktion Sühnezeichen Friedensdienste

Neve Schalom (Israel), 1983

An die Freunde in Deutschland

... Neve Schalom, Oase des Friedens, ist eine kleine Siedlung zwischen Tel Aviv und Jerusalem. ... Juden, Christen, Moslems, religiöse und nichtreligiöse Menschen versuchen hier ein friedliches Zusammenleben. An diesem Ort soll eine Alternative zu Gewalt und Hass zwischen Juden und Palästinensern gelebt werden. Auf unserem Hügel gibt es eine kleine Jugendbegegnungsstätte, in der sich jüdische und arabische Schülergruppen kennen lernen können. Daneben existiert noch eine kleine Landwirtschaft mit Schafhaltung, in der ich tätig bin.
Die Menschen haben mich freundlich aufgenommen und schätzen meine Arbeit. Nur zwei ältere Bewohner standen mir anfangs etwas reserviert gegenüber. Die beiden erlebten die Zeit des Nationalsozialismus und den Zweiten Weltkrieg und hatten unter Deutschen leiden müssen. Hier wird mir sehr bewusst, dass ich Deutscher bin und von anderen im Zusammenhang mit der deutschen Geschichte, insbesondere der Zeit des Nationalsozialismus, gesehen werde. Für viele Menschen in Israel ist diese grausame Zeit noch sehr gegenwärtig. Für mich ist das eine ganz wichtige Einsicht. Im Gespräch mit den beiden wurde mir auch einiges über meine Identität als junger Deutscher klar: Ich habe keine Schuld an dem, was zwischen 1933 und 1945 geschah, weil ich zu diesem Zeitpunkt noch gar nicht am Leben war, aber ich bin mitverantwortlich für das, was in deutschem Namen heute und in Zukunft geschieht. ...
Manchmal lese ich in Briefen von euch die Frage, ob ich hier „Wiedergutmachung" leisten will? Bestimmt nicht; denn wie könnte all das Morden wieder gutgemacht werden? ... Wiedergutmachung ist nicht möglich, aber vielleicht ist mein Dienst ein bescheidenes Zeichen für meine beiden älteren Mitbewohner, dass es in Deutschland Menschen gibt, die all das Morden im Krieg und in den KZs nicht totschweigen oder verdrängen, sondern daraus lernen wollen, damit Ähnliches nicht wieder geschieht. ... In diesem Sinne wird mein Friedensdienst hier in Israel nach 18 Monaten nicht beendet sein, sondern in Deutschland weitergehen.
Schalom, wie man hier sagt, und mit lieben Grüßen

Euer Jürgen

Auszüge aus dem Brief eines Freiwilligen der Aktion Sühnezeichen

❑ Schreibt Jürgen einen Antwortbrief.
❑ Informiert euch bei der Aktion Sühnezeichen über ihre Tätigkeit. Ihr könnt einen Vertreter der ASF in den Unterricht einladen und darüber einen Artikel in der Schülerzeitung schreiben.

Jüdisch-christlicher Dialog

Auf dem Deutschen Evangelischen Kirchentag in Berlin 1961 kam zum ersten Mal die Arbeitsgemeinschaft „Juden und Christen" zusammen, in der Juden und Christen gleichberechtigt zusammenarbeiten. In der Gründungserklärung heißt es: „Juden und Christen sind unlösbar verbunden. Aus der Leugnung dieser Zusammengehörigkeit entstand die Judenfeindlichkeit in der Christenheit." In der hessischen Kirchenordnung heißt es heute:

Aus Blindheit und Schuld zur Umkehr gerufen, bezeugt die Evangelische Kirche in Hessen und Nassau neu die bleibende Erwählung der Juden und Gottes Bund mit ihnen. Das Bekenntnis zu Jesus Christus schließt dieses Zeugnis ein.

Zu den Gemeinsamkeiten zwischen Juden und Christen erklärte die badische Landeskirche 1984:

3. Wir glauben an Gottes Treue:
Er hat sein Volk Israel erwählt und hält an ihm fest.
Darum müssen wir der Auffassung widersprechen, dass Israel von Gott verworfen sei.
Die Erwählung Israels wird auch nicht durch die Erwählung der Kirche aus Juden und Heiden aufgehoben.
Wir Christen bekennen uns zu Jesus, der ein Jude war, als dem für alle gekreuzigten, auferstandenen und wiederkommenden Herrn, dem Heiland der Welt.
Mit Schmerz und Trauer stellen wir fest, dass uns dieses Bekenntnis vom Glauben des jüdischen Volkes trennt.
Im Glauben an Jesus Christus und im Gehorsam ihm gegenüber wollen wir unser Verhältnis zu den Juden neu verstehen und festhalten, was uns mit ihnen verbindet.
4. Wir bekennen mit den Juden Gott als den Schöpfer des Himmels und der Erde.
Wir glauben mit den Juden, dass Gerechtigkeit und Liebe Weisungen Gottes für unser ganzes Leben sind.
Wir hoffen mit den Juden auf einen neuen Himmel und eine neue Erde und wollen mit ihnen in der Kraft dieser Hoffnung für Gerechtigkeit und Frieden in dieser Welt arbeiten.
Wir bitten Gemeinden und Kirchenbezirke, an diesem Thema weiterzuarbeiten und im Bemühen nicht nachzulassen, auf diese Weise in der Begegnung mit der Judenheit zu einem erneuerten Verhältnis zueinander zu gelangen.

❑ Nennt Gemeinsamkeiten, auf die die beiden Erklärungen besonderen Wert legen.
❑ Der jüdische Religionsphilosoph Martin Buber sagte 1933 bei einem Gespräch mit einem christlichen Theologen: „Die Gottestore sind offen für alle. Der Christ braucht nicht durch das Judentum, der Jude nicht durch das Christentum zu gehen, um zu Gott zu kommen." Vergleicht diese Aussage mit dem Synodentext.

Gemeinsam die Bibel lesen

Erstmals Bibelarbeit mit gesetzestreuen Juden

Im Kloster Denkendorf bei Stuttgart trafen sich 1978 erstmals gesetzestreue Juden und Christen verschiedener Konfessionen bei einer Woche gemeinsamer Bibelarbeit. 16 Juden aus Israel und der Schweiz und 40 Christen haben in verschiedenen Arbeitsgruppen jeweils unter Leitung eines jüdischen Lehrers Bibeltexte um die Gesetzgebung am Sinai gemeinsam erarbeitet. Dabei ging es den christlichen Teilnehmern vor allem darum, von den Juden zu lernen, wie sie die Schrift auslegen.

E. Alt, Jude mit Tora

Von Juden lernen

Im ehemaligen Kloster Denkendorf kommen immer wieder Juden und Christen zusammen. Der Denkendorfer Kreis vermittelt jüdische Toralehrer zu Bibelwochen in evangelische Kirchengemeinden, um biblische Texte auszulegen.

Die Frage nach dem höchsten Gebot

„Du sollst deinen Nächsten lieben wie dich selbst." *Martin Luther*

„Liebe deinen Nächsten, er ist wie du." *Leo Baeck (1873-1956), Rabbiner*

❑ Erörtert, was die beiden Übersetzungen desselben Bibeltextes bedeuten.
❑ Lest den folgenden Text, in dem ein christlicher Theologe schildert, was er aus der jüdischen Übersetzung des Gebots der Nächstenliebe gelernt hat.

Von Juden lernen

Im Mittelpunkt neuerer jüdischer Beobachtungen an diesem bekanntesten ethischen Appell steht das letzte Wort des hebräischen Satzes, komacha. Ist die geläufige Übersetzung „wie dich selbst" richtig? Die Wortbildung komacha kommt in der Bibel 32-mal vor. An allen Stellen bedeutet dieses Wort „wie du", „dir gleich" oder „deinesgleichen"; sollte es ausgerechnet im Zusammenhang mit dem Gebot, den Nächsten zu lieben, etwas anderes bedeuten, nämlich „wie dich selbst"? Bereits Leo Baeck hat deshalb darauf hingerwiesen, dass dieses Wort auch an unserer Stelle mit „wie du" zu übersetzen ist. „Das Wort aus dem dritten Buch Mosis, das gemeinhin übersetzt wird: ‚Liebe deinen Nächsten wie dich selbst' bedeutet in der ganzen Treue des Sinnes: ‚Liebe deinen Nächsten, er ist wie du.' In diesem 'wie du' liegt der ganze Gehalt des Satzes. Der Begriff Mitmensch ist darin gegeben: Er ist wie du, er ist im Eigentlichen dir gleich, du und er sind als Menschen eins."

Hans Maaß

❑ Überprüft die Aussagen von Hans Maaß an folgenden Bibelstellen, in denen im hebräischen Urtext das Wort komacha vorkommt: 1.Mose 41,39; 5.Mose 5,14; 5.Mose 33,29; Psalm 35,10; 2.Samuel 7,22.

Neuanfang 1948

Im Jahr 1947 beschloss die UNO, Palästina in einen jüdischen und einen arabischen Staat aufzuteilen. Am 14. Mai 1948 rief der spätere israelische Ministerpräsident David Ben Gurion den Staat Israel aus. Es kam zum Krieg zwischen dem jungen Staat Israel und seinen arabischen Nachbarn, die den Teilungsplan der UNO nicht anerkennen wollten. Das Ergebnis des Krieges war die Festigung des Staates Israel; zur Gründung eines palästinensischen Staates kam es bis heute nicht.

DER
JUDENSTAAT.
VERSUCH
EINER
MODERNEN LÖSUNG DER JUDENFRAGE
VON
THEODOR HERZL
DOCTOR DER RECHTE.
LEIPZIG u
M. BREITENSTEIN'S V
WIEN. IX. W

Theodor Herzl (1860-1904) ist der Begründer des Zionismus. 1896 veröffentlichte er das Buch „Der Judenstaat".*

Aus der Unabhängigkeitserklärung des Staates Israel am 14. Mai 1948

Die Überlebenden des schrecklichen Nazi-Gemetzels in Europa sowie Juden anderer Länder scheuten weder Mühsal noch Gefahren, um nach dem Lande Israel aufzubrechen und ihr Recht auf ein Dasein in Würde und Freiheit und ein Leben redlicher Arbeit in der Heimat durchzusetzen ...

Im Lande Israel entstand das jüdische Volk ... Hier lebte es frei und unabhängig. Durch Gewalt vertrieben, blieb das jüdische Volk auch in der Verbannung seiner Heimat in Treue verbunden. Nie wich seine Hoffnung, nie verstummte sein Gebet um Heimkehr und Freiheit. ...

Wir wenden uns – selbst inmitten mörderischer Angriffe, denen wir seit Monaten ausgesetzt sind – an die in Israel lebenden Araber mit dem Aufrufe, den Frieden zu wahren und sich aufgrund voller bürgerlicher Gleichberechtigung und entsprechender Vertretung in allen provisorischen und permanenten Organen des Staates an seinem Aufbau zu beteiligen. Wir bieten allen unseren Nachbarstaaten und ihren Völkern die Hand zum Frieden und guter Nachbarschaft und rufen zur Zusammenarbeit und gegenseitigen Hilfe mit dem selbstständigen jüdischen Volk in seiner Heimat auf. Der Staat Israel ist bereit, seinen Beitrag bei gemeinsamen Bemühungen um den Fortschritt des gesamten Nahen Ostens zu leisten.

Unser Ruf ergeht an das jüdische Volk in allen Ländern der Diaspora, uns auf dem Gebiete der Einwanderung und des Aufbaues zu helfen und uns im Streben nach der Erfüllung des Traumes von Generationen – der Erlösung Israels – beizustehen.

Israelisches Staatswappen

Flagge des Staates Israel

❑ Wie wird die Gründung des Staates Israel begründet? Welche Ziele verfolgt dieser Staat nach Aussagen der Unabhängigkeitserklärung?

❑ Informiert euch
- über den Staat Israel und das Leben der Menschen dort;
- über das Verhältnis von Israelis und Palästinensern;
- über die Beziehungen Israels zu seinen arabischen Nachbarn.

Erfahrungen

Seit 1989 haben wir ein regelmäßiges Austauschprogramm mit einer Kibbuz*-Schule im Norden Israels. Regelmäßig besucht eine deutsche Schülergruppe die israelische Schule und regelmäßig kommt eine Schülergruppe für zwei Wochen zu uns. In den neun Jahren unserer Begegnungen hat sich eine unglaubliche Wandlung vollzogen. Am Anfang gab es in den vier zur Schule gehörenden Kibbuzim große Bedenken, einen näheren Kontakt zu einer deutschen Schülergruppe zu knüpfen. Nur wenige Israelis hatten ein wirkliches Interesse an dem Projekt. Die Reaktionen, die uns entgegenschlugen, reichten oftmals von kühler Reserviertheit bis zu offener Ablehnung. Untergebracht wurden wir damals in einem Schulgebäude.
Beim ersten Besuch der israelischen Schülergruppe in Deutschland wohnten die Jugendlichen nicht in den deutschen Familien, sondern waren in einer Begegnungsstätte untergebracht. Ab dem zweiten Besuch wohnten sie dann in den Familien; es gab keine Probleme.
In Israel werden wir inzwischen wie alte Freunde empfangen. Seit 1995 wohnen wir direkt in den Familien der Austauschpartner.
Aus dem Bericht der deutschen Lehrerin

- ❑ Was zeigen diese Erfahrungen?
- ❒ Wie könnte der Bericht einer israelischen Lehrkraft aussehen?

Tamusz (17): Ich hatte schon etwas Angst nach Deutschland zu gehen. Immer wieder gingen mir diese Zeitungsberichte über Brandanschläge von Neonazis durch den Kopf. Doch meine deutsche Gastfamilie war wahnsinnig nett. Als der Großvater der Familie zu Besuch kam, da habe ich allerdings kaum ein Wort herausgebracht.

Christoph (18): Mir war es eigentlich nie wichtig, dass ich Deutscher bin. Aber die Israelis, mit denen ich zusammenkam, machten mir immer wieder mein Deutschsein bewusst. Sie sollten nicht alle Deutschen über einen Kamm scheren. Ich hatte dann aber den Eindruck, dass die Israelis, die uns besucht haben, ein etwas anderes Bild von Deutschland bekommen haben.

Mordechai (16): Meine Eltern waren eigentlich gegen den Austausch. Sie hatten Bedenken einen Deutschen aufzunehmen. Aber dann sagte meine Großmutter: „Den jungen Deutschen können wir keine Schuld vorwerfen. Sie waren ja damals noch gar nicht geboren."

Nadine (17): Schwierig war es, als wir mit den Israelis zusammen das KZ Buchenwald besuchten. Sie hielten ein Totengedenken und wir wussten gar nicht so recht, wie wir uns verhalten sollten. Ich hatte den Eindruck, sie wollten uns gar nicht dabei haben. Nachher in der Jugendherberge waren sie aber alle wieder ganz normal.

Ayala (19): Überhaupt habe ich den Eindruck, dass die deutschen Schüler sich zu wenig mit der Geschichte des Dritten Reiches beschäftigen. Gefreut habe ich mich, dass wir mit unseren Austauschpartnern offen darüber reden konnten.

Gerald (19): Besonders der Friedensprozess mit den Palästinensern wurde sehr rege diskutiert. Schade fand ich, dass manche Israelis hier jede Parallele zur Geschichte (zum Holocaust) ablehnten.

Israelische und deutsche Schüler besuchen gemeinsam den Platz der ehemaligen Synagoge in Ludwigsburg.

- ❑ Auf beiden Seiten wurden bestehende Vorurteile überwunden.
- ❒ Entwerft ein Programm für eine israelische Schülergruppe, die Deutschland besucht.
- ❒ Wie würdet ihr euch auf einen Besuch in Israel vorbereiten?

Paul Klee, Eile ohne Rücksicht (1935)

Paul Klee, Die Zeit (1933)

Ich liebe dich…

Ich liebe dich
Und finde dich
Wenn auch der Tag ganz dunkel wird.

Mein Lebelang
Und immer noch
Bin suchend ich umhergeirrt.

Ich liebe dich!
Ich liebe dich!
Ich liebe dich!

Es öffnen deine Lippen sich…
Die Welt ist taub
Die Welt ist blind

Und auch die Wolke
Und das Laub –
– Nur wir, der goldene Staub
Aus dem wir zwei bereitet:
– Sind!

Else Lasker-Schüler

So bin ich – wie bist du?

Was mir wichtig ist
Sexualität in Beziehungen
Ausgegrenzt?
Arbeiten müssen – arbeiten dürfen
Lang oder kurz ist die Zeit

Paul Klee, Nachsinnend (1939)

Was mir wichtig ist

Wir leben nicht allein – Erwartungen und Ansprüche

Wer bestimmt eigentlich?

❑ Diskutiert über die Probleme, die der Comic anspricht. Macht einen Comic für Jungen.

❑ Stellt euch vor, ihr wärt „Kummerkasten" bei einer Jugendzeitschrift. Formuliert einen Antwortbrief an die Jugendliche.

❑ Entwerft ein Plakat oder eine Collage zu den Ansprüchen, mit denen ihr euch konfrontiert seht.

Wir sind ständig von Forderungen, Ansprüchen, Erwartungen umgeben. Dabei wollen wir doch frei sein, unser Leben selbst in die Hand nehmen, eigene Ziele setzen und verfolgen. Die folgenden Sätze fassen die Vorstellungen des Philosophen Jean-Paul Sartre (1905 - 1980) zusammen:

Der Mensch ist völlig frei.

Die Freiheit zwingt uns dazu, unser ganzes Leben lang Entscheidungen zu treffen.

Der heutige Mensch findet keine feststehenden Normen und Werte vor, an denen er sich orientieren kann.

Daher muss jede Entscheidung sorgfältig bedacht werden, man kann die Verantwortlichkeit dafür niemals ablegen. Darum darf man sich auch nicht von dem häufig gebrauchten „ich muss dies oder jenes tun" leiten lassen. Denn wer sich solchen Sachzwängen oder allgemeinen Verhaltensregeln unterwirft, lebt nicht wirklich, sondern lebt in der Lüge und verfehlt den Sinn seines Lebens.

Nur wer sich der Entscheidung stellt, lebt wirklich, denn nur er kann dem eigenen Leben einen Sinn verleihen, sich ein echtes Dasein erschaffen.

Der Mensch ist zur Freiheit „verurteilt", weil er sich nicht selbst erschaffen hat und trotzdem in die Freiheit entlassen ist.

Jean-Paul Sartre

❑ Vergleicht Sartres Theorie über das menschliche Leben mit den Erfahrungen der Jugendlichen in dem Comic auf Seite 116.

Christian Boltanski, Monument. Rauminstallation (1986)

❑ Stell dir vor, dein Bild ist in der Mitte. Wer ist auf den anderen Bildern? Welche Farben sollen die Kabel haben? Wie dick sollen die Knoten sein?

Was wir selber wollen

Nathalie:
Ich bin auf der Suche nach dem, was echt ist. Ich will hinter die Fassaden anderer schauen. Ich will nicht, dass die anderen nur meine Fassade kennen.

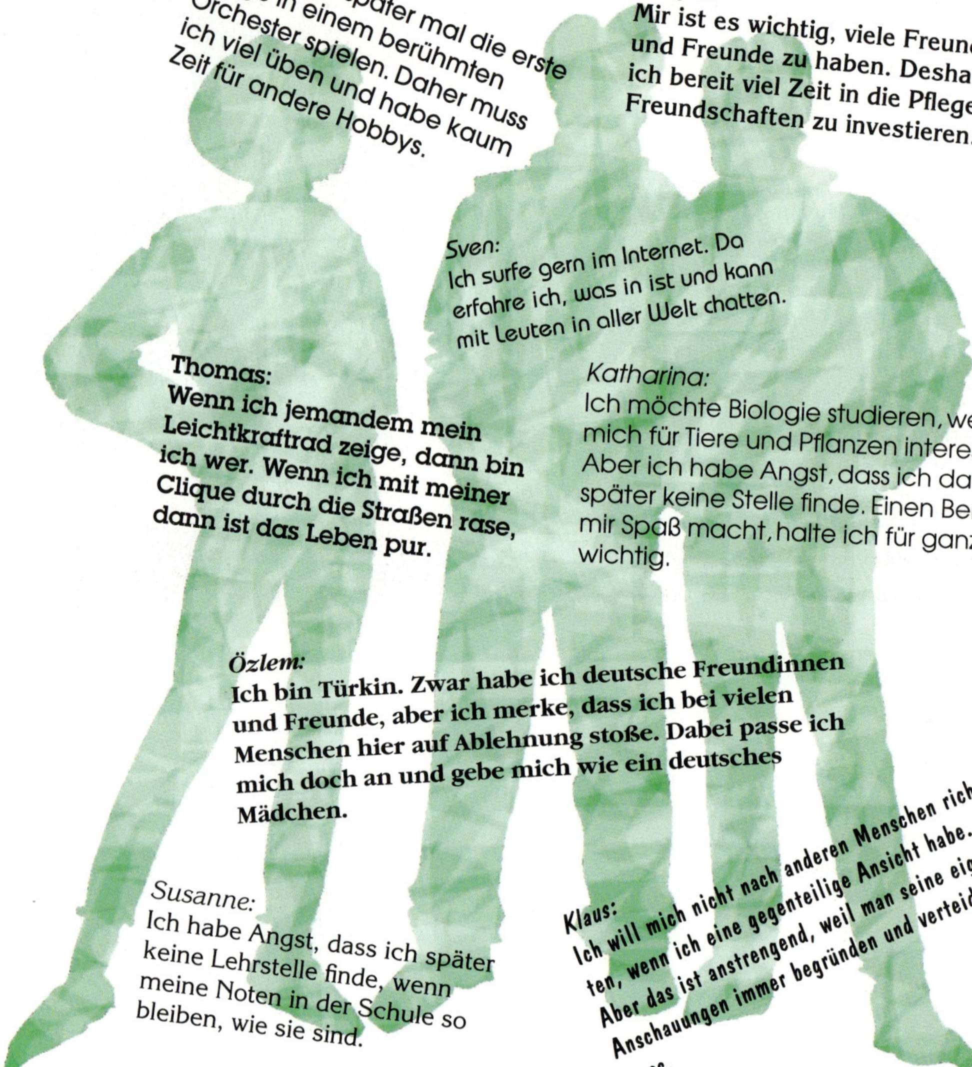

Moritz:
Ich möchte später mal die erste Geige in einem berühmten Orchester spielen. Daher muss ich viel üben und habe kaum Zeit für andere Hobbys.

Tanja:
Mir ist es wichtig, viele Freundinnen und Freunde zu haben. Deshalb bin ich bereit viel Zeit in die Pflege der Freundschaften zu investieren.

Sven:
Ich surfe gern im Internet. Da erfahre ich, was in ist und kann mit Leuten in aller Welt chatten.

Thomas:
Wenn ich jemandem mein Leichtkraftrad zeige, dann bin ich wer. Wenn ich mit meiner Clique durch die Straßen rase, dann ist das Leben pur.

Katharina:
Ich möchte Biologie studieren, weil ich mich für Tiere und Pflanzen interessiere. Aber ich habe Angst, dass ich damit später keine Stelle finde. Einen Beruf, der mir Spaß macht, halte ich für ganz wichtig.

Özlem:
Ich bin Türkin. Zwar habe ich deutsche Freundinnen und Freunde, aber ich merke, dass ich bei vielen Menschen hier auf Ablehnung stoße. Dabei passe ich mich doch an und gebe mich wie ein deutsches Mädchen.

Susanne:
Ich habe Angst, dass ich später keine Lehrstelle finde, wenn meine Noten in der Schule so bleiben, wie sie sind.

Klaus:
Ich will mich nicht nach anderen Menschen richten, wenn ich eine gegenteilige Ansicht habe. Aber das ist anstrengend, weil man seine eigenen Anschauungen immer begründen und verteidigen muss.

❑ Die Äußerungen der Jugendlichen zeigen ganz unterschiedliche Auffassungen vom Leben. Wen könnt ihr am besten verstehen?

❑ Formuliert eigene Ziele und Auffassungen. Schreibt sie als Statuten auf Plakatkarton.

Ich bin die, um die sich ihre Mutter
immer gekümmert hat,
die nie mit ihren Problemen alleine war.

Ich bin die mit der besten Kindheit,
die reden gelernt hat,
schulisch unterstützt wurde,
die nichts Besonderes leisten musste,
für deren Glück nie etwas fehlte.

Ich bin die, die all diese Vorteile genießt,
ohne sie besonders zu würdigen;
die mit der perfekten beneidenswerten Mutter,
von der ihr nie etwas unbegründet verboten wurde.

Aber macht das denn nur glücklich?

Ich will Probleme haben, die ich alleine lösen muss,
auch wenn's im ersten Moment hart ist!
Ich will gar nicht immer
meine Mutter im Hintergrund wissen.
Ich will durchs Vermissen endlich
meine Kindheitsvorteile schätzen lernen!
Ich will merken, wie gut es mir ging!

Ich bin ein undankbares Gör,
das nicht weiß, was es redet.
Eine, die den Luxus genießt,
aber dagegen ist.

Ich möchte nicht so sein,
wie ich gesehen werde.
Ich möchte mir und allen beweisen,
dass ich auch alleine Probleme lösen kann.

Kann ich das?
Praxis ist was anderes als Theorie!
Ich will's wenigstens versuchen!
I., 16 Jahre

Aus einer Studie von 1996: Etwa 20 Prozent aller befragten Eltern gaben an, dass es in ihrer Familie größere oder sehr große Probleme gibt, zum Beispiel Partnerschafts-, Wohnungs-, Gesundheitsprobleme, psychische oder finanzielle Schwierigkeiten. In Familien mit mindestens einem dieser Probleme in sehr ausgeprägter Form verhalten sich Kinder deutlich häufiger aggressiv, unsozial (z.B. sie lügen, betrügen andere, nehmen Drogen) und emotional belastet.

❑ Gebt dem Gedicht einen Titel. Stellt euch die Familie des Mädchens vor. Spielt typische Szenen.
❑ Beurteilt die Meinung des Mädchens vor dem Hintergrund der Zusatzinformationen aus der Studie. Diskutiert über die Rolle von Eltern und Erziehung für das eigene Leben.

Vertrauen – Grundlage unseres Lebens

(Ur-)Vertrauen

Um das eigene Leben in die Hand zu nehmen, braucht man Vertrauen und Selbstvertrauen. Der Psychologe Erik H. Erikson (geb. 1902) hat untersucht, wie sich Vertrauen entwickelt und festigt.

Erikson erforschte die Entwicklung und Entwicklungskrisen eines Menschen. Er erkannte dabei, dass Erfahrungen aus frühester Kindheit den Menschen entscheidend, also für sein ganzes weiteres Leben, prägen.

Im Säuglingsalter bildet sich das so genannte Urvertrauen beziehungsweise Urmisstrauen heraus. Für einen Säugling ist die Nahrungsaufnahme ein ganz wichtiger Bestandteil seiner Beziehungen zur Außenwelt. Durch Weinen macht er seine Eltern darauf aufmerksam, dass er Hunger hat. Wenn der Säugling die Erfahrung macht, dass seine Mutter oder sein Vater ihm Nahrung geben, wenn er schreit, dass sie grundsätzlich zu ihm kommen, wenn er weint, dann lernt er, dass er sich auf seine Eltern verlassen kann, auch wenn er sie zeitweilig nicht sieht. In diesem Wechselspiel zwischen Baby und Bezugsperson, das sich tagtäglich wiederholt, macht das Kind die Erfahrung von „Gegeben-Bekommen" und „Annehmen". Die ständige Wiederholung schafft beim Kind ein Basisvertrauen, das es zeitweiliges Alleinsein aushalten lässt. Die Eltern vermitteln ihrem Kind durch ihre Fürsorge das Gefühl, dass sie zuverlässig und vertrauenswürdig sind, weniger durch die Menge an Nahrung und Zuwendung, sondern durch die Qualität und die Beständigkeit ihrer Fürsorge, das heißt durch die bedingungslose Annahme des Kindes.

Wenn ein kleines Kind nicht diese natürliche Erfahrung von Geborgenheit macht, kann es dieses Urvertrauen nicht entwickeln. Im Extremfall, wenn das Kind sich sehr häufig verlassen und ungeliebt fühlt, begegnet es seiner Umwelt vorwiegend misstrauisch. Zum Beispiel ist bei solchen Kindern die Angst verlassen zu werden größer als das Vertrauen, dass die Eltern es nicht im Stich lassen werden.

Diese frühkindlichen Erfahrungen haben Auswirkungen auf das spätere Leben.

- ❑ Diskutiert darüber, was Erikson unter „Urvertrauen" versteht. Überlegt euch dabei, wie Urvertrauen und Selbstvertrauen zusammenhängen. Nennt mögliche Auswirkungen der frühkindlichen Erfahrungen auf das spätere Leben.
- ❑ Bringt das, was ihr jetzt über Vertrauen wisst, mit dem Gedicht auf der vorigen Seite in Verbindung.

(Ur-)Vertrauen in Gott

Der (christliche) Glaube sieht den Grund für das Vertrauen des Menschen in sich und andere im Vertrauen auf die Fürsorge Gottes. Dieses Vertrauen kann in einem Bild ausgedrückt werden: Der Mensch wie die gesamte Erde sind in Gottes Hand.

❑ Sprecht über die biblische Geschichte, die im Bild umgesetzt ist.
❑ Hand ist ein Symbol. Findet Beispiele, wie sich Gehaltensein in Gottes Hand im Leben zeigen kann.
❑ In Gottes Hand zu sein, bedeutet nicht Unfreiheit, sondern begründet das Recht und die Aufgabe, uns selbst zu bestimmen, uns Ziele zu setzen, uns zu engagieren. Ruft euch in der Diskussion darüber ins Gedächtnis, was ihr dazu in Kapitel 1 zum Thema „Das Ebenbild Gottes" erfahren habt.

Sieger Köder, Schöpfung

Zweifache Verheißung

Du wirst mir nichts ersparen,
nicht den Weg durch die Wüste,
nicht den Kampf gegen Goliath,
nicht den Platz auf dem Aschenhaufen des Hiob,
nicht den Sitz unter dem Ginsterstrauch,
nicht das babylonische Exil –
Der Herr ist mein Hirt,
Er wird mich ins Grab bringen
und wieder heraus –
Der Herr ist mein Hirt,
nichts wird mir mangeln,
nicht die Geborgenheit in der Arche Noahs,
nicht das Wohnen im Zelte des Herrn.
Der Herr ist mein Hirt,
nichts wird mir fehlen.
Alles darf mir genommen werden
außer dem Vertrauen zu Ihm.

Martin Gutl

Gotteserfahrungen
Seite 14 ff.

❑ Sprecht das Gedicht laut mit verschiedenen Sprechern. Gliedert das Gedicht, indem ihr euch Sprecher und Sprechsituation(en) überlegt.
❑ Schreibt die Sätze heraus, die ihr nicht versteht. Das sind vermutlich die Anspielungen auf verschiedene biblische Geschichten. Sucht die Geschichten in der Bibel und lest sie nach (2.Mose 13,17-19,1; 4.Mose 10,11-12,16; 1.Samuel 17; Hiob 2; 1.Könige 19; 2.Könige 25; Jeremia 25; Psalm 137; 23; 1.Samuel 2,6; 1.Mose 6-7; 40, 34-38).

Auch Fehler und Misserfolge gehören dazu

Engagement, Ehrgeiz und Erfolg gehören eng zusammen. Erfolg bestätigt das Selbstvertrauen, er macht glücklich und stolz. Aber was ist, wenn wir den Erwartungen, die wir an uns (und andere) stellen, nicht gerecht werden? Was ist, wenn der erhoffte Erfolg ausbleibt? Wie werden wir mit der Erfahrung des Misserfolgs fertig?

Sandra ist in ihren Mitschüler Dennis verliebt. Aber sie ist zu schüchtern, um ihn anzusprechen und auf sich aufmerksam zu machen. Sie beschließt, ihm einen Brief zu schreiben. Als sie am nächsten Tag in die Schule kommt, sieht sie, dass Dennis und sein bester Freund Bastian zu ihr rübersehen und grinsen. Sandra ist frustriert, sie kommt sich ziemlich albern vor.

Franziska van Almsick war die große deutsche Hoffnung bei den Olympischen Spielen 1996 in Atlanta. Alle erwarteten, dass sie im Schwimmen Goldmedaillen holt. Diese Hoffnungen erfüllten sich nicht, Franzi erzielte „nur" Bronze und Silber. Dies war für die Sportlerin umso enttäuschender, als sie schon im Vorfeld der Wettkämpfe in der Presse als Siegerin dargestellt wurde. Den hohen Erwartungen an sie konnte sie nicht gerecht werden.

Ein junger Mann bittet seinen wohlhabenden Vater um vorzeitige Auszahlung seines Erbes. Er will damit sein Glück wagen. Die Sache geht gründlich schief, denn er gibt das Geld großzügig aus, anstatt sich eine Existenz aufzubauen. Mit Gelegenheitsjobs schlägt er sich mehr schlecht als recht durchs Leben. In seiner Not entschließt er sich, zu seinem Vater zurückzukehren und in dessen Betrieb zu arbeiten.

Thomas ist ein begeisterter Basketballspieler. So oft es geht, macht er Krafttraining, er joggt regelmäßig, um seine Kondition zu steigern, arbeitet an der Verbesserung seiner Technik. Sein Ziel ist es, in die Schulmannschaft aufgenommen zu werden, um an auswärtigen Wettkämpfen teilnehmen zu können. Thomas kommt trotzdem nicht in die Schulmannschaft, denn es gibt in der Schule Basketballspieler, die größer, schneller und treffsicherer sind. Thomas ist sauer. Seine ganzen Anstrengungen waren umsonst.

- ❏ Erläutert die Gemeinsamkeiten der Beispielgeschichten.
- ❏ Versetzt euch in eine der vier Personen und beschreibt ihre Gefühle näher. Wie würdet ihr sie trösten? Diskutiert darüber, wie ihr mit Misserfolgen umgeht.
- ❏ Lest Lukas 15,11-23. Beurteilt das Verhalten des Vaters und des Bruders in der biblischen Erzählung.

Lukas 15,11-23

Die Geschichte vom verlorenen Sohn veranschaulicht die evangelische Rechtfertigungslehre. Sie besagt, dass wir Menschen vor Gott keine Leistung vollbringen können und auch nicht sollen. Gott liebt uns so, wie wir sind. Damit ist uns die Sorge genommen, dass wir nur etwas sind, wenn wir etwas leisten. Der Glaube an Gottes Treue bewahrt uns so vor Resignation. Wir dürfen leben im Vertrauen darauf, dass auch unser Scheitern in Gottes Hand steht und nicht von uns allein getragen werden muss. Die Rechtfertigungslehre ist so gesehen ein Aufruf, immer wieder neu das Leben zu wagen und sich von Rückschlägen nicht entmutigen zu lassen, sich selbst und anderen zu vergeben. Glaube an die Rechtfertigung ist die Fortsetzung des Urvertrauens in Gott.

Grenzen der Rechtfertigung?

Eine junge Frau berichtet:
Ich bin als Kind missbraucht worden. Das hatte ich lange verdrängt, erst während einer Therapie sind die Erinnerungen daran wieder in mein Bewusstsein gelangt. Das waren schlimme Momente. Ich habe geweint und geschrien, so weh taten die Gedanken und Bilder. Später habe ich versucht, mit meinen Eltern über das, was vorgefallen war, zu reden. Es war unmöglich. Mein Vater schweigt sich aus, meine Mutter sagt, ich solle die Vergangenheit ruhen lassen. So viel Ignoranz konnte ich nicht verkraften. Ich habe mich jetzt aus der Familie verabschiedet. Zu meinen Eltern habe ich keinen Kontakt mehr, nur noch gelegentlich zu meinen älteren Brüdern.
Wenn meine Eltern mich um Verzeihung bitten würden, ich weiß nicht, ob ich ihnen vergeben könnte. Zu tief bin ich verletzt worden.

❑ Versetzt euch in die Rolle des Opfers. Überlegt, wie ihr an Stelle der Frau gehandelt hättet.
❑ Vergleicht den Missbrauch mit den Misserfolgsgeschichten.

Meine Gedanken sind nicht eure Gedanken

In der Nürnberger St.-Lorenz-Kirche gibt es eine Gebetswand, an die jede/r Gebetszettel heften kann.

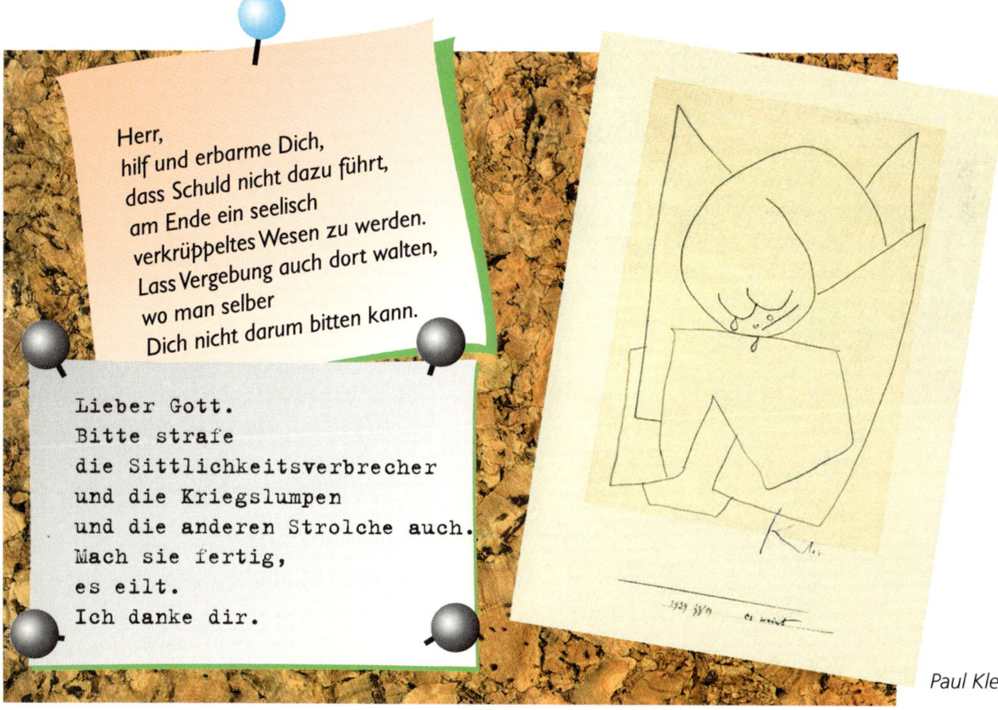

Paul Klee, Es weint (1939)

❑ Stellt euch vor, was die Beterin/den Beter bewegt haben mag. Könnt ihr das jeweilige Anliegen verstehen?
❑ Das Bild ist ein Hinweis darauf, wie Gott mit unserer Schuld umgeht. Beachtet den Titel.

Sexualität in Beziehungen

Alle reden von Liebe ...

Kinderei

Wenn du mich liebst, lieb ich dich auch.
Wenn du mich nicht liebst
lieb ich dich auch nicht mehr.
Wenn du mich mehr liebst
als ich dich
dann sag ich: Ätsch!
Wenn ich dich ganz besonders lieb hab
dann sag ich nichts.
Ätsch!

Jörn Pfennig

Lüge

Du sprachst von Liebe
und meintest Sex.
Du sprachst von Glück
und meintest Befriedigung.
Du sprachst von immer
und meintest nie.
Du sprachst von mir
und meintest dich.

Irene, 19

Mein Liebeslied

Wie ein heimlicher Brunnen
Murmelt mein Blut,
Immer von dir, immer von mir.

Unter dem taumelnden Mond
Tanzen meine nackten, suchenden Träume,
Nachtwandelnde Kinder,
Leise über düstere Hecken.

O deine Lippen sind sonnig ...
Diese Rauschedüfte deiner Lippen ...
Und aus blauen Dolden silberumringt,
Lächelst du ... du, du.

Immer das schlängelnde Geriesel
Auf meiner Haut
Über die Schulter hinweg –
Ich lausche ....

Wie ein heimlicher Brunnen
Murmelt mein Blut.

Else Lasker-Schüler

❑ Welche Gedichte gefallen euch, welche nicht? Begründet.
❑ Veranstaltet eine „Dichterlesung" in eurer Religionsstunde. Bringt dazu Liebesgedichte aus eurem Deutschbuch, Bücherregal, der Bibliothek usw. mit. Stellt euch die Gedichte gegenseitig vor und vergleicht sie miteinander.

René Magritte,
Les Amants (1928)

❏ Beschreibt das Paar, das der Maler Magritte dargestellt hat.
❏ „Les Amants“ bedeutet „Die Liebenden“. Wie könnte das Bild auch heißen?

Die Tatsache, dass man einen anderen liebt, ist die Verwirklichung der Kraft, überhaupt zu lieben. Die grundsätzliche, in der Liebe enthaltene Bejahung ist auf die geliebte Person als Verkörperung des Menschen und seiner menschlichen Eigenschaften gerichtet. Die Liebe zu einem Menschen umfasst die Liebe zu den Menschen als solche. Die Liebe zum Menschen ist nicht, wie häufig angenommen wird, eine Abstraktion, die hinter der Liebe zu einer besonderen Person rangiert, sondern ihre Voraussetzung, obgleich sie ihrer Entstehung nach sich durch die Liebe zu besonderen Individuen entwickelt.
Daraus folgt, dass mein eigenes Selbst genauso ein Objekt meiner Liebe sein muss wie irgendeine andere Person. *Die Bejahung des eigenen Lebens, Glücks und Entfaltens sowie der eigenen Freiheit beruht in der eigenen Fähigkeit des Liebens,* das heißt in Fürsorge, Respekt, Verantwortlichkeit und Wissen. Wenn ein Individuum in der Lage ist, schöpferisch zu lieben, liebt es sich selbst auch; wenn es jedoch *nur* den anderen lieben kann, ist es unfähig zu lieben.

Erich Fromm, Psychologe und Sozialphilosoph (1900-1980)

❏ Vergleicht den Text mit dem Bild von Magritte.

Liebe, Sex oder was?

„Was ist Sex?“

Antworten von Schülerinnen und Schülern aus 9. und 10. Klassen:

„Sex ist kein Gefühl wie Liebe. Sex ist die Tätigkeit. Jemanden zu küssen, ihn zu berühren, zu streicheln, mit ihm zu schlafen. Für mich gehört Sex nicht unbedingt zur Liebe. ... Sex ist freier als Liebe. Sex geht auf das Äußerliche des Menschen ein, Liebe geht unter die Haut (ins Herz)!“ *Jan*

„Ich denke, Sex und Liebe gehören zusammen. Ich finde, man muss den Freund erst näher kennen und auch richtig lieben, damit es schön sein kann, wenn man miteinander schläft. Deswegen halte ich überhaupt nichts davon, wenn man nur mit jemandem schläft, weil man gerade ‚Bock‘ drauf hat.“ Nina

***„Sex ist für mich etwas schwierig zu definieren, da ich noch nicht so viel Erfahrung habe, was Mädchen angeht. Aber ich glaube, Sex ist nicht nur das Miteinanderschlafen, sondern auch die geistige Vereinigung. ... Überhaupt finde ich das Wort ‚Sex‘ ziemlich abgedroschen, schließlich klingt das wie im Film.“* Philipp**

„Sex ist aufregend, spannend. Er ist das Wertvollste, was man einem anderen Menschen geben kann.“ *Miriam*

❑ Nehmt schriftlich Stellung zu den Äußerungen der Mädchen und Jungen. Sprecht darüber, wenn ihr mögt.

Sexualität – Sex – Erotik – Liebe

Menschliche Sexualität erwacht nicht erst in der Pubertät, sie gehört schon immer zum Menschen. Auch das Nuckeln der Babys, kindliches Herumschmusen oder Spielen mit dem eigenen Körper ist Sexualität, denn hier wird die Lust am Körperlichen ausprobiert und ausgelebt. Was sich in der Pubertät ändert, ist die Zielrichtung der Sexualität. War diese in der Kindheit eher spielerisch und auf Eltern, Verwandte, Freunde und das eigene Ich gerichtet, so beginnt nun die Suche nach einem bestimmten Gegenüber, nach dem Freund oder der Freundin. Diese neue, zielgerichtete Sexualität wird in feste Begriffe gepackt, z.B. Flirt, Beziehung, Miteinandergehen, Zusammensein, feste Freundschaft, Partnerschaft usw. Mit dem neuen sexuellen Empfinden in der Pubertät ergeben sich Fragen, Probleme, neuartige Situationen, die wie alles Ungewohnte, Fremde verunsichern.

Entwicklungsstufen und Bezugspersonen	***Idealentwicklung der Liebe***
Kleinkind Familie Kindergarten	Grundlegung der Liebesfähigkeit *„Ich werde geliebt, weil ich bin!“* *„Ich bin wertvoll!“*
Kind Familie Schule Peer Group	Entwicklung einer eigenen Persönlichkeit *„Ich kann Liebe durch eigenes Bemühen hervorrufen!“* *„Ich kann etwas!“*
Jugendliche/r Schule Peer Group Freund(in) ArbeitskollegInnen	.... *„ !“*
Erwachsene/r Partner(in) StudentInnen ArbeitskollegInnen Freunde, Freundinnen	Entwicklung fester Bindungen und Verantwortlichkeit *„Unsere Liebe ist die Basis unseres Lebens!“*

❑ Überlegt euch, wie die Sprechblase der Jugendlichen auszufüllen ist. Sucht eine passende Bezeichnung für die Entwicklungsstufe.

❑ Ergänzt die Tabelle um die Spalte „Bedeutung von Sexualität“, indem ihr den Informationstext zuhilfe nehmt.

❑ Der Text nennt einige Begriffe für die in der Pubertät entstehenden sexuellen Beziehungen, zum Beispiel Partnerschaft. Diskutiert über die unterschiedlichen Bedeutungen der einzelnen Begriffe. Ergänzt die Begriffe, die ihr hier vermisst.

Zueinanderfinden – und dann?

❏ Sind alle Jungen so wie Schröder? Sind alle Mädchen so wie Lucy?
❏ Verfasst Briefe in der Rolle von Lucy und Schröder an die beste Freundin bzw. den besten Freund. Diskutiert darüber, welche Ratschläge und Bedenken ihr im Antwortbrief jeweils geben würdet.

Unsere Meinung, dass wir das andere kennen, ist das Ende der Liebe, jedes Mal, aber Ursache und Wirkung liegen vielleicht anders, als wir anzunehmen versucht sind – nicht weil wir das andere kennen, geht unsere Liebe zu Ende, sondern umgekehrt: Weil unsere Liebe zu Ende geht, weil ihre Kraft sich erschöpft hat, darum ist der Mensch fertig für uns. Er muss es sein. Wir können nicht mehr! Wir kündigen ihm die Bereitschaft auf weitere Verwandlungen einzugehen. Wir verweigern ihm den Anspruch alles Lebendigen, das unfassbar bleibt, und zugleich sind wir verwundert und enttäuscht, dass unser Verhältnis nicht mehr lebendig sei. „Du bist nicht", sagte der Enttäuschte oder die Enttäuschte, „wofür ich dich gehalten habe."
Und wofür hat man sich denn gehalten?
Für ein Geheimnis, das der Mensch ja immerhin ist, ein erregendes Rätsel, das auszuhalten wir müde geworden sind. Man macht sich ein Bildnis. Das ist das Lieblose, der Verrat.

Max Frisch

❏ Klärt Verrat und Liebe.
❏ Ihr habt vielleicht schon selbst die Erfahrung gemacht, dass eine Liebesbeziehung zerbrochen ist. Diskutiert über Gründe, die zum Ende einer Beziehung führen können.

... und sie schlief ein, an ein Ende gekommen und zugleich an einen Anfang, denn was immer auch von ihr später über diese Nacht gedacht wurde, in vielen Variationen – es war der Anfang ihrer ganz großen Liebe, manchmal sagte sie, ihrer ersten wirklichen Liebe, manchmal ihrer zweiten großen Liebe und da sie auch noch oft an Hugh dachte, ihrer dritten großen Liebe. Mit Manes sprach sie nie über den Grund, der sie zu ihm getrieben hatte, nie über das Warum dieser Ekstase, die es nie mehr wieder zwischen ihnen gab, denn in wenigen Tagen war er nichts weiter als ein Mann, in den sie verliebt war, ein sich verändernder Mann, der ein Gesicht und einen Namen für sie bekam und im Laufe von zwei Jahren auch eine Geschichte und eine Geschichte mit ihr, die so weit Gestalt annahm, dass sie langsam daran glaubte, sich ihr Leben mit ihm genau vorstellen zu können, eine Zukunft mit ihm. Als er sie plötzlich verließ, war sie mehr über diese Plötzlichkeit, der nie eine Trübung vorausgegangen war, erschrocken als über die brutale Verletzung und dass sie wieder einmal allein war. Sie litt unter dieser Trennung mehr als ...

Ingeborg Bachmann

❑ Die Schriftstellerin Ingeborg Bachmann spricht in diesem Textauszug vom Liebesleben der Hauptperson Elisabeth. Setzt den Text in Farben um und legt euch anschließend eure Bilder gegenseitig aus.

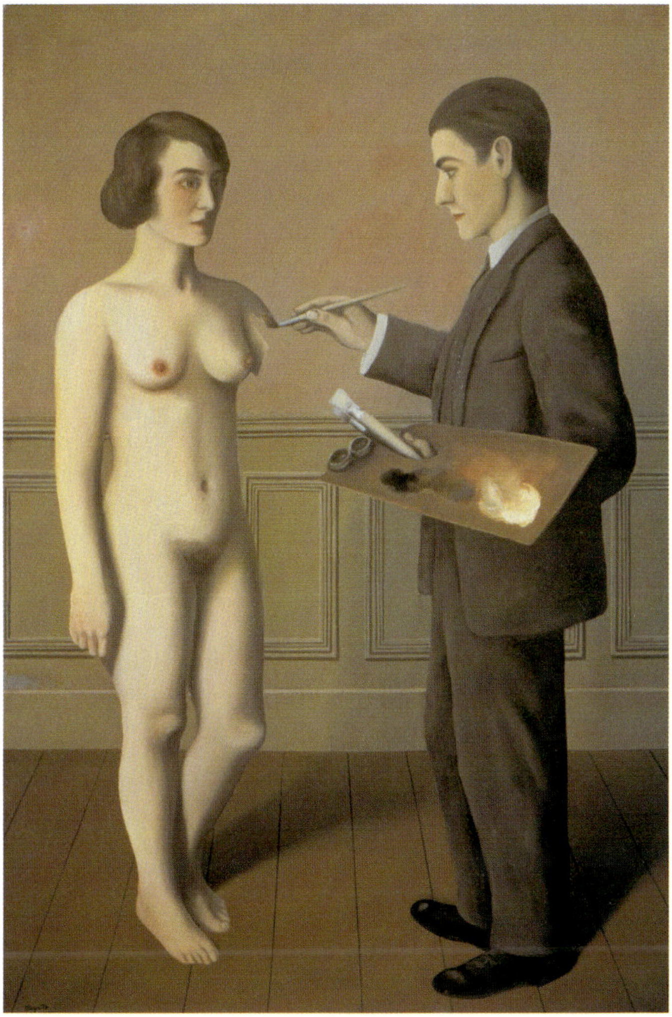

❑ Diskutiert darüber, wie Magritte das Verhältnis zwischen Mann und Frau darstellt. Beurteilt seine Sichtweise. Der Titel des Bildes ist: „Versuch, das Unmögliche zu verwirklichen".

❑ Schreibt auf, was der Frau und dem Mann gerade durch den Kopf gehen könnte.

❑ Das Bild ist aus der Perspektive des Mannes gemalt. Überlegt, wie das Bild aussehen könnte, wenn die Frau die Malerin wäre. Welche Gedanken würdet ihr den Personen dann zuschreiben?

❑ Malt eigene Bilder zum Thema „Frau und Mann".

René Magritte,
Tentative de l'Impossible

Woran können wir uns orientieren?

„Früher war alles ganz anders …“

Saskia (15 Jahre) möchte, dass ihr Freund nach einer Party bei ihr zu Hause übernachtet. Sie fragt ihre Mutter um Erlaubnis. Zufällig ist die Großmutter gerade zu Besuch. Ein Ausschnitt aus der Unterredung:

Mutter: Also, da müssen wir mit Papa drüber sprechen, ich allein will das nicht entscheiden.

Saskia: Nun mach doch nicht gleich so einen Aufstand. Lukas will doch nicht gleich bei uns einziehen.

Mutter: Darum geht es doch auch nicht.

Großmutter: Also zu meiner Zeit, da war das noch ganz anders. Ich durfte meinen Verlobten sonntags zum Kaffee sehen, immer im Beisein der Eltern. Und die erste gemeinsame Nacht, das war natürlich die Hochzeitsnacht.

Saskia: Ja, ja, das alte Lied von früher, wo alles viel besser war als heute. Als wenn ihr nicht heimlich rumgeknutscht hättet, wenn ihr die Gelegenheit dazu hattet!

Mutter: Saskia, sei nicht so frech!

Großmutter: Na ja, so Unrecht hat das Mädchen gar nicht. Aber früher sprach man über sowas nicht.

Mutter: Stimmt. Aufklärung lief nur über ältere Freundinnen und Bücher. Heimlich haben wir dann unser theoretisches Wissen umgesetzt. Manche meiner Freundinnen besorgten sich heimlich die Pille. Da hat es die heutige Jugend einfacher. Die probiert alles ohne Scheu aus. Trotzdem weiß ich nicht, ob ich das hier in unserer Wohnung dulden soll.

Saskia: Aber Mutti! Erstmal, so einfach ist das mit dem Sex auch für meine Generation nicht. Empfängnisverhütung, Angst vor einer HIV-Infektion und vor allem die Frage danach, was ich selber in einer Beziehung will, machen Liebe und Sex ganz schön kompliziert. Aber mit Lukas kann ich über alles reden, das finde ich so super an ihm. Mit meinem früheren Freund Peter war das viel schwieriger. Der meinte bloß, ich würde alles zerreden. Machen statt quatschen, war seine Devise.

Großmutter: Kommt mir irgendwie bekannt vor, diese Einstellung.

Saskia: Also, was ist nun? Darf Lukas hier übernachten oder nicht?

Mutter: Wir werden gemeinsam mit Papa reden. Ich denke, er wird einverstanden sein.

❑ Saskia, ihre Mutter und ihre Großmutter verkörpern die Haltungen dreier Generationen zur Sexualität. Grenzt die unterschiedlichen Positionen voneinander ab.

❑ Die Mutter und die Großmutter scheinen ein wenig neidisch auf die „Jugend von heute“ zu sein. Diskutiert darüber, inwieweit der Neid berechtigt bzw. unberechtigt ist.

❑ Spielt oder schreibt die Szene weiter: Wie reagiert der Vater, als er von seiner Tochter um Erlaubnis gefragt wird?

Homosexuell – na und?!

In einer Tageszeitung wurde ausführlich über ein homosexuelles Paar berichtet, das sich den kirchlichen Segen für seine Beziehung wünschte und schließlich eine evangelische Pfarrerin fand, die diesem Wunsch in der Sakristei einer Kirche entsprach.

Zwei mögliche LeserInnenbriefe:

Unerhört!!

Christen – und dafür halte ich die Pfarrerin Frau M. – haben sich an der Bibel als einer verbindlichen Norm zu orientieren. Mit der Nachfolge Jesu sind sexuelle Abweichungen wie wechselnde Liebesbeziehungen, außerehelicher Geschlechtsverkehr oder Homosexualität nicht zu vereinbaren. Sexualität hat ihren Platz in der Ehe. Das können wir schon im Schöpfungsbericht des 1. Buches Mose nachlesen, wo berichtet wird, dass Mann und Frau füreinander geschaffen sind. Allein die Sexualität zwischen Eheleuten, die sich ein Leben lang aneinander binden, entspricht dem Willen Gottes. Alle Abweichungen von dieser Norm sind eine Sünde gegen Gott und die menschliche Natur.

Von daher ist das Anliegen des homosexuellen Paares skandalös und das Handeln der Pfarrerin ist scharf zu verurteilen. Kirchlicherseits sollte unbedingt ein Disziplinarverfahren eingeleitet werden, da die Pfarrerin ihr Amt missbraucht hat.

Bernd Maier, Steinheim

Ein Schritt in die richtige Richtung!

Ich denke, die Pfarrerin Frau M. hat menschlich und christlich richtig gehandelt. Das Neue Testament, wie ich es verstehe, gibt uns verantwortliche Freiheit. So schreibt Paulus den Galatern: „Zur Freiheit hat uns Christus befreit!“ Dieser Zuspruch muss auch im Bereich der Sexualität gelten. Das Sexualverhalten der Menschen hat sich in den letzten Jahrzehnten gewandelt, immer neue Spielarten von Beziehungen werden ausprobiert. Daher vertrete ich die Ansicht, dass Sexualität immer dann o.k. ist, wenn alle Beteiligten sich frei dazu entscheiden und liebevoll miteinander umgehen, egal, ob es sich um eine längere oder kürzere Beziehung handelt. Das gilt auch für homosexuelle Beziehungen, denn Homosexualität ist eine Möglichkeit der Sexualität neben anderen.

In Anbetracht dessen ist das Handeln von Frau M. zu begrüßen. Die Kirche darf sich der Wirklichkeit in unserer Gesellschaft nicht länger verschließen. Die Segnung homosexueller Paare ist ein seelsorgerlicher Akt, er kann zugleich beispielgebend sein für ihre Integration in die Gesellschaft.

Bärbel S., Frankfurt

❏ Stellt die beiden Positionen, die in den LeserInnenbriefen vertreten werden, einander gegenüber. Kennzeichnet sie mit Begriffen wie modern / liberal / freiheitlich / konservativ / streng / überholt etc. Formuliert in je einem Satz die Begründungen für die jeweiligen Positionen.
❏ Überprüft beide Positionen, ob sie der Bibel gerecht werden. Lest dazu in der Bibel Stellen nach, die von Sexualität, Ehe, humanem Verhalten usw. sprechen, z.B. 1. Mose 2,18; Matthäus 19,5ff.; 1. Korinther 7; Römer 1,24-28; 6,12; 8,21; Galater 5,13.

Ermutigungen – eigene Standpunkte finden

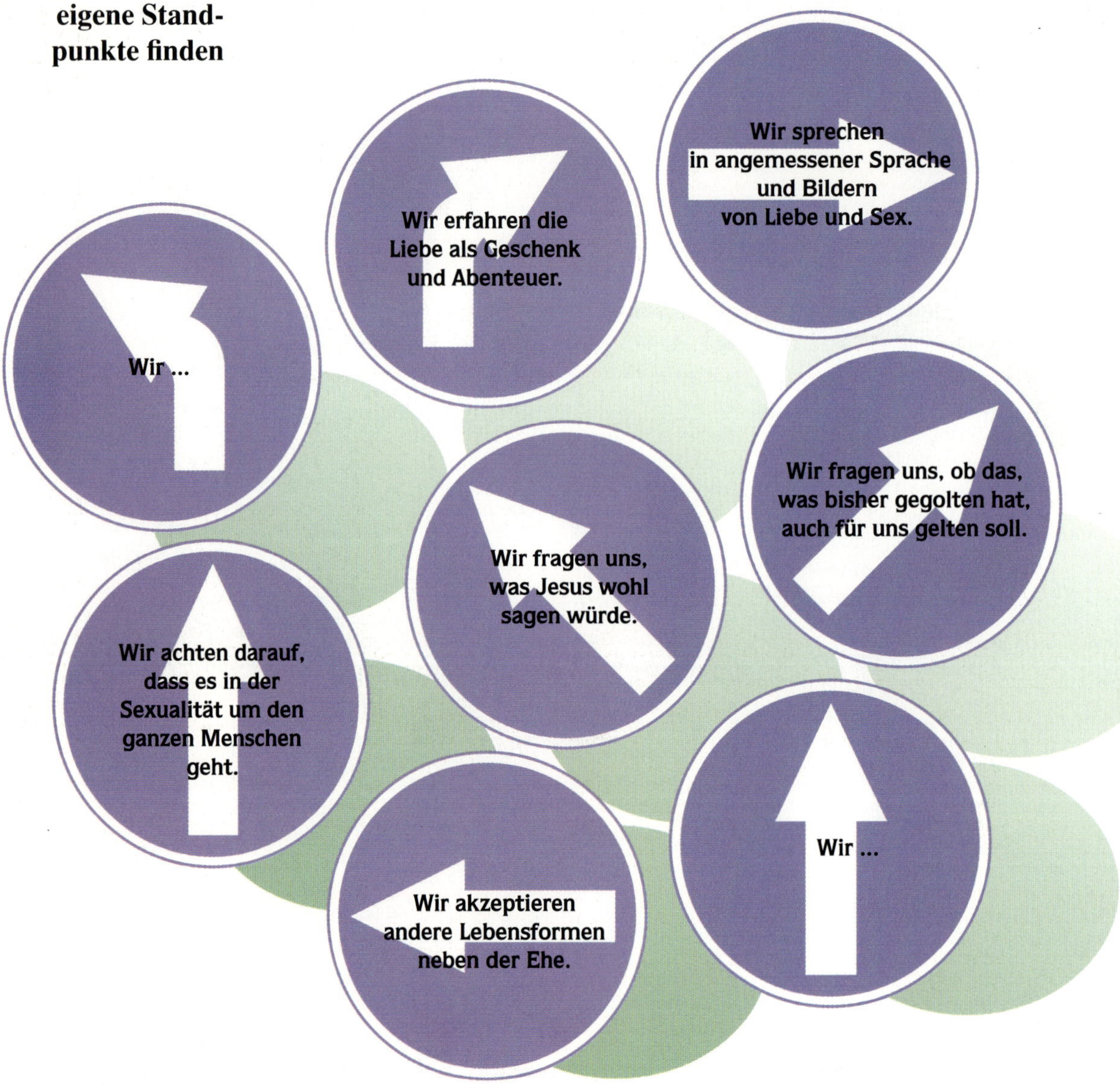

❏ Diskutiert über die Wegweiser. Welche findet ihr für euch wichtig, welche erscheinen euch überflüssig?
❏ Fügt weitere Orientierungen hinzu, die euch wichtig erscheinen. Macht euch euren persönlichen Weg mit Wegweisern.

Andere Sprache und Bilder für Liebe und Sexualität – aus der Bibel!

Meinem Freund gehöre ich, und nach mir steht sein Verlangen. Komm, mein Freund, lass uns aufs Feld hinausgehen und unter Zyperblumen die Nacht verbringen, dass wir früh aufbrechen zu den Weinbergen und sehen, ob der Weinstock sprosst und seine Blüten aufgehen, ob die Granatbäume blühen. Da will ich dir meine Liebe schenken. Die Liebesäpfel geben den Duft und an unsrer Tür sind lauter edle Früchte, heurige und auch vorjährige: mein Freund, für dich hab ich sie aufbewahrt.
Hoheslied 7, 11-14

Wie ein Apfelbaum unter den wilden Bäumen, so ist mein Freund unter den Jünglingen. Unter seinem Schatten zu sitzen begehre ich und seine Frucht ist meinem Gaumen süß. Er führt mich in den Weinkeller und die Liebe ist sein Zeichen über mir. Er erquickt mich mit Traubenkuchen und labt mich mit Äpfeln; denn ich bin krank vor Liebe. Seine Linke liegt unter meinem Haupte und seine Rechte herzt mich. – Ich beschwöre euch, ihr Töchter Jerusalems, bei den Gazellen oder bei den Hinden (= Hirschkühe) auf dem Felde, dass ihr die Liebe nicht aufweckt und nicht stört, bis es ihr selbst gefällt.
Hoheslied 2, 3-7

Lege mich wie ein Siegel auf dein Herz, wie ein Siegel auf deinen Arm. Denn Liebe ist stark wie der Tod und Leidenschaft unwiderstehlich wie das Totenreich. Ihre Glut ist feurig und eine Flamme des Herrn, so dass auch viele Wasser die Liebe nicht auslöschen und Ströme sie nicht ertränken können. Wenn einer alles Gut in seinem Hause um die Liebe geben wollte, so könnte das alles nicht genügen.
Hoheslied 8, 6-7

Das „Hohelied Salomos“, auch „Lied der Lieder“ genannt, gehört zu den poetischen Büchern des Alten Testaments. Es enthält eine Sammlung von Liebesliedern, in denen eine Frau und ein Mann ihre Beziehung besingen. Später wurden diese Liebeslieder auf das Verhältnis Gottes zu seinem Volk Israel umgedeutet, weil man diese Liebeslieder als solche in der Heiligen Schrift wohl zu anstößig fand.

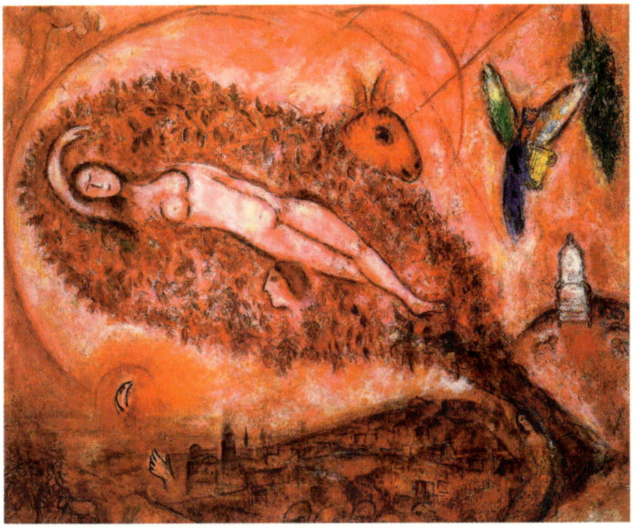

Marc Chagall, „Ich schlief, doch mein Herz war wach“ aus dem Zyklus „Bilder zum Hohenlied“

❑ Die Sprache des Hohenliedes über Liebe und Sexualität ist voller Symbole. Tragt sie zusammen und deutet sie. Ihr könnt dabei auch die ganze Liedsammlung hinzunehmen. Überlegt, was wir heute mit dieser Sprache und ihren Symbolen anfangen können.
❑ Gestalte den Vers „Denn die Liebe ist stark wie der Tod und Leidenschaft unwiderstehlich wie das Totenreich“ neu, indem du deine eigenen Gedanken aufschreibst: „Denn die Liebe ist... und Leidenschaft ...“.
❑ Beschreibt das Bild und seine Wirkung auf euch. Beachtet vor allem die Farben und Formen.
❑ Gestaltet ein eigenes Bild zum Hohenlied, z.B. eine Farbkomposition oder Tonfiguren des Paares. Vielleicht könnt ihr das Thema im Kunstunterricht vertiefen.

Ausgegrenzt?

Umgang mit Fremden

„Türke, stimmt's?“

Cem Özdemir (31) ist 1997 der einzige türkischstämmige Abgeordnete im Deutschen Bundestag. An einem ganz normalen Septembertag ist ihm das Folgende passiert:

Morgens war ich zu Besuch in einer Schule, mittags, nach einer Stärkung in der Ludwigsburger Markthalle, geht's nach Nürnberg. Während ich mich in einen Stapel Zeitungen vertiefe, steigt eine ältere Dame in mein Abteil. Nachdem sie sich mehrfach umgesetzt hat, nimmt sie neben mir Platz. Sie fragt, wo ich herkomme. Ich sage: aus Ludwigsburg. Damit ist sie nicht zufrieden und fragt: „Was sind Sie für ein Landsmann?“ Ich sage: deutscher Staatsbürger (ich hasse die Frage wie die Antwort). Sie bohrt nach: „Sie sind doch Araber?“ „Nein“, sage ich, „deutscher Staatsbürger.“ Jetzt hat sie's: „Türke, stimmt's?“ Ich, um Höflichkeit bemüht, erkläre ihr, dass ich türkischer Herkunft bin, jedoch deutscher Staatsbürger. Sie sagt: „Türke sind Sie, auch wenn Sie einen Pass haben! Türke!“ Wenn mein Vorbild nicht Martin Luther King wäre - ich könnte sie an die Wand klatschen. Ich wende mich, meine letzten Reste an Vernunft zusammenkratzend, wieder den Zeitungen zu. Jetzt geht es erst richtig los! Nachdem sie mir erklärt hat, dass es den Türken hier besser gehen würde als den Deutschen, die stets gearbeitet hätten, setzt sie zum Finale Grande an: „Ich finde es unmöglich, dass Türken Erste Klasse fahren!“

❏ Wenn Türken Erste Klasse fahren ... Eine/r von euch ist die dritte Person im Abteil. Wie geht die Zugfahrt weiter?

❏ „Ich stelle mir vor, wie es einem Türken ergeht, der vielleicht nicht so gut Deutsch kann und nicht deutscher Staatsbürger ist und dazu nicht Bundestagsabgeordneter“, fragt sich Cem Özdemir. Spielt auch diese Möglichkeit durch.

❏ Spielt Szenen aus dem Alltag der Nachbarn auf dem Bild. Wo begegnen sie sich? Was reden sie miteinander?

Unsere Kultur - Maßstab für alle?

Mit dem Wort „Rassismus“ wird eine Lehre bezeichnet, die behauptete, dass es zwischen den Völkern angeborene kulturelle und psychologische Unterschiede gebe, auf Grund derer (nordwest-)europäische Völker allen anderen überlegen seien. Diese inneren Unterschiede von Begabung und Charakter könne man an äußeren Unterschieden, wie z.B. Hautfarbe und Schädelform, erkennen. Dazu gehörte auch der Glaube, dass die überlegenen Völker darauf achten müssten, ihr Blut „rein“ zu halten, d.h. sich nicht mit anderen zu vermischen. Diese Lehre kam im 19. Jahrhundert in Mode, als man alle sozialen Unterschiede biologisch erklären wollte. Wissenschaftlich ist sie längst widerlegt: Das Aussehen einer Bevölkerungsgruppe sagt nachweislich nichts über deren Kultur und Charakter aus.

Als Ebenbild Gottes leben
Seite 32 ff.

❐ Der alltägliche Rassismus kann sich auch hinter freundlich klingenden Bemerkungen verstecken: Inder sind „exotisch"? Asiaten sind „geheimnisvoll"? Südamerikaner sind „heißblütig"? Wo sind euch solche Einschätzungen schon begegnet? Ergänzt die Aufzählung und diskutiert, was dahinter stecken könnte.

Albrecht Genin, Gute Begegnung. Übermalte Druckseite (1988)

Ausländer raus!

keine Pizza
keinen Rock'n'Roll
kein Ikea-Regal
nicht einmal mehr Asterix,
stattdessen nur noch Fix und Foxi

keinen Döner Kebab
keinen Mitsubishi
keine feurige Pusztamusik
und Jogging?
heißt jetzt Dauerlauf

kein Cevapcici
keinen Dostojewski
kein Queenbesuch
und ein Big Mac?
ist ein großer Fleischklops

keine Frühlingsrolle
keinen Michael Jackson
keinen Urlaub auf Mallorca
und ein T-Shirt?
nennt man wieder Unterhemd

keinen Donkosakenchor
keinen Gameboy
keine Lippizaner
nie wieder „okay" sagen,
denn das heißt jetzt „Jawoll!"

Martin Schneider

❐ Was kann alles fremd sein an anderen? Versucht eine Aufstellung und sprecht über die Bedeutung der einzelnen Punkte.

❐ Sammelt Material über das Zusammenleben von Einheimischen und Fremden an eurem Ort und gestaltet damit eine Ausstellung. Ihr könnt z.B. suchen nach:
- Straßen- und Häusernamen: Wo haben Ausländer/Zuwanderer in unserem Ort Spuren hinterlassen?
- Das erste China-Restaurant? Der erste Dönerimbiss?
- Geschichte der ausländischen Arbeiter in einem Betrieb
- Aussiedler in unserer Gegend
- Gibt es eine Moschee, eine Synagoge, eine orthodoxe Kirche in der Nähe? Ihre Geschichte? Was geschieht dort heute?

❐ Gestaltet Plakate zum Thema „Alle Menschen sind Ausländer. Fast überall."
Überlegt, wo ihr sie aufhängen wollt.

In der Fremde keine Heimat
Seite 93

Die unerwarteten Fremden: Flüchtlinge

Jedermann hat das Recht, in anderen Ländern vor Verfolgung Asyl zu suchen und zu genießen. *Artikel 14 der Allgemeinen Erklärung der Menschenrechte vom 10.12.1948*

❑ Diskutiert: Wie müsste sich dieser Artikel in der Gesetzgebung aller Länder auswirken?
❑ Informiert euch über die aktuelle Asylgesetzgebung bei uns. Stellt Argumente von Befürwortern und Kritikern zusammen und diskutiert darüber.

Gerhard Mester

Wo Flüchtlinge sind, ist Heimat verloren. Sie wollen Krieg, Hunger, politischer Verfolgung entkommen, sie flüchten vor der Gewalt, der Not und der Armut, aber einer Qual können sie nicht entfliehen: fremd zu bleiben, wohin es sie auch verschlägt. Sie sind Opfer: abgetrennt von ihrer Vergangenheit, ihrer eigenen Geschichte; in ihrer Gegenwart beraubt der Bürgerrechte, den Entscheidungen der Staatsbürokratien ausgeliefert; ohnmächtig einer Zukunft gegenüber, die ihrem Handeln ganz entzogen ist. Sie sind Überlebende, übrig geblieben von denen, deren Sterben sie auf der Flucht begleitet hat. Flüchtlinge werden nicht empfangen: Sie sind unerwartete Fremde, die nichts haben außer dem eigenen Leben; sie brauchen Hilfe: gegen Krankheit, Unterernährung. Was sie verloren haben, müssen sie von denen, die sie aufnehmen, erhalten: eine Gegenwart der Sicherheit und eine Zukunft, in der die Erinnerungen an die eigene Kultur zurückkehren können. Noch wichtiger aber ist es, sich dafür einzusetzen, dass in den Ländern ihrer Herkunft die Menschenrechte auf Frieden und Arbeit Wirklichkeit werden. Die Flüchtlinge erleiden beispielhaft in der fliehenden Bewegung des eigenen Leibes, was von allen erfahren werden kann. Ihre Hoffnung auf Rückkehr in die Heimat wird zur Rückkehr der Hoffnung: dass Heimat der Ort ist, wo es möglich ist, ohne Unterdrückung und Ausbeutung zu leben.

❑ „Flüchtlinge erleiden beispielhaft, was von allen erfahren werden kann" – diskutiert diese Behauptung.
❑ Was für ein Ort ist „Heimat" für dich?

Überall unerwünscht

Heimat ist ...
Seite 86

Artila P. (14), ist mit ihren Eltern und drei jüngeren Geschwistern aus dem Kosovo geflohen. Ihr Vater war Lehrer in der albanischen Untergrundschule, die vom serbischen Staat verboten ist. Jeden Tag hatte er 10 bis 12 Kinder im Wohnzimmer der Familie unterrichtet. Außerdem war er Mitglied einer verbotenen albanischen Partei. Durch die Flucht kam er seiner Verhaftung zuvor. Nach schlimmen Monaten in einem Sammellager wird der Familie eine Unterkunft im süddeutschen W. zugewiesen. Dort hat die Familie keine eigene Wohnung. 4,5 m² stehen jeder Person zu. Es gibt keinen Platz zum Spielen, für Hausaufgaben. Artila und ihre Geschwister schreiben auf dem Boden. Die Möbel sind vom Sperrmüll. Die Wohnsituation ist unerträglich, aber die Familie darf nicht aus der Unterkunft ausziehen. Artila und ihr Bruder hatten Glück, sie fanden eine Vorbereitungsklasse in der Hauptschule. Die kleine Schwester konnte nicht eingeschult werden – die Klasse war voll und für Flüchtlingskinder gibt es keine Schulpflicht. Der Vater will sofort arbeiten, hat aber keine Chance – mangelnde Deutschkenntnisse. Für einen Kurs an der Volkshochschule ist kein Geld da. Die Mutter ist unglücklich, hat Heimweh.

Niemand kommt zu Besuch. Tag und Nacht keine Ruhe, oft schreckliche Kopfschmerzen. Die Eltern streiten jetzt oft. Der Vater hasst das Nichtstun. Das Geld reicht nicht, obwohl die P.s sparen, wo sie nur können. Artila und ihr Bruder haben einen Gutschein über 40 Mark erhalten. Das muss für ein ganzes Schuljahr reichen: Bastelmaterial, Hefte, Stifte ... Die Kinder schämen sich, dass sie als Arme auffallen und immer wieder ausgeschlossen werden. Artilas Winterjacke geht nicht mehr zu. Sie hat nur einen warmen Pullover. Der Kleine kann bei kaltem Wetter nicht draußen spielen. Der Vater verkraftet nicht, dass er seine Familie nicht angemessen ernähren und kleiden kann. Er wird depressiv. Stundenlang sitzt er auf dem Sofa und starrt ins Leere.
Er weiß, dass die Ablehnung seines Asylantrags und die Abschiebung der Familie drohen. Seine Situation wird nicht als persönliche politische Gefährdung eingestuft, da die Behörden im Kosovo oft wahllose Verhaftungen vornehmen. Familie P. sieht keinen Ausweg: Ihr Leben in Deutschland bedeutet gesetzlich verordnete Armut, Ausgrenzung und die ständige Angst vor der drohenden Abschiebung. Doch der Weg zurück, wo auf den Vater Gefängnis oder Zwangsrekrutierung warten, erscheint ihnen als unkalkulierbares Risiko.

❑ Artilas Vater sucht schließlich einen Rechtsanwalt auf. Dort erfährt er, dass die Behandlung seiner Familie geltendem Recht entspricht. Spielt das Familiengespräch bei seiner Rückkehr: Wie soll sich die Familie entscheiden? Beachtet die folgende Information über die Situation der Albaner im Kosovo.

Als dieser Bericht niedergeschrieben wurde, setzten sich im Kosovo die politischen Führer der ethnischen Albaner weiterhin mit friedlichen Mitteln für die Unabhängigkeit der vorwiegend von Albanern bewohnten Provinz ein, die zu Serbien gehört. Häufig kam es zu wahllosen Massenverhaftungen von Albanern. Viele der Festgenommenen wurden körperlich misshandelt. Zu den Opfern zählten auch alte Menschen, Frauen und Kinder. Viele Albaner wurden bei Hausdurchsuchungen festgenommen, andere hielten die Behörden fest, um sie zu verhören. Später kam es zum Bürgerkrieg.*

❑ Informiert euch in der Zeitung, im Lexikon: Woher kommen Flüchtlinge zu uns? Bildet Projektgruppen zu aktuellen Brennpunkten (z.B. Osteuropa, Afrika, Asien) und stellt zu jedem eine Dokumentation zusammen: Wovor fliehen die Menschen? Was erwarten sie bei uns? Welche Rechte und Pflichten haben sie? Wie leben sie?

❑ amnesty international setzt sich dafür ein, dass Menschenrechtsverletzungen in den Herkunftsländern der Flüchtlinge aufhören. Besorgt euch Informationsmaterial über die Organisation und sucht nach Beispielen, wo sie tätig geworden ist oder sich zu Wort meldet.

❑ „Was ihr getan habt einem von diesen Geringsten ...": Lest dazu Matthäus 25,31-45. Schreibt den Text mit euren eigenen Worten neu. Ihr könnt aktuelle Beispiele einsetzen oder auch den Text verfremden. Stellt eure Neufassungen im Plenum vor und diskutiert sie.

❑ Stellt im Laufe der nächsten Wochen ein Wandbild zusammen: „Was ihr getan habt einem von diesen Geringsten ...". Tragt dafür Informationen über verschiedene Organisationen zusammen, die sich für Minderheiten, Benachteiligte und Hilfsbedürftige einsetzen. Findet heraus, wie man da mitarbeiten kann.

Platzanweiser

Aufrücken bitte
einer hat immer
noch Platz

mehr zu sich
selbst stehn bitte

mehr
zu den andern

Werner Dürrson

Matthäus
25,31-45

Behindert = ausgegrenzt?

❑ Regina, von Geburt an behindert, sitzt im Rollstuhl. Erzählt zu diesem Bild. Was denkt Regina? Die junge Frau neben ihr? Der Friseur?

„Wäre die Welt besser dran ohne uns?“

Blaine aus Portland im US-amerikanischen Bundesstaat Oregon ist 15 Jahre alt und besucht die High School. Blaine ist behindert. Er wurde mit offenem Rücken geboren und ist vom vierten Brustwirbel abwärts gelähmt.
Blaine erzählt über sich:

Ich frage mich oft, ob die Leute meinen, dass die Welt ohne so jemanden wie mich besser wäre. Vielleicht sind die Leute ja auch der Ansicht, dass das Leben von Menschen mit Behinderungen so voller Unglück und Leiden ist, dass sie denken, wir wären besser dran, wenn wir tot wären. Mein Leben ist manchmal ganz schön schwer, vor allem, wenn ich wieder eine Operation habe. 11 Stück hatte ich schon. Aber die meiste Zeit bin ich zufrieden und ich finde mein Leben schon ganz toll. Ich habe auch meine Mutter darüber befragt. Sie sagt, sie kann sich die Welt gar nicht ohne mich vorstellen, und sie ist überzeugt, dass jeder, der die Chance hat mich kennen zu lernen, bestimmt denkt, dass die Welt mit mir drin ein besserer Platz ist. Die meisten Leute scheinen mich zu mögen und ich glaube, ich bin schon ganz o.k. Ich glaube nicht, dass ich mit jemandem tauschen möchte.

Seine Hobbys sind Tiere und Sport. Außerdem reist er gern und versucht über das Internet in Kontakt zu anderen Menschen zu kommen. Folgende Mitteilung hat er eingegeben – „an alle“:

Blaine – "an alle!"

Hallo, ich hoffe, Sie können mir helfen.

Ich heiße Blaine und bin 15 Jahre alt und ich mache ein Projekt für meinen Biologiekurs in der Schule. Ich habe mir ein Thema ausgesucht, das Biologie mit einem anderen Fach verbindet. Meine Frage ist: Wenn wir eine Technik hätten Behinderungen aus der Bevölkerung zu entfernen, wäre es eine gute Sache, das zu tun? Was spricht dafür? Was spricht dagegen? Wie lautet Ihre Antwort? Warum sind Sie zu dieser Einstellung gekommen? Ich sollte Ihnen noch mitteilen, dass ich einen offenen Rücken habe und mit einem Wasserkopf geboren wurde. Ich habe also meine eigenen Gefühle und Antworten hinsichtlich dieser Fragen, aber ich möchte Ihre wissen.

Vielen Dank für Ihre Hilfe!

ex

❑ Schreibt Blaine einen Antwortbrief.
❑ Ihr könnt Blaines Frage auch an Menschen in eurer Umgebung stellen und die Antworten miteinander auswerten. Überlegt, wovon die unterschiedlichen Antworten abhängen könnten.

Ausmerzen oder annehmen?

Die Maßnahmen

Die Faulen werden geschlachtet,
die Welt wird fleißig.
Die Hässlichen werden geschlachtet,
die Welt wird schön.
Die Narren werden geschlachtet,
die Welt wird weise.
Die Kranken werden geschlachtet,
die Welt wird gesund.
Die Traurigen werden geschlachtet,
die Welt wird lustig.
Die Alten werden geschlachtet,
die Welt wird jung.
Die Feinde werden geschlachtet,
die Welt wird freundlich.
Die Bösen werden geschlachtet,
die Welt wird gut.

Erich Fried

Ein Antwortbrief beschreibt die Vorzüge einer Welt, in der es keinerlei Behinderungen mehr geben würde:

Es würde eine deutliche Verbesserung an Lebensqualität für jeden Einzelnen geben und viel weniger Unglück in der Welt. Jeder wäre gesund. In den Krankenhäusern müsste es dann nur noch Notfallabteilungen für Unfälle geben. Ärzte und Krankenschwestern bräuchten wir viel weniger als heute. Rein wirtschaftlich gesehen wären die Kostenvorteile für das Gesundheitswesen beträchtlich. Warum Krankenversicherung, wenn man nie krank wird?

- Vergleicht die Äußerung aus dem Brief mit dem Gedicht von Erich Fried.
- Was wisst ihr über Techniken zur „Entfernung" von Behinderungen aus der Bevölkerung?
- Manche Eltern sehen die drohende Behinderung eines Kindes als Zumutung, die über ihre Kräfte geht. Führt eine Pro- und Contra-Diskussion über einen (noch utopischen) Gesetzesentwurf: Alle schwangeren Frauen sind zur pränatalen* Genuntersuchung verpflichtet, damit entschieden werden kann, ob die Schwangerschaft im Fall einer schwerwiegenden Behinderung abgebrochen werden soll.

Verbesserung von Gottes Ebenbild? Seite 37

Innerhalb weniger Wochen hat Blaine 90 Antworten bekommen und einige interessante Entdeckungen gemacht:

Viele haben mich gefragt, was genau ich mit Behinderung meine. Einer wollte wissen, ob ich z.B. krause Haare schon eine Behinderung nennen würde, jemand anders, ob Hässlichkeit eine sei. Ich habe gelernt, dass es offenbar keine zwei Menschen gibt, die genau darin übereinstimmen, was sie als Behinderung ansehen. So haben mir mehrere Taubstumme geschrieben, dass sie sich nicht für behindert halten. Sie sehen die Zeichensprache als ihre eigenständige Sprache und betrachten sich einfach als Angehörige einer anderen Kultur.

- Wo können „Behinderte" und „Nichtbehinderte" sich begegnen, was können sie gemeinsam unternehmen?
- Mitschüler/innen mit Behinderungen – erzählt von eigenen Erfahrungen oder spielt folgende Situation: Katharina (15), spastisch gelähmt, möchte in eure Klasse aufgenommen werden. Diskutiert mit Katharina, eurem Klassenlehrer/eurer Klassenlehrerin und Katharinas Betreuer: Welche Erwartungen habt ihr aneinander? Wie kann euer Schulalltag künftig aussehen? Was müsste sich ändern?

Arbeiten müssen – arbeiten dürfen

Hoffnungen – Erwartungen – Deutungen

„Ich habe den schönsten Beruf der Welt, weil ich meine Talente nutzen kann." Lea L. ist Köchin und hat ein kleines Restaurant. Schon als Zwölfjährige backte sie Torten für das Café der Eltern. Bald darauf bewährte sie sich auch am Herd. Als ein Koch ausfiel, versorgte sie eine Hochzeitsgesellschaft – 45 Personen. Trotzdem begann Lea nach dem Abitur zunächst ein Jurastudium, entdeckte aber bald, dass sie eigentlich etwas ganz anderes wollte. Sie wurde Köchin, übernahm den kleinen Betrieb ihrer Eltern und baute ihn zum Restaurant um. Für ihre Talente bekam sie den begehrten „Goldenen Bocuse", einen bedeutenden Preis für Kochkunst, und gehört damit als eine von wenigen Frauen zur Riege der international anerkannten Köche. Es macht ihr Freude, sich immer neue Menüs auszudenken und zuzubereiten: „Jeden Tag frag ich mich aufs Neue: Womit kann ich die Gäste überraschen?" Lea L. hat ihren Traumberuf gefunden.

❑ Nennt Gründe für die Berufswahl von Lea. Stellt zehn Punkte zur Berufswahl zusammen:
Ich möchte vor allem ...
- meine Fähigkeiten entfalten
- viel Geld verdienen
- etwas für andere tun
- eine Familie versorgen
- viel Freizeit haben
- ...

❑ Sucht Personen in eurer Umgebung, die ihren Beruf gern ausüben, und interviewt sie: Was reizt sie gerade an diesem Beruf? Was geben sie, was nehmen sie bei ihrer Arbeit? Lasst sie auch von ihrem Weg zu diesem Beruf erzählen: War er gerade? Verschlungen? Tragt die unterschiedlichen Antworten zusammen und vergleicht sie.

❑ „In einigen Jahren bin ich ..." – erzählt von eurem Arbeitstag.

Zwei Lexika geben Auskunft: Arbeit – das meint

– jene menschliche Betätigung, die zur Beschaffung von materiellen Gütern dient, die für die Befriedigung der Bedürfnisse des menschlichen Lebens notwendig sind, des leiblichen sowohl (Nahrung, Kleidung, Wohnung) wie auch des geistigen (Musikinstrumente, Schriften usw.). Indirekt und mittelbar ist aber jede berufliche Betätigung von wirtschaftlicher Bedeutung und damit Arbeit, auch die Tätigkeit z.B. des Priesters, Politikers, Erziehers, Gelehrten, Arztes, sofern auch sie auf das wirtschaftliche Leben Einfluss nimmt;

– alle menschlichen Tätigkeiten, die zur Herstellung und Aufrechterhaltung des Lebens erforderlich sind, unabhängig davon, ob sie bezahlt oder unbezahlt, als selbstständige oder in einem abhängigen Beschäftigungsverhältnis ausgeübt werden oder nicht.

❑ Was wird in die beiden Definitionen einbezogen, was wird nicht berücksichtigt? Diskutiert, welcher ihr den Vorzug geben wollt. Begründet eure Entscheidung.

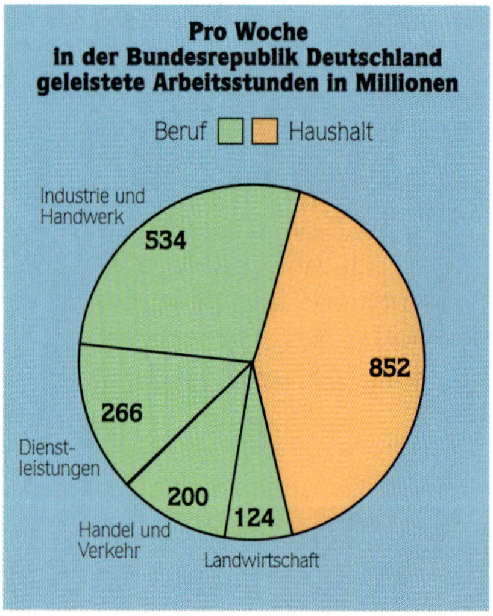

❑ Tragt zusammen, was zur Arbeit gehört. Ihr könnt die beiden folgenden Begriffsreihen ergänzen oder auch eigene bilden. Versucht für jeden Begriff ein Beispiel zu finden.

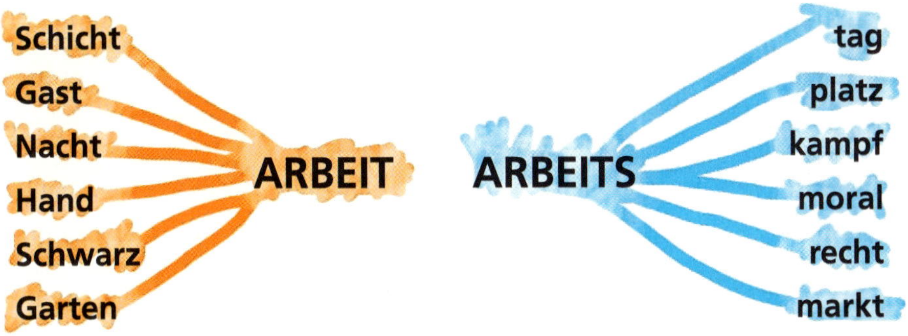

Alle Deutschen haben das Recht, Beruf, Arbeitsplatz und Ausbildungsstätte frei zu wählen.
Grundgesetz, Artikel 12

Der Mensch ist zur Arbeit geboren wie der Vogel zum Fliegen.
Martin Luther

Wer die Arbeit kennt und sich nicht drückt, der ist verrückt.
Sprichwort

Wer nicht arbeiten will, der soll auch nicht essen.
2.Thessalonicher 3,10

Lieber leb ich meiner Lust statt Stempeluhr und Arbeitsfrust.
Graffito

Eigentum verpflichtet. Sein Gebrauch soll zugleich dem Wohle der Allgemeinheit dienen.
Grundgesetz, Artikel 14,2

Arbeit macht Spaß - aber wer kann schon Spaß vertragen?
Graffito

❑ Welche Deutungen von Arbeit kommen in den Kästen zum Ausdruck?

Nur ein Rädchen im Getriebe?

Francis Picabia, Chambre-forte (1918)

Stellenteil

Passen Sie so wie Sie aussehen
in ein gediegenes Unternehmen?
Verbreiten Sie keine Missdüfte
in einer gepflegten Arbeitsatmosphäre?
Sind Sie rücksichtslos zukunftsorientiert?
Sind Sie unbegrenzt durchsetzungsfähig?
Sind Sie von liebenswürdigem Wesen
und bis ins Letzte kostenbewusst?
Verbinden Sie charakterliche Festigkeit
mit ausdauernder Flexibilität?
Würden Sie sich mit einer gesunden Portion Aggressivität
in unsere harmonisierende Betriebsgemeinschaft einfügen?
Sind Sie unseren verschiedenen Sozialleistungen gewachsen?
Behalten Sie ein einnehmendes Erscheinungsbild
auch angesichts des Teams unserer Führungskräfte?
Sind Sie belastbar durch Fußtritte?
Können Sie Abschusslisten zusammenstellen?
Geht Ihnen die Überzeugungskraft nicht aus
wenn Sie selber angeschossen werden?
Sind Sie denn überhaupt leistungsbereit?
Möchten Sie etwa Ihrem Untergang zuvorkommen?
Nässt Sie der Regen?
Zerwühlt Ihnen der Sturm die Frisur?
Zerfrisst Ihnen das Salz nicht die Stiefel?
Knautscht Ihre Hose das Einwinkeln der Knie?
Kratzen Glasscherben Ihre Haut blutig?
Verfallen Sie mit den Jahren?
Werfen Epidemien Sie um?
Verformt sich Ihr Gesicht im freien Fall?
Wenn Sie unsern Ansprüchen zu genügen glauben
dann bieten Sie sich uns an
und wir kaufen Sie uns.

Dieter E. Zimmer

- ❑ Was sagt der Text über die Erwartungen von Arbeitgebern an Arbeitnehmer?
- ❑ Sammelt Stellenangebote und Stellengesuche aus Tageszeitungen. Vergleicht: Welche Eigenschaften und Fähigkeiten werden von den Bewerberinnen und Bewerbern erwartet? Wie stellen sich Stellensuchende selber dar? Was wird jeweils erwartet, was wird versprochen?
- ❑ Formuliere eine Stellenanzeige, auf die du dich gern bewerben würdest.

Eine Arbeiterin berichtet:

Ich arbeite in einem Betrieb der Süßwarenbranche im Ruhrgebiet. Der Betrieb hat 500 Beschäftigte. Die Arbeit ist zum großen Teil Bandarbeit oder Bedienen von Maschinen. Meine Arbeit ist im Speziellen, Kartons auf Paletten zu packen. Dabei bin ich direkt von den Maschinen abhängig, wo die Ware in die Kartons verpackt wird.

Die Frauen an den Maschinen packen die Kartons voll mit Beuteln – ganz verschieden, manchmal 12 Beutel oder 24 oder 30 Beutel pro Karton. Die Kollegin setzt den Karton, wenn er voll ist, auf ein Band, von dort aus läuft er durch die Klebemaschine. Er wird oben und unten zugeklebt und kommt dann am Ende bei mir an. Ich muss dann die Kartons vom Band nehmen und die Palette packen. Das Tempo richtet sich danach, welche Sorte gerade gepackt wird, aber auch danach, ob gerade Staus sind. Oft ist die Klebemaschine nicht in Ordnung. Dann müssen die Kartons heruntergenommen werden und noch einmal auf das Band gesetzt werden. Manchmal stapeln sich die Kartons und müssen nachher umso schneller gepackt werden.

❑ Solche Fließbandarbeit wird heute mehr und mehr von computergesteuerten Verfahren abgelöst. Die Arbeitsplätze sind dann „wegrationalisiert". Diskutiert die Vor- und Nachteile.

George Tooker, The Subway (1950)

❑ Montagmorgen in der U-Bahn. Mit welchen Gefühlen und Erwartungen sind die Menschen unterwegs? Legt jeder Person einen Satz in den Mund. Achtet auf die Körpersprache.

❑ Sucht oder gestaltet ein Gegenbild. Denkt dabei an die Köchin Lea und an die Menschen, mit denen ihr über ihre Freude am Beruf gesprochen habt. Diskutiert: Was gehört dazu, damit Menschen gern zur Arbeit gehen?

Arbeiten – wozu?

Männerarbeit Frauenarbeit
Seite 149

Arbeit muss Sinn machen

Eine Theologin: Arbeit ist Leben, Ausdruck dessen, was es bedeutet, ein Mensch zu sein, nämlich ein schöpferisches Wesen. Wo Menschen es lernen, sich in ihrer Tätigkeit auszudrücken, sich in ihren Möglichkeiten zu verwirklichen, da muss die strenge Trennung von Kopf- und Handarbeit als zerstörerisch fallen. Und da muss ebenfalls die diktierte Trennung von Männer- und Frauenarbeit fallen.
Bedeutet Arbeit hingegen nur freudloses, phantasieloses Funktionieren, dann zerstört sie das Wesen des Menschen und macht krank, abhängig und unglücklich. Wenn unser Arbeitsleben von der Fluch-Tradition geprägt ist, dann müssen wir uns daran erinnern lassen, dass sinnerfülltes Arbeiten ein menschliches Ur-Bedürfnis ist, ein Recht der Menschen. Wir müssen uns selbst als Mit-Schöpfer verstehen.

Dorothee Sölle

Ein Psychologe: Wird bei der Arbeit Sinn erlebt, dann steigt das Engagement und auch die Ausdauer nimmt zu. Grundsätzlich kann Sinn nur von innen heraus, von dem oder der Betroffenen selbst, kommen. Das entbindet aber ein Unternehmen oder die Führungskräfte nicht davon, Bedingungen zu schaffen, unter denen es leichter fällt, einen Sinn zu finden. Wenn das gelingt, dann erhöht sich die Verbundenheit mit dem Betrieb, die Zufriedenheit mit dem Arbeitsplatz steigt, das soziale Klima verbessert sich. Man muss dem Arbeitnehmer die Möglichkeit geben, seine Tätigkeit in einen Gesamtzusammenhang einbetten und damit diese Tätigkeit als wertvoll erachten zu können.

Stefan Schulz-Hardt

1.Mose 1,28
1.Mose 2,15

❏ Vergleicht die beiden Texte. Worauf wird jeweils besonders Wert gelegt?
❏ Diskutiert die These von Dorothee Sölle: Der Mensch ist dazu bestimmt, schöpferische Arbeit zu tun; darin ist er ein Mitarbeiter Gottes.
❏ Überlegt, was demgegenüber mit „Fluch-Tradition" gemeint sein könnte. Lest dazu 1.Mose 3,17-19. Arbeit als Fluch – wie kann sich das ausdrücken?

Meister Bertram,
Adam und Eva bei der Arbeit (um 1380)

Der Mensch als Partner Gottes hat aber nicht nur den Auftrag zu arbeiten. So wie Gott nach dem biblischen Schöpfungsbericht sechs Tage arbeitete und dann einen Tag ruhte, sollen auch die Menschen einen sinnvollen Wechsel von Arbeits- und Ruhezeiten einhalten. Das Ausruhen gehört zum Arbeiten wie das Ausatmen zum Einatmen. Unablässige Konkurrenz, pausenloses Abrackern lassen sich aus der Bibel nicht begründen. Die Menschen sollen die Arbeit weder verfluchen noch vergöttern.

Alles hat seine Zeit
Seite 154

1.Mose 2,2f.
2.Mose 31,15

Krise der Erwerbsarbeit

Moderne Produktionstechniken haben in den Industriestaaten der westlichen Welt eine „Krise der Erwerbsarbeit" herbeigeführt. Immer weniger Beschäftigte erzeugen immer mehr Produkte. Viele Menschen finden keine Arbeit. Besonders betroffen sind Jugendliche, Frauen und ältere Arbeitnehmer.

Ich habe mein positives Wesen verloren – eine Frau aus Ostdeutschland berichtet:

Ich bin allein stehend, ohne Verwandte. Mein Beruf war Wirtschaftskauffrau, ich war in vielen Bereichen des Handels, des Gesundheitswesens und in allen Bereichen der Buchhaltung tätig. Zuletzt arbeitete ich als Lohnbuchhalterin im Rehazentrum Leipzig. Das Zentrum wurde geschlossen und ich war zwei Monate arbeitslos. Ich ging auf Stellensuche. Durch Bekannte bekam ich Arbeit in der Behindertenbetreuung, die zur Arbeiterwohlfahrt gehörte. Für mich war ein großer Wunsch in Erfüllung gegangen. Ich konnte etwas für Menschen tun, die nicht auf der Sonnenseite des Lebens stehen.

Aber mein Glück war nicht von langer Dauer. Es gab nach der Wende selbstherrliche kleine Chefs und missgünstige Kollegen, die taten, was man heute Mobbing* nennt. Bald war ich zum zweiten Mal arbeitslos. Ich war damals 52 Jahre alt und auf dem Arbeitsamt sagte man mir: Sie sind zu alt für eine Umschulung, und Arbeit in Ihrem alten Beruf haben wir nicht.

Für mich brach alles zusammen: 35 Jahre habe ich nun gearbeitet, Tag für Tag, dazu neun Jahre meine kranke Mutter gepflegt, neben der Arbeit und ohne Pflegegeld damals. Mein Lebensinhalt war der Beruf, da ich nach dem Tod der Mutter niemanden habe, keine Familie, keine Verwandten mehr. Ich wollte unbedingt neue Kontakte suchen und da ich kirchlich erzogen war, ging ich in die kirchliche Erwerbsloseninitiative. Dort fand ich viele Menschen, denen es ebenso erging. Wir konnten sprechen, einander beraten, andere wieder aufbauen. Nervlich, körperlich bin ich jeden Tag voll von Sorgen um Wohnung und Lebensunterhalt. Ich habe mein positives Wesen verloren und alles, was mir das Leben bedeutet.

❑ Stellt den Lebenslauf dieser Frau zusammen, mit dem sie sich bei einer größeren Firma als Buchhalterin bewirbt. Spielt das Bewerbungsgespräch. Was fragt der Personalchef die Bewerberin? Was fragt die Bewerberin den Personalchef?

Carl Hofer, Arbeitslose (1932)

❐ Informiert euch über Arbeitslosigkeit an eurem Ort. Zieht Tageszeitungen und Auskünfte des Arbeitsamtes heran.

Nie mehr Arbeit für alle?

Chancen geben
Seite 160ff.
Gemeinsame Aufgaben
Seite 197

„Es wird nie mehr Arbeitsplätze für alle geben", sagt die französische Autorin Viviane Forrester.
„Erwerbstätigkeit ist ein Privileg." In einem Interview wird sie dazu befragt:*

I: Sie schreiben, die Wirtschaft fördert die Abschaffung des arbeitenden Menschen. Gehen Sie damit nicht etwas zu weit?
F: Es gab Zeiten, die liegen gar nicht so lange zurück, da schufteten Kinder, Frauen und Männer an die 18 Stunden am Tag, sechs Tage in der Woche, das alles für einen Hungerlohn, ohne bezahlten Urlaub, ohne soziale Absicherung. Es handelte sich um Ausnutzung der menschlichen Arbeitskraft, um Ausbeutung. Heute müssen wir feststellen, dass es noch Schlimmeres als Ausbeutung gibt: dass man nämlich überhaupt nicht mehr benötigt wird.
I: Heißt das, Millionen Menschen werden für die Gesellschaft „wertlos"?
F: In der Logik des reinen Profitdenkens* ist ein Mensch ohne feste Arbeit, der auf Sozialhilfe oder andere Unterstützung angewiesen ist, „wertlos". Man spricht doch längst nur noch von *den* Arbeitslosen, *den* Sozialhilfeempfängern und verdrängt oder vergisst, dass sich dahinter Millionen von Einzelschicksalen verbergen. Wir müssen umdenken, wir haben nicht mehr das Recht, die Würde eines Menschen von seiner Erwerbstätigkeit abhängig zu machen.
I: Was löst Arbeitslosigkeit in den Menschen aus?
F: Schamgefühle und Angst. Die Arbeitslosen schämen sich, dass sie es nicht schaffen, eine Arbeitsstelle zu bekommen. Sie schämen sich vor ihren Kindern, vor ihren Nachbarn, vor ihren Verwandten. Sie schämen sich, nutzlos zu sein. Und diejenigen, die eine Stelle haben, leben pausenlos in der Angst, ihren Job zu verlieren, sich in das verachtete Heer der Arbeitslosen einreihen zu müssen.

❑ Spielt folgende Szene: Mittags auf einer Bank im Stadtpark. Ein gestylter Mittdreißiger spricht hektische Anweisungen in sein Handy. Zwischendurch schluckt er ein paar Aufputschpillen. Daneben isst ein Arbeitsloser, ungefähr gleichaltrig, ein mitgebrachtes Käsebrot und liest die Stellenangebote in der Zeitung. Die beiden kommen ins Gespräch ...

Arbeit macht krank – Arbeitslosigkeit auch

Millionen Menschen in Deutschland suchen Arbeit. Zugleich schuften Hunderttausende weit mehr als der Durchschnitt. Insgesamt 1,8 Millionen Überstunden leisten die abhängig Erwerbstätigen jährlich – leitende Angestellte und Manager, die oft sechzig und mehr Stunden pro Woche ihrem Beruf widmen, nicht eingerechnet. „Die Schere zwischen Überforderung und (drohender) Arbeitslosigkeit klafft immer weiter auseinander", stellt dazu ein Psychologe fest. Jede fünfte Führungskraft, so ergab eine Studie, leidet unter ihrem Beruf. Der Erfolg sei für manche so etwas wie Meerwasser: Je mehr sie davon trinken, umso durstiger werden sie und gehen innerlich daran kaputt. So wird Arbeit zum Suchtmittel gegen innere Konflikte und Leere. Die Folge: stressbedingte Krankheiten wie Herz-Kreislauf-Probleme, Magen- und Kopfschmerzen, Alkohol- und Medikamentenmissbrauch. Aber auch die Psyche leidet. Sie wehrt sich mit Nervenzusammenbrüchen, Lustlosigkeit - oder Arbeitssucht. Im sozialen Bereich wirkt sich der Stress durch Vereinsamung und Schwierigkeiten mit Familie und Freunden aus.
So groß die Unterschiede zwischen Vielbeschäftigten und denen, die gar keine Arbeit mehr haben, in vielen Bereichen auch sind, bei den körperlichen, seelischen und sozialen Folgen gibt es erstaunliche Parallelen.

❑ Diskutiert über die möglichen Parallelen und ihre Ursachen.

❑ „Abschied von der Vollbeschäftigung" – spielt ein Podiumsgespräch zum Thema: Fehlt es an Arbeit, oder fehlt es an Arbeitsplätzen? Es diskutieren: Heinz B., Unternehmer; Arnold A., Gewerkschaftler; Helene Sch., Wirtschaftswissenschaftlerin; Sabine P., Psychologin; Kuno Z., Sprecher der örtlichen Arbeitsloseninitiative; Bärbel A., Journalistin, und Katrin R., Schülerin.

Klaus Staeck, Vollbeschäftigung

Die Lehrstelle

Ausbildung in der Krise

Peter hockte am Küchentisch. Er schlug sich mit den Fäusten ins eigene Gesicht. Sabine – kaum weniger jämmerlich anzusehen – stand in der Tür. Dabei hätte sie sich doch freuen können. Sie konnte ja weitermachen. Peter nicht.

Peter und Sabine – sie waren beide genommen worden, zur gleichen Zeit. Sie hatten das Rennen vor fünfzehn anderen Hauptschülern gemacht. Keine Lehrstellen. Da konnte sich einer die Finger wund schreiben. Dann hatte der Tankstellen- und Werkstattbesitzer Merkelstetter plötzlich noch zwei Ausbildungsplätze zur Verfügung gestellt. Voraussetzung zunächst einmal: ein gutes Zeugnis, wobei eine Zwei in Deutsch nicht unbedingt wichtig war. Es ging da eher um Fleiß, Ausdauer und Geschick – und technisches Interesse natürlich.

Beide, Peter und Sabine, hatten sich während der letzten zwei Schuljahre im Wahlfach technisches Werken und Zeichnen besonders hervorgetan. Sie hatten immer alles zusammen gemacht, die fast gleichaltrigen Nachbarskinder. Sie hatten miteinander auf dem Spielplatz gespielt. Sie waren zusammen eingeschult worden. Sie erledigten die Hausaufgaben miteinander. Und nun das!

Peter stand auf, ging in der Küche auf und ab. „Dann sag mir, weshalb? Sag mir den Grund. Da lacht doch die ganze Stadt. Ich kann mich doch gar nicht mehr sehen lassen. Das Mädchen wird behalten, der Junge gefeuert. Aus einer Autowerkstatt. Ausgerechnet!" Der Fünfzehnjährige konnte es nicht glauben, begriff es nicht, dass er die Probezeit von einem Vierteljahr angeblich nicht bestanden hatte. Und auch die Freundin begriff es nicht. Selbst in der Werkstatt hatten sie ihre Arbeit oft genug Hand in Hand versehen, hatte Peter ihr schwere Zureichungen abgenommen. Dabei hätte sie zu Hause im Geschäft bleiben können. Das hätten ihre Eltern auch viel lieber gesehen. „Als Mädchen und unsere Tochter", sagte der Vater, „hast du deinen Platz." Er führte mit seiner Frau ein gut gehendes Wäschegeschäft. „Musst du da einem Jungen die Stelle wegnehmen?"

Marieluise Bernhard-von Luttitz

❑ Schreibt die Geschichte in mehreren Variationen zu Ende. Lest eure Schlussabschnitte in der Gruppe vor und diskutiert, welche Lösung allen am besten gerecht wird.

❑ „Musst du einem Jungen die Stelle wegnehmen?", fragen Sabines Eltern. Was könnte Sabine antworten? Wo sind euch ähnliche Argumente schon begegnet?

❑ Überlegt Gründe, warum Frauen häufiger als Männer von Arbeitslosigkeit betroffen sind.

Schülerdemonstration

Frauenarbeit – Männerarbeit?

Das hat eine 1993 veröffentlichte Umfrage ergeben:
Die Einstellungen zur Berufstätigkeit von Frauen sind zwiespältig. Als selbstverständlich nimmt die Mehrheit heute an, dass Frauen eine qualifizierte Berufsausbildung absolvieren und auch berufstätig sein sollen. Daran ist jedoch eine Bedingung geknüpft: dass keine Konflikte mit den traditionellen Frauenrollen auftreten – der Rolle der Ehefrau, Hausfrau und Mutter.
In der Realität ist der Haushalt nach wie vor Sache der Frau, insbesondere in Westdeutschland. Nur 26 Prozent der westdeutschen Frauen, die in einer festen Partnerschaft leben, werden bei der Hausarbeit regelmäßig oder zumindest häufig von ihrem Partner unterstützt; 52 Prozent erhalten nur gelegentlich Unterstützung, 20 Prozent bewältigen den Haushalt ganz allein. In Ostdeutschland berichten immerhin 42 Prozent der Frauen, dass ihnen ihr Partner häufig hilft. Interessanterweise weichen die Angaben von Frauen und Männern in Westdeutschland beträchtlich voneinander ab. Während nur jede vierte Frau den Eindruck hat, dass ihr Partner ihr häufig hilft, sind immerhin 37 Prozent der Männer überzeugt, dass sie wesentlich zur Bewältigung der häuslichen Aufgaben beitragen. Selbst von den ganztags berufstätigen westdeutschen Frauen erhält nur jede dritte regelmäßig Unterstützung bei der Hausarbeit. Lediglich jede vierte berufstätige Frau in West- wie in Ostdeutschland berichtet von einer wirklich partnerschaftlichen Aufgabenteilung.

Klaus Staeck, „Wieder zu Hause"

❑ Versucht zu erklären, warum Frauen und Männer bei der Umfrage die Mitarbeit der Männer im Haushalt unterschiedlich eingeschätzt haben.
❑ Bildet Mädchen- und Jungengruppen. Die Mädchen erarbeiten einen Entwurf: „So stelle ich mir mein Leben vor, wenn ich ein Junge wäre", und die Jungen: „So stelle ich mir mein Leben vor, wenn ich ein Mädchen wäre". Wertet die Ergebnisse gemeinsam aus.
❑ Tauscht euch über eure Gedanken zu dem Bild von Klaus Staeck aus. Denkt auch an das Bild „Adam und Eva bei der Arbeit" (Seite 144).

Arbeit und Einkommen für alle – eine realistische Vision?

Das Konzept: Unternehmen, die die Arbeitszeit für ihre Belegschaft verkürzen und gleichzeitig Arbeitslose einstellen, bekommen Zuschüsse für ihre Lohnkosten. So könnte sich die Arbeitsgesellschaft in wenigen Jahren durchgreifend verändern: Die Erwerbslosigkeit geht zurück. Mann und Frau teilen sich Erwerbs- und Familienarbeit gerechter als bisher. Langzeitarbeitslose haben wieder eine lebenswerte Perspektive. Allen Erwachsenen steht ein Bürgergeld zu – für Nicht-Erwerbstätige als eine Art soziale Grundsicherung, bei Erwerbstätigen wird es auf die Steuer angerechnet. Dieses Bürgergeld sichert den Übergang von der Arbeitsgesellschaft zur Tätigkeitsgesellschaft sozial ab. Je nach Lebensphase können die Menschen nun mehr Erwerbsarbeit leisten – dann bezahlen sie weiterhin Steuern. Oder sie leisten vorwiegend Familienarbeit oder ehrenamtliche Arbeit – dann bekommen sie vom Finanzamt ein Bürgergeld. Oder aber die Lebenspartner teilen sich beides – auch dabei hilft das Bürgergeld. Wenn die Erwerbsarbeit in Zukunft weiterhin abnimmt, obwohl es gleichzeitig immer mehr zu tun gibt, dann schafft das Bürgergeld die soziale Grundlage für die Arbeitsgesellschaft von morgen: Arbeit und Einkommen für alle.

❑ „Die Kirchen stehen für eine Kultur des Erbarmens. Dieses Erbarmen drängt auf Gerechtigkeit." So heißt es in einem „Sozialwort" der evangelischen und katholischen Kirchen in Deutschland. Überprüft, ob die Vision diesem Grundsatz entspricht.
❑ Diskutiert diesen Vorschlag. Möchtet ihr in einer solchen „Tätigkeitsgesellschaft" leben?

Gemeinsame Aufgaben Seite 197

Lang oder kurz ist die Zeit

Psalm 23 in der Neufassung der Japanerin Toki Miyaschina:

Der Herr gibt mir für meine Arbeit das Tempo an,
ich brauche nicht zu hetzen.
Er gibt immer wieder einen Augenblick der Stille, eine Atempause,
in der ich zu mir komme,
er stellt mir Bilder vor die Seele,
die mich sammeln und mir Gelassenheit geben.
Oft lässt er mir mühelos etwas gelingen
und es überrascht mich selbst, wie zuversichtlich ich sein kann.
Ich merke:
Wenn man diesem Herrn vertraut, bleibt das Herz ruhig.
Obwohl ich viel zu viel Arbeit habe,
brauche ich doch den Frieden nicht zu verlieren.
Er ist in jeder Stunde da und in allen Dingen
und so verliert alles andere sein bedrohliches Gesicht.
Oft, mitten im Gedränge, gibt er mir ein Erlebnis,
das mir Mut macht.
Das ist, als ob mir einer eine Erfrischung reichte,
und dann ist der Friede da und eine tiefe Geborgenheit.
Ich spüre, wie meine Kraft wächst,
wie ich ausgeglichen werde und mir mein Tagewerk gelingt.
Darüber hinaus ist es einfach schön zu wissen,
dass ich meinem Herrn auf der Spur
und dass ich, jetzt und immer,
bei ihm zu Hause bin. Amen.

❑ „Er stellt mir Bilder vor die Seele, die mir Gelassenheit geben" – welche Bilder könnten das für euch sein?

Zeit wahrnehmen – Zeit gestalten

„Guten Tag", sagte der kleine Prinz. „Guten Tag", sagte der Händler. Er handelte mit höchst wirksamen durststillenden Pillen. Man schluckt jede Woche eine und spürt kein Bedürfnis mehr zu trinken. „Warum verkaufst du das?", sagte der kleine Prinz. „Das ist eine große Zeitersparnis", sagte der Händler. „Die Sachverständigen haben Berechnungen angestellt. Man erspart dreiundfünfzig Minuten in der Woche!" „Und was macht man mit diesen dreiundfünfzig Minuten?" „Man macht damit, was man will ..." „Wenn ich dreiundfünfzig Minuten übrig hätte", sagte der kleine Prinz, „würde ich ganz gemächlich zu einem Brunnen laufen ..."

Antoine de Saint-Exupéry

❑ Zeit sparen – viele Erfindungen sollten diesem Zweck dienen: Auto, Flugzeug, Telefon, Fax ... Diskutiert: Was wird jeweils gewonnen? Was wird verloren?

❑ Was tut ihr, um Zeit zu gewinnen? Was tut ihr mit der gewonnenen Zeit?

„Was ist Zeit" – eine Umfrage in Stuttgarts Straßen:

Zahnarzthelferin (36): Zeit ist relativ. Ein Gefühl. Man kann auf die Uhr schauen oder nach dem Gefühl gehen.

Sozialarbeiter (33): Das, was auf der Uhr zu lesen ist.

Rentner (67): Wie lange ich noch meine Rente bekomme.

Schüler (18): Zeit ist Geld.

Arbeitsloser (57): Zeit? Ich bin arbeitslos. Ich weiß nicht, was ich mit meiner Zeit machen soll.

Polizeibeamter (37): Zeit ist etwas sehr, sehr Kostbares. Viel zu kostbar, als dass ich sie an Ihre Umfrage vergeude!

Schüler (18): Zeitgeist, Freizeit, Ferien.

Gymnasiallehrerin (57): Zeit ist nicht Geld.

Student (25): So etwas Ähnliches wie Radioaktivität: Man riecht sie nicht, man schmeckt sie nicht und irgendwann fallen einem die Haare aus.

Passantin (ca. 35): Aus dem Weg, mein Zug fährt gleich!

- ❑ Versucht, einige der Antworten in Bilder umzusetzen.
- ❑ Nehmt in Kleingruppen Hör-Collagen zum Thema „Zeit" auf Kassette auf (Zeitansage, Glockenschlag ...).

Harold Lloyd in dem Film „Distress"

Der Tag
geht seinen Stundenweg

Du folgst ihm
auf dem Zifferblatt

beschreibst
deinen Kreis
tagein tagaus

bis ein Ziel
dich erreicht

und du weitergehst
zum nächsten Ziel

Rose Ausländer

❑ Die Zeit totschlagen; die Zeit nutzen; mit der Zeit gehen; auf der Höhe der Zeit sein ... Tragt weitere Redewendungen zusammen und wertet sie aus: Wie behandeln wir die Zeit? Wie behandelt sie uns?
❐ Sammelt Werbeannoncen für Uhren aus verschiedenen Zeitschriften. Was wird da angeboten? Ihr könnt euch auch als Designer versuchen: „Die Uhr, die zu mir passt".

Wie andere uns sehen

„Der Papalagi" heißt ein Buch mit Reden, die sich ein Südseehäuptling ausgedacht haben könnte. Darin heißt es:*

Es gibt in Europa nur wenige Menschen, die wirklich Zeit haben. Vielleicht gar keine. Daher rennen auch die meisten durchs Leben wie ein geworfener Stein. Fast alle sehen im Gehen zu Boden und schleudern die Arme weit von sich, um möglichst schnell voranzukommen. Wenn man sie anhält, rufen sie unwillig: „Was musst du mich stören; ich habe keine Zeit, sieh zu, dass du die deine ausnützt."
Ich glaube, die Zeit entschlüpft dem Papalagi wie eine Schlange in nasser Hand, gerade weil er sie zu sehr festhält. Er lässt sie nicht zu sich kommen. Er jagt mit ausgestreckten Händen hinter ihr her, er gönnt ihr die Ruhe nicht, sich in der Sonne zu lagern. Der Papalagi hat die Zeit nicht erkannt, er versteht sie nicht, und darum misshandelt er sie.

❑ „Ihr habt die Uhren, wir haben die Zeit", sagt ein Sprichwort aus Haiti. Was könnte damit gemeint sein?
❐ „Meine Woche": Die eine Hälfte eurer Gruppe schreibt für sieben Tage ein Tagebuch – wie läuft die Woche bei jedem/jeder ab? Haltet Regelmäßiges und Außergewöhnliches fest. Was wünscht ihr euch anders? Überlegt, was ihr den anderen daraus mitteilen möchtet.
In der anderen Hälfte der Gruppe gestaltet jede/r auf einer Fläche von 30x30 cm ein gemaltes oder geklebtes Bild: „Mein normaler Tag". Fügt alle Quadrate zu einer Alltagscollage zusammen.
Tauscht euch am Ende der Woche darüber aus, was ihr in Wort und Bild festgehalten habt.

Das Ohr am Puls der Zeit ...?

Die Bassboxen sind noch nicht bis an die Leistungsgrenze hochgefahren, aber das hier reicht schon so für ein Prickeln in der Magengrube: Drum'n'Bass mit 150 Beats pro Minute. Wer sich in der Frankfurter Diskothek „Box" umsieht, weiß: Dieses rasende Gewummer ist mehr als nur Musik, es ist die Geschwindigkeit einer ganzen Generation. Jetzt noch. Morgen kann in der Techno-Szene schon Jazz angesagt sein.
So schnell wie die Rhythmen wechselt auch das Outfit der Disco-Freaks. Tanzten sie vor Wochen noch in Clubwear, sind sie jetzt mit feinen Anzügen und Kostümen voll dabei. Und in einigen Tagen findet es vielleicht jemand total „hip", im Schotten-Kilt herumzulaufen. Irgendein Spleen, der zum neuen Trend werden könnte. Und damit zum Geschäft für die Konsumgüter-Industrie. Immerhin, so hat ein Forschungsinsitut ermittelt, fahren sieben von zehn Jugendlichen voll auf „In"-Klamotten ab.
Zille P. verdient ihr Geld damit, Moden schon zu erkennen, wenn sie noch nicht auf jeder Party ins Auge fallen. Die 25-jährige Szenekennerin arbeitet als Trendscout. Ihre Beobachtungen verkauft sie an Werbeagenturen und deren Kunden: Hersteller von Sportartikeln, Bekleidung, Getränken – eben allem, was Jugendliche konsumieren. Zille: „Die Firmen zapfen doch nur das Wissen an, das ich sowieso schon habe. Ein engagierter Trendscout läuft nicht erst los und schaut sich um, wenn er einen Auftrag dazu hat. Weil er ein Teil der Szene ist, spürt er auch am besten, was sich gerade als neuer Trend ankündigt."

❒ Spielt einen Flohmarkt. Bringt dafür Sachen mit, die nicht mehr „in" sind. Jede/r erzählt zu einem Gegenstand.

Freizeit – harte Arbeit?

Angst vor Langeweile?

„Jeder Mensch hat ein bescheidenes Recht auf seine persönliche Langeweile!", meint der Autor des folgenden Textes. Er fordert das angesichts von Zeitgenossen, die auf der Suche nach dem neuesten Freizeitkick besonders im Urlaub dem Erlebniswahn verfallen: Wüstenralleys, Abenteuerfahrten im Wildwasser, Surf-, Tauch- und Segelkurse, Pool-Animation ohne Ende, Safaris im Geländewagen, Shows und Disco bis zum Abwinken – die Menschen haben, meint Ralph Ludwig, die Muße aus ihrem Leben vertrieben, weil sie Angst vor der Langeweile haben. Dazu erzählt er die folgende Begebenheit:
Im Freundeskreis kam vor kurzem die Rede auf den bevorstehenden Urlaub. Teneriffa, die Alpen, Nordsee: Jeder hatte etwas Interessantes vor. Sabine, einunddreißig Jahre alt und Pharmareferentin, hatte schon einen festen Plan. Wie im vergangenen Jahr wollte sie nach Lanzarote fahren: „Vor dem Frühstück Gymnastik, Stretching, Hanteln und eine Stunde Treppensteigen auf dem 'Stairmaster', mittags Aerobic, abends Squash, dann ein paar Runden Schwimmen und anschließend in die Disco zum Abhotten. Da erhole ich mich richtig." Die anderen staunten. „Ganz schön stressig!", meinte einer. Ein anderer: „Da bist du ja am Abend völlig fertig." Sabine ließ sich nicht beirren: „Wer nur am Strand rumliegt, kommt in den Trott des Nichtstuns."

❒ Faulenzen statt Erlebniswahn? Oder kann auch Faulenzen ein Erlebnis sein?
❒ Besorgt euch Prospekte im Reisebüro und wertet sie aus: Was wird versprochen? Was wird möglicherweise verschwiegen? Achtet auf Texte und Bilder. Ihr könnt die Ergebnisse in Kleingruppen zu jeweils einem Reiseziel erarbeiten und dann im Plenum vorstellen.

Das Jetzt

Ein jegliches hat seine Zeit
und alles Vorhaben unter dem Himmel
hat seine Stunde;
geboren werden hat seine Zeit;
sterben hat seine Zeit;
pflanzen hat seine Zeit;
ausreißen, was gepflanzt ist, hat seine Zeit;
töten hat seine Zeit;
heilen hat seine Zeit;
abbrechen hat seine Zeit,
bauen hat seine Zeit;
weinen hat seine Zeit;
lachen hat seine Zeit;
klagen hat seine Zeit;
tanzen hat seine Zeit;
Steine wegwerfen hat seine Zeit;
Steine sammeln hat seine Zeit;
herzen hat seine Zeit;
aufhören zu herzen hat seine Zeit;
suchen hat seine Zeit;
verlieren hat seine Zeit;
behalten hat seine Zeit;
wegwerfen hat seine Zeit;
zerreißen hat seine Zeit;
zunähen hat seine Zeit;
schweigen hat seine Zeit;
reden hat seine Zeit;
lieben hat seine Zeit;
hassen hat seine Zeit;
Streit hat seine Zeit;
Friede hat seine Zeit.
Man mühe sich ab, wie man will,
so hat man keinen Gewinn davon.

Prediger Salomo 3,1-9

❑ Schreibt den Text mit euren eigenen Worten weiter. Setzt ein, was euch wichtig ist. Ihr könnt auch eine oder mehrere Zeilen des Textes schön gestalten.

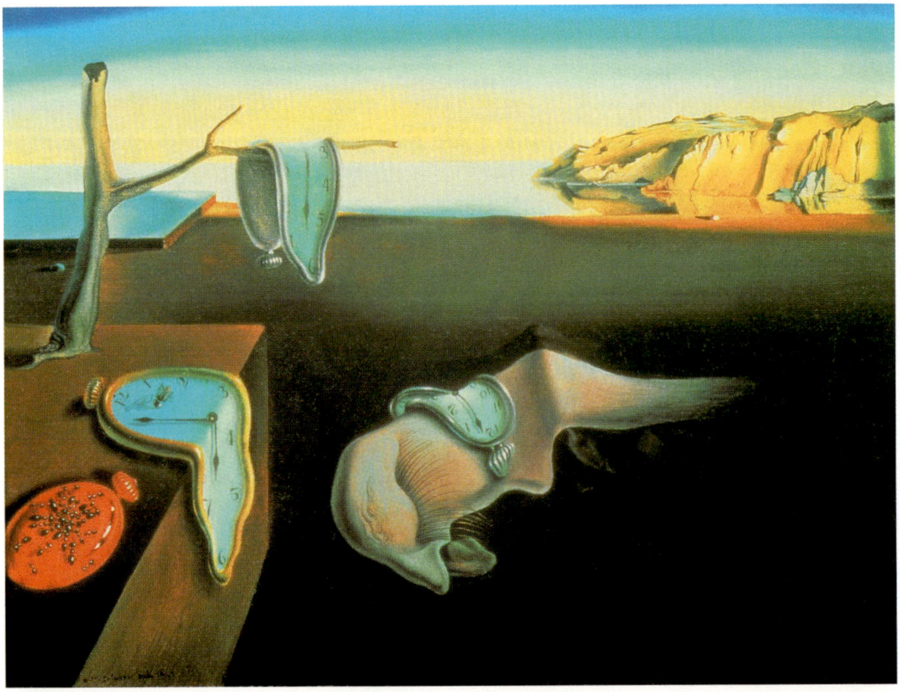

Salvador Dali, Beständigkeit der Erinnerung

Wenn jemand eine Reise tut ...

Setzt euch bequem hin, so dass ihr für ein paar Minuten in dieser Haltung bleiben könnt ... noch etwas bequemer vielleicht ... und schließt die Augen. Stellt euch vor, ihr sitzt auf einem fliegenden Teppich. Dieser Teppich trägt euch hinaus aus dem Klassenzimmer, durch das Fenster, in die Lüfte ... Ihr dreht noch eine Runde über der Schule, eine zweite über eurem Ort und nehmt dann Kurs nach Süden. Über die Alpen hinweg ... bis zum Mittelmeer ... auf eine schöne einsame Insel. Hier landet ihr sanft und bequem, setzt euch auf einen Bootssteg und lasst die Füße im Wasser baumeln. Es ist warm und wohltuend. Ein kräftiger, aber nicht unangenehmer Wind streift euren Körper, lässt die Palmen sanft schaukeln und lässt auf dem Wasser Wellen entstehen, die sich in regelmäßigem Rhythmus auf das Ufer zubewegen ... Nehmt die intensiven Düfte wahr: Zitronenbäumchen, Eukalyptus, ... hört auf das Kreischen der Vögel ..., spürt die wohlige Wärme der Sonne auf der Haut...
Es ist nun langsam Zeit, von eurer Phantasiereise zurückzukommen. Besteigt ohne Hast den fliegenden Teppich. Fliegt zurück in den Norden. Kommt zurück in euer Klassenzimmer, macht langsam die Augen auf, räkelt euch ein bisschen, seht euch um ...

❑ „Eine Reise zu mir selbst" – bring ein Foto, eine Postkarte oder ein selbst gestaltetes Bild mit von dem Ort, der dir dazu einfällt. Das muss nicht unbedingt ein Urlaubsort sein. Erzähle von diesem Ort und davon, was er dir bedeutet.

Taizé
Seite 200

Aus dem Buch „Zen und die Kunst, ein Motorrad zu warten":

Dem ungeübten Beobachter erscheinen vielleicht ichbezogenes Bergsteigen und ichloses Bergsteigen als ein und dasselbe. Obwohl grundverschieden, setzen beide Bergsteiger einen Fuß vor den anderen. Beide atmen im selben Rhythmus ein und aus. Beide machen Rast, wenn sie müde sind. Beide gehen weiter, wenn sie sich ausgeruht haben. Aber welch ein Unterschied! Der ichbezogene Bergsteiger ist wie ein falsch eingestelltes Gerät. Er setzt seinen Fuß einen Augenblick zu früh oder zu spät auf. Er übersieht wahrscheinlich, wie schön das Sonnenlicht in den Bäumen spielt. Er geht immer noch weiter, wenn die Unsicherheit seiner Schritte schon anzeigt, dass er müde ist. Er macht zu wahllosen Zeiten Rast. Er geht zu schnell oder zu langsam und wenn er redet, spricht er unweigerlich von etwas anderem. Er ist hier und doch nicht hier. Er lehnt sich auf gegen das Hier, ist unzufrieden damit, möchte schon weiter oben sein, doch wenn er dann oben ist, ist er genauso unzufrieden, weil eben jetzt der Gipfel das „Hier" ist. Jeder Schritt ist eine Anstrengung, körperlich wie geistig-seelisch, weil er sich sein Ziel außen und weit weg vorstellt.

Robert M. Pirsig

❑ „Ichbezogenes Bergsteigen" – was kann Menschen daran hindern, sich in ihrer eigenen Zeit zu Hause zu fühlen? Was, meint ihr, könnte demgegenüber „ichloses Bergsteigen" sein?
❑ Versucht Matthäus 6,25-34 als „Anleitung zum ichlosen Bergsteigen" zu lesen. Vergleicht die beiden Texte.
❑ „Der Weg ist das Ziel." Schreibt dazu eine eigene Geschichte.

Matthäus
6,25-34

Bald nach dem Tode Rabbi Mosches von Kobryn wurde einer seiner Schüler von Rabbi Mendel gefragt: „Was war für euern Lehrer das Wichtigste?" Er besann sich, dann gab er die Antwort: „Womit er sich gerade abgab."

Lebendig – vergänglich

Innehalten

Der Künstler Andy Goldsworthy arbeitet mit Materialien, die er in der Natur findet: Steine, Äste, Blätter, Blüten, Eis. Seine Kunst ist vergänglich. Er will nicht der Natur, der Landschaft, in der er arbeitet, seinen Stempel aufdrücken, sondern in und mit der Natur arbeiten. „Flüchtig" ist seine Kunst – und sagt doch so viel über seine Beziehung zur Natur.

Früh in der Kälte des Morgens gearbeitet
eine Mauer aus gefrorenen Schneeblöcken
mit einem Stock
bis auf eine hauchdünne Schicht ausgehöhlt
in der Sonne eingestürzt

Izumi-Mura, Japan, 25.Dezember 1987

Der Künstler schreibt über seine Art zu arbeiten:

Ich gebe mich mit den Möglichkeiten zufrieden, die mir jeder Tag bietet; wenn es schneit, arbeite ich mit Schnee, im Herbst mit Laub. Ein umgefallener Baum dient mir als Lieferant von Ästen und Zweigen.

Mir ist daran gelegen, dass meine Kunst sensibel und wachsam gegenüber dem Wandel von Materialien, Jahreszeiten und Wetter ist. Oft kann ich an einem Gedanken nur so lange festhalten, wie eine bestimmte Wetterlage anhält. Bei einem Wetterwechsel müssen sich meine Überlegungen entsprechend umstellen, sonst werden sie scheitern, was sie nicht selten tun. Jede Arbeit entsteht, bleibt, vergeht – die Fotografie zeigt die Arbeit am Höhepunkt ihres Daseins, in dem Moment, wo sie am lebendigsten ist.

- ❏ Beschreibt das Verhältnis des Künstlers zu Raum und Zeit. Ihr könnt auch eine eigene „vergängliche Arbeit" gestalten.

❏ „Flüchtig" – was heißt das für Andy Goldsworthy? Was heißt es für den Dichter des folgenden Liedes? Für die Schülerin Carolin?

Ach wie nichtig, ach wie flüchtig / sind der Menschen Tage! / Wie ein Strom beginnt zu rinnen / und mit Laufen nicht hält innen, / so fährt unsre Zeit von hinnen.

Ach wie flüchtig, ach wie nichtig / ist der Menschen Freude! / Wie sich wechseln Stund und Zeiten, / Licht und Dunkel, Fried und Streiten, / so sind unsre Fröhlichkeiten.

Ach wie flüchtig, ach wie nichtig / ist der Menschen Glücke! / Wie sich eine Kugel drehet, / die bald da, bald dorten stehet, / so ist unser Glücke, sehet!

Ach wie nichtig, ach wie flüchtig / sind der Menschen Schätze! / Es kann Glut und Flut entstehen, / dadurch, eh wir uns versehen, / alles muss zu Trümmern gehen.

Ach wie nichtig, ach wie flüchtig / sind der Menschen Sachen! / Alles, alles, was wir sehen, / das muss fallen und vergehen. / Wer Gott fürcht', wird ewig stehen.

Michael Franck, 1652

Vielleicht morgen

Ich stelle mir vor
die Zukunft
ich denke
vielleicht geht es mir morgen
von selbst besser.
Ich habe Spaß
mit Freunden
ich denke
vielleicht lerne ich morgen
noch interessantere Menschen kennen.
Ich finde mich in einer Situation wieder,
die mich fertig macht
ich denke
vielleicht holt mich hier morgen
jemand raus.
Ich passe mich an
ich denke
vielleicht finde ich morgen
die Lust und den Mut auszubrechen.
Ich bin glücklich
ich denke
vielleicht kann ich es bis morgen
aufsparen.
Ich liebe
einen Menschen
ich denke
vielleicht begegne ich morgen
jemandem, der noch besser zu mir passt.
Ich beginne
wacher zu leben
ich denke
vielleicht bin ich morgen
gar nicht mehr hier.

Carolin

Ein Schiff, das sich Gemeinde nennt

Melodie: Martin Gotthard Schneider

Die Kirche war stumm, als sie hätte schreien müssen, weil das Blut der Unschuldigen zum Himmel schrie ...
Sie hat mit angesehen, dass unter dem Deckmantel des Namens Christi Gewalttat und Unrecht geschah ...
Die Kirche bekennt, die willkürliche Anwendung brutaler Gewalt, das leibliche und seelische Leiden unzähliger Unschuldiger, Hass und Mord gesehen zu haben, ohne Wege gefunden zu haben, ihnen zu Hilfe zu eilen. Sie ist schuldig geworden am Leben der schwächsten und wehrlosesten Brüder Jesu Christi ...
Die Kirche bekennt, Beraubung und Ausbeutung der Armen, Bereicherung und Korruption der Starken stumm mit angesehen zu haben. Die Kirche bekennt, schuldig geworden zu sein an den Unzähligen, deren Leben durch Verleumdung, Denunziation, Ehrabschneidung vernichtet worden ist.

Dietrich Bonhoeffer, 1940

Kirche auf dem Weg

Kirche für andere
Anpassung oder Widerstand?
Gehet hin in alle Welt ...
Kirche weltweit

Richard Hohly, Die letzte Erscheinung Joh XXI (1960)

Kirche für andere

Chancen geben

Ein Interview mit Kerstin (18 Jahre) und Thomas (16 Jahre)

Interviewerin: Kerstin und Thomas, ihr seid beide aus der Schule entlassen und habt euch um Ausbildungsplätze beworben. Wie ist es euch dabei ergangen?

Kerstin: Ich komme aus einem kleinen Dorf und habe dort meinen Schulabschluss gemacht. Aber wenn mich die Leute gefragt haben, was ich werden will, dann konnte ich ihnen nur sagen „ich weiß es nicht". Ich konnte mir von keinem Beruf vorstellen, ihn vielleicht ein Leben lang auszuüben. So kam es, dass ich irgendwie den Anschluss verpasst habe und arbeitslos war. Mit meinen Eltern hat es dann ständig Streit gegeben. Sie hielten mir vor, ich sei faul. Aber ich habe mit der Zeit doch selber gemerkt, wie schlimm das ist, arbeitslos zu sein. Da bist du im Freundeskreis doch ganz schnell außen vor.

Thomas: Also bei mir war es ein bisschen anders. Ich bin nie gerne zur Schule gegangen. Es gab so viel anderes und Wichtigeres zu erleben mit meinen Kumpels. Dass ich dann irgendwann von der Schule musste, hat mich kaum gestört. Ich habe immer wieder ein bisschen gejobbt – na ja genauer gesagt schwarzgearbeitet – zum Nötigsten hat es gereicht. Nach einiger Zeit wollte ich dann was Richtiges, also eine Ausbildung machen. Aber alle Firmen, bei denen ich mich bewarb, winkten ab – ohne Schulabschluss hast du keine Chance. Nach ich weiß nicht mehr wie vielen Bewerbungen war ich total frustriert und traute mir überhaupt nichts mehr zu.
Wenn ich dann noch von anderen zu hören bekam: „Wer arbeiten will, der findet auch was!", bin ich manchmal fast ausgerastet.

Interviewerin: Eure Situation hat sich aber offensichtlich ziemlich verändert. Ihr arbeitet ja nun beide.

Kerstin: Zufällig bin ich auf die Adresse der Jugendwerkstätten gestoßen. Ich habe dort ein Gespräch geführt und man hat mir verschiedene Möglichkeiten aufgezeigt. Ich habe mich dann um einen Platz im Welt-Laden beworben und arbeite im Verkauf von Waren aus Entwicklungsländern mit. Das macht mir viel Spaß und ich kann mir gut vorstellen in dieser Richtung einen Beruf zu lernen. Nebenbei mache ich dort auch einen EDV-Kurs. Heute benutzt man fast überall Computer und da ist es ganz gut, wenn man schon ein bisschen Erfahrung mitbringt.
Aber genauso wichtig war für mich die Lösung meiner Wohnsituation. Zu Hause wollte und konnte ich nicht länger bleiben und ich hatte das absolute Glück hier über das Projekt „Wohnen und Arbeiten" eine eigene Wohnung zu finden. Die Sozialarbeiterinnen haben mir dabei geholfen. Auch bei allen anderen Problemen unterstützen sie mich. Das hat mir das Selbstständigwerden sehr erleichtert. Wenn das Jahr um ist, hoffe ich einen Ausbildungsvertrag in der Tasche zu haben.

Thomas: Ich bin über einen Freund zu „Pro Arbeit“ gekommen. Der macht dort eine Ausbildung. Zuerst war ich im Arbeitstraining, da lernt man Grundkenntnisse im Umgang mit Holz. Dazu gehört Werkstoffkunde, Umgang mit Werkzeugen und Maschinen. Jetzt mache ich bei Arbeitseinsätzen außerhalb des Betriebes mit, wir bauen gerade Spielgeräte für einen Kindergarten. Die Arbeit macht mir Spaß, auch wenn ich zugeben muss, dass es mir nicht ganz leicht fällt, jeden Tag pünktlich zur Arbeit zu gehen. Aber darauf legt man hier großen Wert. Wer sich nicht daran hält, riskiert den Rauswurf.

Einen Tag in der Woche gehe ich hier zur Schule. Um meine großen Lücken im schulischen Bereich zu schließen, muss ich ganz schön büffeln. Aber ich will einen ordentlichen Schulabschluss nachmachen, um überhaupt eine Ausbildung beginnen zu können, am liebsten in der Kfz- Werkstatt bei „Pro Arbeit“.

Es geht mir jetzt also wieder ganz gut. Ich traue mir etwas zu und hoffe, ich schaffe das. Ich habe hier sogar ein Hobby entdeckt: Es gibt eine Percussion-Gruppe und das Trommeln macht mir riesig Spaß. Bald ist mein erster Auftritt mit der Gruppe, aber dafür muss ich noch ganz schön üben.

Interviewerin: Kerstin und Thomas, ich danke euch für das Gespräch.

Die evangelische und die katholische Kirche sehen es als wichtige Aufgabe an, denjenigen Gehör zu verschaffen, deren Stimme leicht überhört wird. In der gemeinsamen Denkschrift „Für eine Zukunft in Solidarität und Gerechtigkeit“ heißt es dazu:
Die Kirchen treten dafür ein, dass Solidarität und Gerechtigkeit als entscheidende Maßstäbe einer zukunftsfähigen und nachhaltigen Wirtschafts- und Sozialpolitik allgemein Geltung erhalten.

- ❑ Inwieweit nehmen die beiden Projekte diese Gedanken auf?
- ❑ Kerstin und Thomas erhalten in verschiedenen Bereichen Unterstützung. Führt sie auf.
- ❑ Erkundigt euch nach ähnlichen Einrichtungen oder Projekten in eurer Gegend.

Krise der Erwerbsarbeit Seite 145ff.

„Pro Arbeit“ in Mannheim und die „Jugendwerkstätten Heilbronn“ sind Einrichtungen des Diakonischen Werkes. Sie bieten besonders benachteiligten und schwer vermittelbaren arbeitslosen jungen Menschen sozialversicherungspflichtige Arbeitsverhältnisse, die ihnen zu einem Berufseinstieg verhelfen sollen. Die „Jugendwerkstätten Heilbronn“ bieten darüber hinaus einigen Jugendlichen im Projekt „Wohnen und Arbeiten“ Unterstützung bei der Wohnungssuche und Betreuung im ersten Jahr des eigenständigen Wohnens.

PRO ARBEIT GmbH Arbeitsförderungsbetriebe

Die soziale Frage im 19. Jahrhundert

Einführung der Gewerbefreiheit / Ende des Zunftzwanges
Mit Einführung der Gewerbefreiheit steigt die Zahl der selbstständigen Handwerker. Konkurrenz ist ein neuer Begriff.

Ende der Leibeigenschaft
Die Bauernbefreiung ist nun Wirklichkeit geworden. Das Dasein als Leibeigene hat ein Ende. Die Freiheit hat allerdings ihren Preis: Die ehemaligen Herren lassen sich hohe Entschädigungen bezahlen.

Bevölkerungszuwachs
Durch Verbesserung der hygienischen Bedingungen, bessere Ernährung und Krankenversorgung nimmt die Bevölkerung innerhalb von 29 Jahren um 9,6 Millionen Menschen zu. (Deutschland 1845)

Das industrielle Zeitalter hat begonnen
Die Erfindung von bahnbrechenden Maschinen und die zunehmende Einrichtung von Fabriken verändert den Arbeitsmarkt. Vor allem im Textilgewerbe und im Bergbau gibt es immer mehr Großbetriebe (Fabriken). Die Unternehmer investieren viel Geld. Sie suchen nach Lösungen, um möglichst gewinnträchtig zu produzieren.

- ❏ Diese „Blitzlichter" zeigen positive Aspekte des 19. Jahrhunderts auf. Allerdings haben sie alle eine Kehrseite. Findet diese aus den Texten heraus. Die Bilder auf dieser Seite können euch dabei helfen.
- ❏ Findet zu den Bildern passende Bildunterschriften.
- ❏ Sucht aktuelle Bilder und Texte zu den angesprochenen Themen.
- ❏ Informiert euch über die Problematik der Kinderarbeit in der Dritten Welt heute.

„Bei uns zu Hause" – zwei Schulaufsätze (1860)

Zusammen mit Mutter, Vater und meinen sieben Geschwistern lebe ich in einer Wohnung mit zwei Zimmern. Wir haben eine Küche, in der gekocht, gegessen und Wäsche gewaschen wird; auch das wöchentliche Bad findet hier statt. Wir schlafen alle gemeinsam in einer Kammer; bald wird es noch enger, da meine Mutter wieder ein Kind erwartet. Ich schlafe mit meinen Schwestern in einem Bett, zwei schlafen am Kopfende, zwei am Fußende des Bettes. Wir liegen auf einem Strohsack und haben eine gemeinsame Decke. Auch meine Brüder haben ein gemeinsames Bett.

Morgens stehe ich als Erste auf. Ich heize den Ofen, versorge meine kleinen Geschwister und gehe dann zur Schule. Mittags muss ich zu Hause helfen. Mein Vater und zwei meiner Brüder arbeiten in der Fabrik. Das Geld, das sie verdienen, reicht nur für das Nötigste. Neue Kleider bekomme ich nie. Mutter kauft mir getragene Kleider, auf die ich gut aufpassen muss, da meine kleinen Schwestern sie noch brauchen. Schuhe tragen wir nur im Winter, im Sommer gehen wir barfuß. Bald werde ich die Schule verlassen und auch in die Fabrik arbeiten gehen.

Maria

Wir wohnen in einem schönen Haus mit acht Zimmern. Meine beiden Brüder und ich haben jeder ein eigenes Zimmer, Mutter und Vater ein Schlafzimmer. Als gemeinsame Räume haben wir einen Salon, ein Esszimmer und ein Wohnzimmer. Unterm Dach ist noch das Zimmer unseres Dienstmädchens. Das Dienstmädchen weckt mich morgens und bereitet für alle das Frühstück vor. Als Erster verlässt mein Vater das Haus, er ist Direktor in einer Firma. Dann gehen meine beiden Brüder. Sie besuchen das Gymnasium, denn sie sollen später einmal studieren. Ich gehe als Letzte; der Weg in meine Schule – es ist eine Schule für Mädchen – ist nur kurz. Wenn wir mittags von der Schule nach Hause kommen, steht das Essen bereits auf dem Tisch. Nachmittags spiele ich mit Freundinnen oder wir machen Besuche. Außerdem habe ich Klavierunterricht, Tanzunterricht und Malstunden. Dieses Leben werde ich führen, bis ich erwachsen bin und heirate.

Luise

Sonntag – eine Illustration aus einem Katechismus des 19. Jahrhunderts

- ❏ Die Geschichten von Maria und Luise zeigen große Unterschiede. Vergleicht sie.
- ❏ Schreibt selbst einen Erfahrungsbericht zum Thema „Bei uns zu Hause".
- ❏ Vielleicht gibt es an eurem Ort / in eurer Region Heimatbücher, in denen über die soziale Frage im 19. Jahrhundert berichtet wird. Ihr könnt euren Mitschülerinnen und Mitschülern Berichte mit Texten und Bildern vorstellen.
- ❏ Das Bild zeigt etwas von den sozialen Gegensätzen im 19. Jahrhundert. Welche Rolle spielt die Kirche?

Die Innere Mission

Johann Hinrich Wichern

Die evangelische Kirche auf neuen Wegen

Gründung des Centralausschusses für Innere Mission

Hamburg, 24.September 1848. Auf dem ersten Evangelischen Kirchentag in Wittenberg kam es gestern zu einem folgenreichen Beschluss. Die Vertreter der Evangelischen Kirchen in Deutschland beschlossen, sich den sozialen Nöten nicht länger zu verschließen, sondern sie als Aufgabe der Kirche anzunehmen.

Hauptaufgaben der Inneren Mission sollen Predigt des Evangeliums, Seelsorge und soziale Fürsorge sein. Gleichzeitig stellt sich die Kirche damit auch entschieden gegen die schädlichen kommunistischen Bestrebungen, die einen Umsturz der Gesellschaft anstreben. Auslöser dieses neuen Konzeptes kirchlicher Arbeit war vor zwei Tagen die Stegreifrede Johann Hinrich Wicherns vor den Kirchenvertretern.

Der hier in Hamburg geborene Wichern hat sich in unserer Stadt bereits einen Namen gemacht. Gründete er doch 1833 das „Rauhe Haus“ als einen Ort, wo er verwaiste und verwahrloste Kinder aufnimmt.

Wie nötig dieses Haus ist, wird leicht verständlich, wenn man hört, was Wichern über die Kinder, die bei ihm Zuflucht gefunden haben, zu berichten weiß: „Bis auf einen waren sie sämtlich in gänzlicher Verwahrlosung und Verwilderung aufgewachsen. Durch Bettelei und andere Anleitung hatten mehrere es bis zur Gewohnheit des hartnäckigen Lügens und im Stehlen bis zu dem Grade gebracht, dass einer derselben sich schon zu 92 Diebstählen vor der Polizei bekannte. Viele von diesen Kindern hatten Eltern, Armenpfleger und Schullehrer oder sonst die Obrigkeit vergebens versucht zu bändigen und zu Gehorsam zu bringen. Nur wenige hatten früher nicht auf Steinhaufen, Blockwagen, Stalltreppen viele ihrer Nächte zugebracht.“

Im „Rauhen Haus“ leben und arbeiten die Kinder in familienähnlichen Gruppen, die von einem „Bruder“ geleitet werden. Durch die ständig steigende Zahl an Kindern und „Brüdern“ entwickelte sich eine Gemeinschaft, die sich seit 1844 „Brüderschaft des Rauhen Hauses“ nennt. Wichern hat nun die Aufgabe übernommen, eine Denkschrift zu verfassen, um darzustellen, was er unter Innerer Mission versteht.

- ❑ Wichern sieht die Gründe für die sozialen Nöte vor allem darin, dass die Menschen von Gott abgefallen sind und deshalb keinen Halt mehr im Leben finden. Die „Innere Mission“ kümmert sich deshalb nicht nur um die äußeren Nöte der Menschen, sondern sie will die Menschen auch zu Gott zurückführen. Diskutiert diese Auffassung.
- ❑ Für die notwendigen gesellschaftlichen Veränderungen zu sorgen ist nach Wichern nicht Aufgabe der Inneren Mission; dafür ist der Staat zuständig. Bewertet diese Haltung.
- ❑ Seit der Mitte des 19. Jahrhunderts entstanden viele große diakonische Einrichtungen. Erkundigt euch nach solchen Einrichtungen an eurem Ort. Welche Aufgaben nehmen sie wahr?
- ❑ Besucht eine soziale kirchliche Einrichtung und stellt anschließend eine Wandzeitung her.

Sabine

Es ist 23 Uhr, ich sitze im Büro einer Übergangseinrichtung für jugendliche Treber und Treberinnen* in Berlin. Ein Anruf unterbricht mein Gespräch mit zwei Jugendlichen. Der „Streetworkerbus", der heute am Bahnhof Zoo steht, kündigt uns ein 14-jähriges Mädchen an, das noch einen Platz zum Schlafen braucht.

Um 24 Uhr, die anderen sind längst ins Bett gegangen, bringt der Bus Sabine vorbei.

Am nächsten Morgen erzählt sie mir ihre Geschichte: Sabine ist 14 Jahre alt und lebt seit sechs Wochen auf der Straße. Nachts schläft sie in Abbruchhäusern im Ostteil der Stadt, ein paar Mal übernachtet sie auch in einer Notunterkunft der Diakonie. Das Geld für ihren Lebensunterhalt hat sie sich zusammengeschnorrt. Gott sei Dank konnte sie sich von harten Drogen fern halten. Anfangs war das für sie alles ganz interessant und sie genoss ihre Freiheit. Aber jetzt kann sie nicht mehr.

Wie kam es dazu, dass Sabine auf der Straße landete? Als Sabine acht Jahre alt war, ließen sich ihre Eltern scheiden. Seit dieser Zeit lebt sie bei ihrer Mutter. Die muss arbeiten gehen und hat wenig Zeit für Sabine. Mittags geht Sabine zu einem Spielplatz in der Siedlung, in der sie wohnt. Dort hängen sie so rum, rauchen heimlich und ärgern die Leute. Anfangs haben Sabine und ihre Mutter noch zusammen über die Schule und über die Arbeit geredet. Aber in letzter Zeit geht die Mutter Sabine auf die Nerven. Sie streiten ständig wegen der Schule, der Hausaufgaben, die nicht gemacht sind, und über den Klavierunterricht, zu dem Sabine nicht mehr geht. Es fallen böse Worte. Als Sabine dann zum ersten Mal nachts nicht nach Hause kommt, gibt es am nächsten Tag einen Riesenkrach. Vor lauter Sorge und Wut sagt die Mutter zum ersten Mal den Satz: „Du kannst ja gehen, wenn es dir hier nicht mehr gefällt!" Eines Tages kommt es wieder zum Streit zwischen den beiden. Diesmal ist der Anlass ein Anruf der Schule; Sabine fehlt in letzter Zeit immer öfter unentschuldigt. Wieder fällt der Satz: „Du kannst ja gehen, wenn es dir nicht passt!" Daraufhin packt Sabine ihren Rucksack und geht.

Wohnungslos

Ich unterbreite Sabine das Angebot, dass sie auch länger in unserer Einrichtung bleiben kann, wenn sie ernstlich vorhat, ihre Lage zu ändern. Sie kann in einer betreuten Wohngemeinschaft oder im betreuten Einzelwohnen unterkommen. Voraussetzung ist aber, dass sie bereit ist, einen Schulabschluss zu machen und dann eine Lehre zu beginnen.

Claudia Petri

❑ Vergleicht die Situation von Sabine mit der Lage der Kinder, die Wichern in sein „Rauhes Haus" aufnahm.
❑ Erkundigt euch, ob es in eurer Nähe „Straßenkinder" gibt. Welche Hilfen werden ihnen angeboten?
❑ Sammelt Berichte von Straßenkindern in Lateinamerika.

Gott, der die Liebe ist
Seite 40

Der Ruf zur sozialen Verantwortung

Das Evangelische Hilfswerk

Als der Zweite Weltkrieg 1945 zu Ende ging, wurde das ganze Ausmaß der Zerstörung und der Not sichtbar. Viele Menschen hungerten, ihre Häuser lagen in Trümmern, Millionen von Menschen waren auf der Flucht. Auch viele Kirchen waren zerstört.
Im August 1945 wurde das Evangelische Hilfswerk gegründet. Es hatte zwei große Aufgabenbereiche: Die „Allgemeine Nothilfe" sorgte sich um Hungernde, Flüchtlinge, Kriegsheimkehrer und Gefangene. Der „Kirchliche Wiederaufbau" stellte z.B. Mittel für den Bau von Notkirchen zur Verfügung. Das nötige Geld erhielt das Hilfswerk einerseits durch Kirchenopfer und Sammlungen von Lebensmitteln und Textilien in den Gemeinden. Die größte Hilfe aber kam aus dem Ausland. Christen in den USA, in der Schweiz, in Schweden, Großbritannien und Kanada schickten Geld und Pakete für die hungernde Bevölkerung.

Notkirche

Aufruf des württembergischen Landesbischofs Wurm vom 1. August 1945:
In einer Stunde der Not, wie sie unser Volk im Laufe seiner Geschichte bisher noch nie erlebt hat, rufe ich die ganze evangelische Christenheit in Deutschland auf, dieser Not im Glauben zu begegnen.

Kinderspeisung

Stadtranderholung in Ludwigsburg

Ab 1953 wurden in Ludwigsburg Stadtranderholungen für Kinder durchgeführt. Für die meisten Kinder waren es die ersten Ferien ihres Lebens. Der Diakon der Stadtkirche, Herr B., leitete zusammen mit seiner Frau diese Freizeiten. Mit einfachsten Mitteln musste alles organisiert werden. Ein Teilnehmer von damals erzählt:

Kein Kind, das damals dabei war, wird Frau B. jemals vergessen. Was sie für uns gekocht, gerichtet und gemacht hat, war besonders in der schwierigen Anfangszeit für uns alle nicht begreifbar. Wenn sie aus den Küchenräumen kam und den täglichen Nachtisch ankündigte, da haben wir die Frau bewundert. Wir waren der Meinung, sie könne zaubern! Wie konnte man mit diesen wenigen Lebensmitteln so viel auf den Tisch bringen? Und wenn wir abends heimkamen, erzählten wir, bevor die Mutter überhaupt fragen konnte, was es wieder Gutes zu essen gegeben hat. Wir wussten damals natürlich noch nichts davon, dass die Spenden und das Hilfswerk Frau B.s Zauberkunst erst möglich machten. *Bruno Kneisler*

- ❏ Überlegt, warum die Stadtranderholung für die Kinder damals ein echtes Erlebnis war.
- ❏ Die „Allgemeine Nothilfe" nahm sich besonders der Versorgung von Flüchtlingen, Kriegsheimkehrern und Kriegswaisen an. Überlegt gemeinsam, was diese Menschen für ihren Neuanfang alles brauchten.
- ❏ Stellt auch zusammen, was man für den „Kirchlichen Wiederaufbau" benötigte.

Not hat viele Gesichter

Um die vielfältigen Aufgaben der Hilfe besser organisieren zu können, schlossen sich im Jahre 1957 die Innere Mission und das Evangelische Hilfswerk zum Diakonischen Werk zusammen.
Diakonie versucht immer wieder, den Nöten der Zeit neue Hilfen entgegenzustellen.

Ungewollt schwanger – was nun?
Die Sozialarbeiterin stellt mir verschiedene Möglichkeiten dar: Hilfen kann ich erwarten, wenn ich das Kind behalte. Welche Schritte sind notwendig für einen Schwangerschaftsabbruch? Sie hilft mir, die für mich richtige Entscheidung zu treffen.

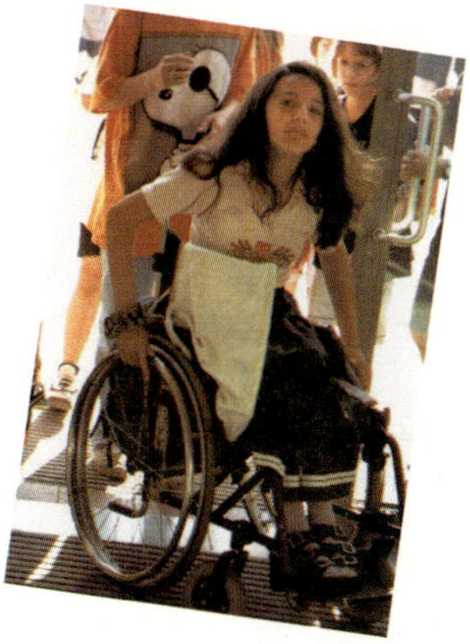

Die deutsche Sprache ist schwer zu lernen. In der Schule habe ich oft Schwierigkeiten. Meine Mutter und mein Vater können mir nicht helfen. Im Lern- und Spielklub bekomme ich Hilfe.

Mein Zuhause ist die Straße. Freunde und Familie gibt es nicht mehr. In der Anlaufstelle kann ich mich duschen, meine Wäsche waschen, Kontakt zu einem Arzt aufnehmen und in langen Frostnächten einen Schlafplatz bekommen.

Meine Kinder leben mit ihren Familien in einer anderen Stadt. Ab und zu besuchen sie mich, doch meist können sie nicht bei mir sein. Jetzt, wo ich mich auf das Abschiednehmen vorbereiten muss, betreuen mich Frauen aus der Sitzwachengruppe. Sie geben mir die Sicherheit, dass ich beim Sterben nicht allein gelassen werde.

Seit mein Mann arbeitslos ist, reicht das Geld kaum für das Nötigste. Die Kinder brauchen aber immer wieder neue Kleidung. In der Kleiderkammer kann ich gute und günstige Kleidung einkaufen.

Seit meiner Scheidung lebe ich mit meiner Tochter allein. Die Arbeit, der Haushalt und alle Verantwortung belasten mich so sehr, dass ich öfters krank bin. Jetzt kann ich endlich mit meiner Tochter zu einer Mutter-Kind-Kur gehen.

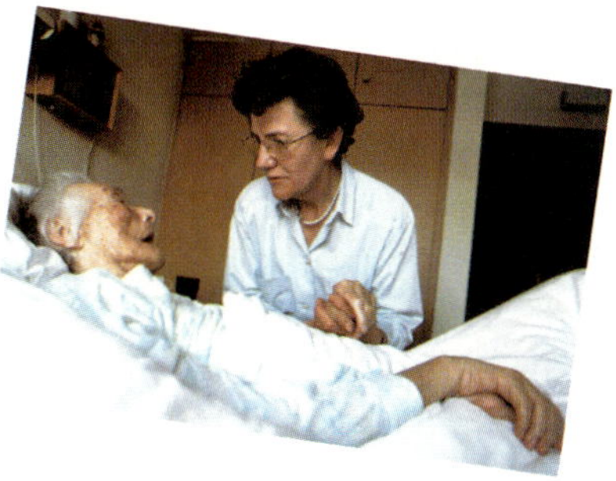

❒ Bilder und Texte zeigen Ausschnitte aus der Arbeit des Diakonischen Werkes. Besorgt euch Prospektmaterial und ergänzt diese Beispiele.

Anpassung oder Widerstand?

Vergessen sollte man's nicht

❑ Denkt euch in diesen Hitlerjungen hinein. Was hat er verloren? Welche Hoffnungen sind ihm zerbrochen?

Was verdrängt wird, kehrt mit Macht zurück. *EKD 1983*

Vergessen sollte man's nicht, aber wir können doch nichts mehr dafür. Wir haben doch keine Schuld daran.
Schülerin einer 9. Klasse Realschule

Vergangenheit kann man nicht einfach wegmachen. Das ist unsere Geschichte – eine schlechte Geschichte, aber doch unsere.
Schüler einer 9. Klasse Realschule

Die Jungen sind nicht verantwortlich für das, was damals geschah. Aber sie sind verantwortlich für das, was in der Geschichte daraus wird. Wir müssen den Jungen helfen zu verstehen, warum es für sie lebenswichtig ist, die Erinnerung wach zu halten.
Der frühere Bundespräsident Richard von Weizsäcker am 8. Mai 1985

Ich kann einfach Deutschland, das Land meiner Kindheit, nicht besuchen. Wenn ich dort älteren Menschen begegnen würde, wüsste ich nie, wie sie an den Verbrechen der Nazis beteiligt waren. Junge Deutsche lade ich gerne zu mir nach Hause ein, um ihnen von meiner Kindheit und Jugend in Deutschland zu erzählen.
Eine jüdische Frau, die 1939 als 16-Jährige von Deutschland nach Palästina emigrieren konnte und heute in Israel lebt.

❑ Bildet Gruppen und diskutiert diese Äußerungen.

Nach Kriegsende haben viele Deutsche die Zeit des Dritten Reiches schnell verdrängt. Andere dachten über die Frage nach, wer denn nun an der Katastrophe des Dritten Reiches Schuld gehabt habe. In der Stuttgarter Schulderklärung bekannte sich der Rat der Evangelischen Kirche in Deutschland vor Vertretern der Ökumene zur Mitschuld an den Verbrechen des Dritten Reiches. Vielen Deutschen, auch vielen Christen, ging das zu weit.

Wir haben doch keine Schuld daran ...

Mit großem Schmerz sagen wir: Durch uns ist unendliches Leid über Völker und Länder gebracht worden. Was wir unseren Gemeinden oft bezeugt haben, das sprechen wir jetzt im Namen der ganzen Kirche aus: Wohl haben wir lange Jahre hindurch im Namen Jesu Christi gegen den Geist gekämpft, der im nationalsozialistischen Gewaltregiment seinen furchtbaren Ausdruck gefunden hat; aber wir klagen uns an, dass wir nicht mutiger bekannt, nicht treuer gebetet, nicht fröhlicher geglaubt und nicht brennender geliebt haben. Nun soll in unseren Kirchen ein neuer Anfang gemacht werden. Gegründet auf die Heilige Schrift, mit ganzem Ernst ausgerichtet auf den alleinigen Herrn der Kirche, gehen sie daran, sich von glaubensfremden Einflüssen zu reinigen und sich selber zu ordnen.

Wir hoffen zu dem Gott der Gnade und Barmherzigkeit, dass er unsere Kirchen als sein Werkzeug brauchen und ihnen Vollmacht geben wird, sein Wort zu verkündigen und seinem Willen Gehorsam zu schaffen bei uns selbst und bei unserem ganzen Volk.

Wir hoffen zu Gott, dass durch den gemeinsamen Dienst der Kirchen dem Geist der Gewalt und der Vergeltung, der heute von neuem mächtig werden will, in aller Welt gesteuert werde und der Geist des Friedens und der Liebe zur Herrschaft komme, in dem allein die gequälte Menschheit Genesung finden kann.

Aus der Stuttgarter Schulderklärung vom 18./19.Oktober 1945

❑ Vergleicht die Aussagen der Stuttgarter Schulderklärung und der Dresdener Gedenktafel miteinander: Wodurch haben Christen Schuld auf sich geladen? Welche konkreten Verbrechen des Nationalsozialismus werden benannt? Welche Folgerungen für die Zukunft werden gezogen?

❑ Forscht nach Texten auf ähnlichen Gedenktafeln in eurer Region. Vergleicht die Texte miteinander. Entwerft einen eigenen Text.

Gedenktafel an der Dresdener Kreuzkirche

Die Weimarer Republik

Die religiösen Sozialisten wollten die „bürgerliche“ Kirche für die Arbeiter öffnen. Gerechtigkeit für alle Menschen und Verständigung unter den Völkern, das war für sie der Kern der Botschaft Jesu vom nahen Gottesreich.

Die Deutschen Christen wollten Nationalsozialismus und evangelischen Glauben miteinander verbinden.

Der Ausgang des Ersten Weltkriegs bedeutete eine tiefe Erschütterung für die evangelischen Christen. Die Fürsten, die die Landesbischöfe der Kirchen gewesen waren, dankten ab. Die Kirchen mussten sich in einer neuen Situation zurechtfinden. Deutschland war jetzt eine Republik. Die führenden Parteien waren die „linke“ SPD und das katholische Zentrum; von beiden sahen sich die evangelischen Christen nicht vertreten. Diese waren mehrheitlich national und konservativ eingestellt und sehnten sich nach dem Kaiserreich zurück. „Der liebe Gott steht rechts“, war die Überzeugung vieler Protestanten. Als die Nationalsozialisten bei den Wahlen 1930 zweitgrößte Fraktion im Reichstag wurden, gaben sie sich sehr kirchenfreundlich. Sie wussten, nur mit Unterstützung der kirchlichen Wähler würden sie die Macht in Deutschland übernehmen können. In der evangelischen Kirche gab es radikale Hitlergegner, z.B. die religiösen Sozialisten, und radikale Hitleranhänger, die Deutschen Christen. Die meisten kirchentreuen Protestanten sagten zu vielen Programmpunkten der Nationalsozialisten „Ja“, andere lehnten sie ab.

Saalschlacht zwischen SA und Kommunisten

Immer mehr Menschen treten aus der Kirche aus

Friedensvertrag von Versailles ist ein Schandfriede

Film Der Blaue Engel mit Marlene Dietrich uraufgeführt

Seit dem unglücklichen Ausgang des Weltkrieges lag die traurige Zerrissenheit unseres Volkes und der immer tiefer gehende Hass der Parteien und Klassen wie ein schwerer Albdruck auf unserer Seele. Der wirtschaftliche und moralische Niedergang schritt unaufhaltsam fort und es schien ein Ende mit Schrecken heranzunahen. In unserem äußerlich und innerlich erschütterten und geschwächten Volk konnten auch die finsteren Mächte der moralischen Zersetzung und des religiösen Abfalles immer weiter um sich greifen und die Organisationen der Gottlosigkeit sorgten dafür, dass dieses Gift den Volkskörper durchdrang und zersetzte.

Aus einer Kanzelabkündigung des Badischen Evangelischen Oberkirchenrates vom 2. April 1933

Jetzt 70917 Arbeitslose in Frankfurt

Veranstalter der Freidenker: "Wenn es einen Gott gäbe, müsste man ihn abschaffen."

- ❑ Der Text und die Schlagzeilen zeigen, warum viele kirchentreue Christen der Weimarer Republik ablehnend gegenüberstanden.
- ❑ Entwerft ein Parteiprogramm, das die Hoffnungen und Sehnsüchte der Christen nach dem Ersten Weltkrieg aufnimmt. Ihr könnt euch auf wenige Sätze beschränken.
- ❑ Viele Menschen erlebten die Weimarer Republik ganz anders. Für sie war es eine Zeit des Aufbruchs auf vielen Lebensgebieten: Politik, Kunst, Literatur, Film, Theater ... Sucht Beispiele. Zieht dazu Geschichtsbücher oder andere Sachbücher heran.

Die Partei als solche vertritt den Standpunkt eines positiven Christentums. Sie bekämpft den jüdisch materialistischen Geist in und außer uns und ist überzeugt, dass eine dauernde Genesung unseres Volkes nur erfolgen kann von innen heraus auf der Grundlage: Gemeinnutz vor Eigennutz.

Aus dem Parteiprogramm der NSDAP vom 24. Februar 1920

❑ Mit diesem Bild samt Bildunterschrift warb die NSDAP vor 1933 bei kirchentreuen Wählern. 1934 wurde es aus dem Verkehr gezogen. Überlegt Gründe für diesen Vorgang.
Anmerkung: Die Marinekirche in Wilhelmshaven war damals ein Museum.

Liste 10!

Wir Nationalsozialisten

stellen nicht bloß christliche Forderungen, sondern wir werden

handeln und kämpfen gegen das Antichristentum:

Ausrottung der Gottlosenpropaganda. Verbot weltlicher Gottlosigkeitsschulen. Aufrechterhaltung der christlichen Schule. Schutz der Kirche und ihrer Einrichtungen. Reinigung des Kinos, des Theaters und Rundfunks sowie der Presse von allen jüdischen, antichristlichen Elementen, welche die Seele unseres deutschen Volkes geflissentlich vergiften. Kampf gegen die Schmutz- und Schundschriftsteller und andere Juden. Wir werden mit dieser seelischen Verschmutzung unseres Volkes aufräumen und die alten Tugenden unserer Vorfahren wieder zu Ehren bringen.

Jeder Christ wählt Nationalsozialisten,
die bewährten Vorkämpfer
für christliche Glaubens- und Kulturgüter,

Liste 10!

Wahlplakat 1932

EINE PHOTOGRAPHISCHE ZUFÄLLIGKEIT WIRD ZUM SYMBOL
Adolf Hitler, der angebliche „Ketzer", beim Verlassen der Marinekirche in Wilhelmshaven.

4. Wir stehen auf dem Boden des positiven Christentums. Wir bekennen uns zu einem bejahenden artgemäßen Christus-Glauben, wie er deutschem Luther-Geist und heldischer Frömmigkeit entspricht.
7. Wir sehen in Rasse, Volkstum und Nation uns von Gott geschenkte und anvertraute Lebensordnungen, für deren Erhaltung zu sorgen uns Gottes Gesetz ist. Daher ist der Rassenvermischung entgegenzutreten.

Aus den Wahlrichtlinien der „Deutschen Christen" vom 26. Mai 1932

Symbol der Deutschen Christen

❑ Entwerft ein Gespräch zwischen dem Mitglied einer christlichen Jugendgruppe, der von Hitler begeistert ist, und seinen Eltern, die Mitglieder der religiösen Sozialisten sind.
❑ Die Deutschen Christen hielten sich für „moderne" Christen. Wie lässt sich der Vorwurf begründen, dass sie sich zu sehr dem Zeitgeist, den man mit „Rasse" und „Volkstum" umschreiben kann, angepasst haben?
❑ Welche Meinungen haben Parteien heute in der Frage des Verhältnisses Kirche - Staat? Erkundigt euch bei den Geschäftsstellen der Parteien. Was ist eure Meinung?

Im Zeichen der Machtergreifung

Die nationale Regierung sieht in beiden Konfessionen wichtigste Faktoren der Erhaltung unseres Volkstums. Sie wird die zwischen ihnen und den Ländern abgeschlossenen Verträge respektieren; ihre Rechte sollen nicht angetastet werden ...
Die nationale Regierung wird in Schule und Erziehung den christlichen Konfessionen den ihnen zukommenden Einfluss einräumen und sicherstellen. Ihre Sorge gilt dem aufrichtigen Zusammenleben zwischen Kirche und Staat ...
Aus Hitlers Regierungserklärung am 23. März 1933

Die Osterbotschaft von dem auferstandenen Christus ergeht in Deutschland in diesem Jahre an ein Volk, zu dem Gott durch eine große Wende gesprochen hat. Mit allen evangelischen Glaubensgenossen wissen wir uns eins in der Freude über den Aufbruch der tiefsten Kräfte unserer Nation zu vaterländischem Bewusstsein, echter Volksgemeinschaft und religiöser Erneuerung.
Aus der Ansprache des Oberkirchenrates der Evangelischen Kirche der Altpreußischen Union vom 11. April 1933

Auf dem Weg
zum Massenmord
Seite 98f.

Die Glaubensbewegung „Deutsche Christen" veranstaltet am Freitag, dem 3. Februar 1933, in der St. Marienkirche, abends 8 Uhr einen

Dankgottesdienst

Die Predigt hält der Reichsleiter, Pfarrer Hossenfelder.
Alle Nationalsozialisten und Deutsche Christen, die mit uns Gott danken wollen für den Sieg des 30. Januar 1933, nehmen an diesem Gottesdienst teil.

Daten und Fakten

30. Januar 1933	Hindenburg beruft Hitler zum Reichskanzler
28. Februar 1933	Verordnung zum Schutz von Volk und Staat
21. März 1933	Erstes Konzentrationslager in Dachau
24. März 1933	Ermächtigungsgesetz zur Behebung der Not von Volk und Staat
1. April 1933	Boykott jüdischer Geschäfte
7. April 1933	Gesetz zur Wiederherstellung des Berufsbeamtentums („Arierparagraph")
10. Mai 1933	Bücherverbrennung vor den Universitäten

von links nach rechts: Hitler, der katholische Abt Schachtleitner, der evangelische Reichsbischof Müller

❑ Gebt dem Bild einen Titel.

❑ Informiert euch in Geschichtsbüchern über die angesprochenen Ereignisse.
❑ Die meisten evangelischen Christen begrüßten den Regierungsantritt Hitlers als Beginn einer neuen Zeit. Erhebt aus den Texten und dem Bild Gründe dafür.
❑ Führt aufgrund dieser Daten und Fakten ein Streitgespräch mit einem begeisterten evangelischen Hitleranhänger.

Allein Jesus Christus

Die Hitleranhänger in der Kirche nannten sich „Deutsche Christen". Sie forderten eine einheitliche Reichskirche und wollten keine Pfarrer in der Kirche, die jüdischer Herkunft waren („Arierparagraph"). Für getaufte Juden, so genannte Judenchristen, sollten eigene Gemeinden gegründet werden. Alles Jüdische in der Bibel sollte ausgemerzt werden. Im Juli entstand die Reichskirche. Sie hieß Deutsche Evangelische Kirche. An der Spitze stand Reichsbischof Ludwig Müller, ein Deutscher Christ. Gegen diese Bestrebungen bildete sich der "Pfarrernotbund", der die Theologie und die Kirchenpolitik der Deutschen Christen ablehnte und Pfarrer unterstützte, die ihre Stellung verloren. Als die Deutschen Christen in allen Landeskirchen mehr und mehr an Einfluss gewannen, bildete sich als Gegenbewegung die „Bekennende Kirche". Sie sagte: Entscheidend für die Zugehörigkeit zur Gemeinde sind nicht Rasse oder Volkszugehörigkeit, sondern allein das Bekenntnis zu Jesus Christus. 1934 beschloss die Bekenntnissynode der Bekennenden Kirche in Barmen die „Barmer Theologische Erklärung".

Kirchengesetz betreffend die Rechtsverhältnisse der Geistlichen und Kirchenbeamten vom 6. September 1933, der so genannte „Arierparagraph" in der Kirche (Auszug):

Wer nichtarischer Abstammung oder mit einer Person nichtarischer Abstammung verheiratet ist, darf nicht als Geistlicher und Beamter der allgemeinen kirchlichen Verwaltung berufen werden.

V E R P F L I C H T U N G

Ich verpflichte mich, mein Amt als Diener des Wortes auszurichten allein in der Bindung an die Heilige Schrift und an die Bekenntnisse der Reformation als die rechte Auslegung der Heiligen Schrift.
Ich verpflichte mich, gegen alle Verletzung solchen Bekenntnisstandes mit rückhaltlosem Einsatz zu protestieren.
Ich weiß mich nach bestem Vermögen mit verantwortlich für die, die um solchen Bekenntnisstandes willen verfolgt werden.
In solcher Verpflichtung bezeuge ich, dass eine Verletzung des Bekenntnisstandes mit der Anwendung des Arierparagraphen im Raum der Kirche Christi geschaffen ist.

..............,den 1933
(genaue Ortsangabe)

....
(Unterschrift)

Selbstverpflichtung der Mitglieder des Pfarrernotbundes vom 21. September 1933

❐ Für die Bekennende Kirche waren die Deutschen Christen Irrlehrer. Entwerft Plakate gegen die Deutschen Christen. Zieht dazu folgende Bibelstellen heran: Galater 3,28; Römer 13,1; Matthäus 28,18-20; 1. Korinther 12,12-13; Römer 10,12-13.

Jesus Christus, wie er uns in der Heiligen Schrift bezeugt wird, ist das eine Wort Gottes, das wir zu hören, dem wir im Leben und im Sterben zu vertrauen und zu gehorchen haben. Wir verwerfen die falsche Lehre, als könne und müsse die Kirche als Quelle ihrer Verkündigung außer und neben diesem einen Wort Gottes auch noch andere Ereignisse und Mächte, Gestalten und Wahrheiten als Gottes Wort anerkennen.
1. These der Barmer Theologischen Erklärung der Bekennenden Kirche

❐ Pfarrer Mayer kommt von einem Treffen mit Kollegen nach Hause. Er erzählt seiner Frau: „Wir haben über die Einführung des Arierparagraphen in der Kirche diskutiert. Wir waren uns alle einig: Dieser Paragraph ist gegen Gottes Gebot. Ein Kollege hatte eine Erklärung des Pfarrernotbundes gegen den Arierparagraphen dabei. Einige haben gleich unterschrieben. Ich möchte das eigentlich auch tun, wollte aber zuerst mit dir darüber reden." Seine Frau erschrickt. Führt das Gespräch zu Ende. Zieht dazu auch die Wahlrichtlinien der Deutschen Christen (Seite 171) heran.

Lebenswert?

Die Nationalsozialisten wollten die „arische Rasse“ mit allen Mitteln gesund erhalten. Behinderte sollte es nicht mehr geben. Darum befahlen sie ab 1934, Menschen zu sterilisieren, die behinderte Kinder haben könnten. Ab 1940 vergasten sie Hunderttausende von Behinderten in Tötungsanstalten. Schönfärberisch bezeichnete man den Mord als Euthanasie*.

❑ Diskutiert Gründe und Gegengründe zu diesem Gesetz. Erkundigt euch im Biologieunterricht nach Erbkrankheiten.

**Gesetz zur Verhütung erbkranken Nachwuchses
Vom 14. Juli 1933.**

Die Reichsregierung hat das folgende Gesetz beschlossen, das hiermit verkündet wird:

§ 1

(1) Wer erbkrank ist, kann durch chirurgischen Eingriff unfruchtbar gemacht (sterilisiert) werden, wenn nach den Erfahrungen der ärztlichen Wissenschaft mit großer Wahrscheinlichkeit zu erwarten ist, dass seine Nachkommen an schweren körperlichen oder geistigen Erbschäden leiden werden.

(2) Erbkrank im Sinne dieses Gesetzes ist, wer an einer der folgenden Krankheiten leidet:

1. angeborenem Schwachsinn,
2. Schizophrenie,
3. zirkulärem (manisch-depressivem) Irresein,
4. erblicher Fallsucht,
5. erblichem Veitstanz (Huntingtonsche Chorea),
6. erblicher Blindheit,
7. erblicher Taubheit,
8. schwerer erblicher körperlicher Missbildung.

(3) Ferner kann unfruchtbar gemacht werden, wer an schwerem Alkoholismus leidet.

Rechenaufgabe 1935

Aufgabe 97. Ein Geisteskranker kostet täglich RM 4.-, ein Krüppel RM 5.50, ein Verbrecher RM 3.50. In wie vielen Fällen hat ein Beamter täglich nur etwa RM 4.-, ein Angestellter kaum RM 3.50, ein ungelernter Arbeiter noch keine RM 2.- auf den Kopf der Familie.

a) Stelle diese Zahlen bildlich dar. Nach vorsichtiger Schätzung sind in Deutschland 300 000 Geisteskranke, Epileptiker* usw. in Anstaltspflege.

b) Was kosten diese jährlich insgesamt bei einem Satz von RM 4.-?

c) Wie viele Ehestandsdarlehen zu je RM 1000.- könnten - unter Verzicht auf spätere Rückzahlung - von diesem Geld jährlich ausgegeben werden?

Aus: Mathematik im Dienste der nationalpolitischen Erziehung mit Anwendungsbeispielen aus Volkswissenschaft, Geländekunde und Naturwissenschaft, Adolf Borner, 1935.

❑ Beschreibt das Menschenbild, das in dieser Rechenaufgabe zum Ausdruck kommt. Nehmt Stellung.

❑ Sollen Geisteskranke heute sterilisiert werden?
Dürfen stark missgebildete Kinder getötet werden, um ihnen Leiden zu ersparen?
Führt ein Streitgespräch Pro und Contra.

Verbesserung von Gottes Ebenbild? Seite 37

Ausmerzen oder annehmen? Seite 139

Was uns die Natur lehrt

Die Natur lehrt uns bei jedem Blick in ihr Walten, dass das Prinzip der Auslese sie beherrscht, dass der Stärkere Sieger bleibt und der Schwächere unterliegt. Die Natur kennt vor allem nicht den Begriff der Humanität, der besagt, dass der Schwächere unter allen Umständen zu fördern und zu erhalten sei, selbst auf Kosten der Existenz des Stärkeren. Die Natur kennt in der Schwäche keinen Milderungsgrund: Im Gegenteil, die Schwäche ist der Grund zur Verurteilung. *Hitler am 22. Juni 1944 vor Offiziersanwärtern*

❑ Hitler nimmt hier Gedanken des Naturforschers Charles Darwin auf und überträgt sie auf die menschliche Gesellschaft. Wie würde eine Gesellschaft aussehen, die diese Gedanken konsequent anwendet?

Von Gott gesetzte Grenzen

Die evangelische Kirche wehrte sich nicht gegen die Sterilisierungen, viele Christen meinten, dass die Betroffenen um der Volksgesundheit willen dieses Opfer bringen müssten. Gegen die Krankenmorde gab es in beiden Kirchen Proteste. Diese trugen dazu bei, dass Hitler im August 1941 die Morde offiziell stoppen ließ. Doch da waren schon beinahe 100 000 Behinderte umgebracht worden. Im Geheimen ging das Morden weiter. Man gab Behinderten eine Todesspritze oder ließ sie einfach verhungern.

Wehe den Menschen, wehe unserem deutschen Volke, wenn das heilige Gebot Gottes „Du sollst nicht töten“ nicht nur übertreten, sondern wenn diese Übertretung sogar geduldet und ungestraft ausgeübt wird.

Bischof Clemens August Graf von Galen in einer Predigt am 3. August 1941 in Münster

Wenn die Jugend sieht, dass dem Staat das Leben nicht mehr heilig ist, welche Folgerungen wird sie daraus für das Privatleben ziehen? Entweder erkennt auch der nationalsozialistische Staat die Grenzen an, die ihm von Gott gesetzt sind, oder er begünstigt einen Sittenverfall, der auch den Verfall des Staates nach sich ziehen würde.

Aus dem Protestschreiben des Württembergischen Landesbischofs Theophil Wurm an Hitler vom 19. Juli 1940

geb. 30. 11. 09 ✝ gest. 5. 10. 40

Wir erhielten, nach bereits erfolgter Einäscherung, aus Grafeneck i. Wttbg. die traurige Nachricht von dem plötzlichen Tod unseres einzigen geliebten Sohnes und Bruders

Bernhard Siemant

Leipzig W 31, Elisabethallee 34

In tiefstem Herzeleid
Familie Joh. Siemant
sowie alle Angehörigen

Die Beisetzung der Urne erfolgt nach der Ueberführung in aller Stille auf dem Johannisfriedhof in Leipzig.

Mit solchen Todesanzeigen, die damals häufig erschienen, protestierten die Angehörigen gegen die Ermordung kranker Familienmitglieder.

Pfarrer Friedrich von Bodelschwingh, der Leiter der Bethelschen Anstalten, weigerte sich, die geforderten Angaben über die Kranken in Meldebögen einzutragen. Er erreichte, dass aus Bethel nur wenige Kranke ermordet wurden, während in anderen kirchlichen Anstalten Listen von unheilbar Kranken erstellt wurden, die als Unterlagen für ihren Abtransport dienten.

Ernst Wilm, der wegen Protesten gegen das Euthanasieprogramm mehrere Jahre im KZ Dachau eingesperrt war, nach dem Krieg:
„Die ganze Kirche hätte laut rufen müssen zu dem Mord an Kranken, zu dem Mord an Juden, zu dem Mord an Polen, Russen und Tschechen.“

In solchen grauen Bussen ließen die Nationalsozialisten Behinderte in Tötungsanstalten bringen.

❐ Überlegt euch Aktionen, durch die die Kirche dem Aufruf von Ernst Wilm hätte nachkommen können.

Anpassung und Widerstand

Anpassung

Viele evangelische Christen begrüßten 1933 die „Machtergreifung" Hitlers. Für nicht wenige nahm der NS-Staat nach 1933 freilich eine Entwicklung, die sie innerlich ablehnten. Sie waren nicht einverstanden damit, dass der Nationalsozialismus immer mehr zu einer neuen Religion wurde und die Kirchen immer stärker unterdrückte. Einige Christen nahmen Anstoß daran, dass der Staat Minderheiten wie Juden, Sinti und Roma sowie Behinderte zunehmend verfolgte und grundlegende Menschenrechte wie das Recht auf freie Meinungsäußerung nicht mehr gelten lassen wollte. Es waren aber nur wenige Christen, die Widerstand leisteten. Die große Mehrheit passte sich aus unterschiedlichen Gründen an; bei vielen hielt die Anpassung bis zum Schluss:

„Christsein und Politik haben nichts miteinander zu tun."

„Wenn wir gegen Hitler und die Partei die Stimme erheben, gefährden wir unsere Kirche."

„Hitlers Regierung ist unsere rechtmäßige Obrigkeit, der wir nach Römer 13 zu gehorchen haben."

„Wir haben Einwände gegen Hitler, aber im Krieg müssen wir gegen den äußeren Feind zusammenstehen."

„Hitler ist der von Gott gesandte Retter Deutschlands."

❑ Diskutiert diese Argumente.

Widerstand

Es gab jedoch von Anfang an auch Christen, die widerstanden. Man kann mehrere Formen von Widerstand unterscheiden: Verweigerung, Protest und aktiven Widerstand.

❑ Ordnet die folgenden Fälle diesen drei Formen des Widerstandes zu:

- *Ein Lehrer verweigert den geforderten Hitlergruß zu Beginn der Unterrichtsstunden.*
- *Ein evangelischer Bischof wird 1943 von Gemeindegliedern aufgefordert, einen von ihnen formulierten Protest gegen die Judenverfolgung zu unterschreiben.*
  Er erklärte, dass er mit diesem Protest übereinstimme. Dennoch könne er nicht unterschreiben, weil sonst seine Kirche verfolgt würde; er trage schließlich die Verantwortung für 1500 Pfarrer.
- *Im Jahr 1936 protestiert die Bekennende Kirche in einer großen Denkschrift gegen Menschenrechtsverletzungen des NS-Staats.*
- *Christen planen ein Attentat auf Adolf Hitler.*
- *Ein Berliner Gemeindeglied fälscht Pässe, um gefährdeten Juden die Ausreise zu ermöglichen.*
- *Christen beraten darüber, wie nach dem Krieg ein neues Deutschland aufgebaut werden kann.*
- *Ein evangelischer Bischof schreibt an Hitler und fordert den Stopp des Euthanasieprogramms. (s. Seite 175)*
- *Ein katholischer Bischof greift in einer Predigt das Euthanasieprogramm an. (s. S.175)*
- *Ein Junge trägt im Jahr 1942 einer alten jüdischen Frau mit Judenstern den Koffer zum Bahnhof.*
- *Der Leiter der Bethelschen Anstalten weigert sich, die geforderten Meldebögen für die Kranken auszufüllen. (s. Seite 175)*
- *Einige Studenten drucken und verbreiten 1943 Flugblätter gegen Hitler und den Krieg.*

Hitler mit Lehrern und Schülern des Seminars Maulbronn im September 1935

Doch wie der Führer dann musternd an unseren Reihen entlanggeht, hat er für jeden einen Blick. Wir alle sehen ihm fest ins Auge.
Ganz kurz sieht er auch mich an. Aber so ein Blick, das hab ich nachher gespürt, zerbricht alles Laue und erstickt jedes „Aber". Dafür entzündet er ein heiliges Feuer in der Brust: Gehorsam und Liebe ...
Sicher denkt der Führer jetzt daran, dass wir einmal Pfarrer werden wollen. Blickt er uns deshalb so durchdringend an? Da gelobe ich mir im Herzen, immer ein starker und ganzer Deutscher zu sein. Denn ich will diesem Mann immer ins Auge schauen können.

Aus dem Aufsatz eines 15-jährigen Schülers des Evangelisch-Theologischen Seminars Maulbronn vom September 1935. Dieser Aufsatz wurde im Rundbrief der Württembergischen Bekenntnisgemeinschaft – so hieß die Bekennende Kirche in Württemberg – veröffentlicht. Dort wurde er mit folgenden Sätzen eingeleitet:

Wir geben diese Schilderung auch wieder mit dem Wunsche, dass die Erkenntnis durchdringt, welch starke Volksverbundenheit und wie viel opferbereite Vaterlandsliebe heute wie zu allen Zeiten in den Menschen lebendig ist, die in der evangelischen Kirche ihre Heimat haben. Und dass dies von den Alten ebenso gilt wie von den Jungen.

Die Evangelisch-Theologischen Seminare in Württemberg sind humanistische Aufbaugymnasien, in denen früher künftige Pfarrer zum Abitur geführt wurden. Zwei davon gibt es heute noch, in Maulbronn und Blaubeuren.

- ❑ Welche Vorsätze werden bei diesem Schüler durch den Besuch Hitlers geweckt?
- ❑ Schreibt diesem Schüler einen Brief aus heutiger Sicht.
- ❑ Überlegt, warum die Bekenntnisgemeinschaft diesen Schüleraufsatz abgedruckt hat.
- ❑ Nehmt Stellung zu dem möglichen Vorwurf: Die Bekenntnisgemeinschaft hat sich angepasst.
- ❑ Sucht in diesem Kapitel weitere Beispiele von Anpassung.

Begegnungen mit Dietrich Bonhoeffer

Zu den Christen, die den politischen Umsturz planten, gehörte der Berliner Pfarrer Dietrich Bonhoeffer (1906-1945). Er bereitete im Dritten Reich junge Theologen für das Pfarramt vor, bis dies vom Staat verboten wurde. Er schloss sich dem politischen Widerstand gegen Hitler an und machte – offiziell war er Mitarbeiter des militärischen Geheimdienstes – Reisen ins Ausland und informierte von dort die Regierungen anderer Länder über die Ziele der deutschen Widerstandsbewegung. 1939 unternahm er eine Vorlesungsreise nach Amerika und kehrte kurz vor dem Krieg wieder nach Deutschland zurück. 1943 wurde er verhaftet. Kurz vor Kriegsende wurde er im KZ Flossenbürg zusammen mit anderen Widerstandskämpfern ermordet.

❐ Erkundigt euch nach weiteren Christen, die in Opposition zum Dritten Reich standen (z.B. Paul Schneider, Hermann Stöhr, Clemens August Graf v. Galen, Franz Jägerstätter u.a.). Wie sah ihr Widerstand aus?

Alfred Hrdlicka, Dietrich Bonhoeffer

Ich habe Dietrich Bonhoeffer in einer sehr vitalen Erinnerung; Erinnerungen, die weit weg von Büchern waren und ganz nah am Holzhacken, am Tischtennis, am Skilaufen; also ganz anders, als ihn vermutlich die Geschichte erinnert.
Klaus von Dohnanyi, Neffe Bonhoeffers, späterer Bürgermeister von Hamburg

Bei einem Rundgang im Gefängnishof Tegel wurde Dietrich Bonhoeffer von einem Mitgefangenen gefragt, wie er es als Christ und Theologe verantworten könne, am aktiven Widerstand gegen Hitler teilzunehmen. In der Kürze der Zeit und unter den Augen der Aufseher antwortete er mit einem Bild: Wenn ein betrunkener Autofahrer mit hoher Geschwindigkeit den Kurfürstendamm herunterrase, könne es nicht seine, des Pfarrers einzige und vornehmliche Aufgabe sein, die Opfer des Wahnsinnigen zu beerdigen und deren Angehörige zu trösten; wichtiger sei es, dem Betrunkenen das Steuerrad zu entreißen.
Otto Dudzus, Schüler Bonhoeffers

Nach dem Scheitern des 20. Juli 1944 hatte sich seine Lage verschlechtert. Er wusste das natürlich sehr gut. Dann erzählte er mir mehrere Sachen, z.B. sagte er mir, dass die schlimmste Erfahrung seines Lebens gewesen war, einigen Pfarrkindern, besonders getauften Juden, alten Damen, nicht helfen zu können. Die sollten deportiert werden und baten um Absolution, weil sie sich vergiften wollten. Das hatten wir mehrmals gesehen. Also nach dem Scheitern des 20. Juli befürchtete er, abtransportiert zu werden und in einem Verhör eventuelle körperliche Leiden nicht ertragen zu können. In diesem Falle hielt er es für gerechtfertigt, Selbstmord zu begehen. Das hat er mir deutlich gesagt.
Professor Gaetano Latmiral, italienischer Offizier, Mitgefangener Bonhoeffers in Tegel

Durch die halb geöffnete Tür eines Zimmers im Barackenbau sah ich vor Ablegung der Häftlingskleidung Pastor Bonhoeffer in innigem Gebet mit seinem Herrgott knien. Die hingebungsvolle und erhörungsgewisse Art des Gebetes dieses außerordentlich sympathischen Mannes hat mich auf das Tiefste erschüttert. Auch an der Richtstätte selbst verrichtete er noch ein kurzes Gebet und bestieg dann mutig und gefasst die Treppe zum Galgen. Der Tod erfolgte nach wenigen Sekunden. Ich habe in meiner fast 50-jährigen ärztlichen Tätigkeit kaum je einen Mann so gottergeben sterben sehen.

H. Fischer-Hüllstrung, ehemaliger Lagerarzt des KZ Flossenbürg

Dietrich Bonhoeffer teilte mir im April 1939 in England mit, dass er vom Oberkommando genaue Informationen darüber habe, dass der Krieg im September beginnen werde. Diesen Krieg könne er nicht unterstützen. Mitglieder des Bruderrates* hätten ihm vorgeschlagen, möglichst nach Amerika zu gehen, falls er Gelegenheit dazu hätte. Ich telegrafierte sofort nach Amerika. Bonhoeffer erhielt dann eine Einladung unseres Seminars, dort im Sommersemester Vorlesungen zu halten. Kurz nach Kriegsbeginn erhielt ich einen Brief von ihm. Darin teilte er mir mit, dass es ein Fehler von ihm gewesen sei, nach Amerika zu gehen. Die Christen in Deutschland müssten sich jetzt entscheiden, ob sie den Sieg ihres Volkes und den Untergang der christlichen Kultur wünschten oder die Niederlage ihres Volkes und den Fortbestand der christlichen Kultur. Man kann nicht – so schrieb er – außerhalb der Heimat sein, wenn sich die christlichen Brüder einer so folgenschweren Entscheidung gegenübergestellt sehen.

Der US-amerikanische Theologe Reinhold Niebuhr, ein Freund Bonhoeffers

Die wenigen Sachen, die wir hatten und die uns von unseren Angehörigen ins Gefängnis gebracht werden durften, tauschten wir aus, wie es das gegenseitige Bedürfnis verlangte. Mit strahlenden Augen erzählte Dietrich Bonhoeffer mir von den Briefen seiner Braut und seiner Eltern, von deren Liebe er sich auch im Gefängnis der Gestapo umhegt und umsorgt fühlte. Wenn er am Mittwoch jeder Woche sein Wäschepaket ausgehändigt erhielt, dem auch Zigarren, Äpfel und Brot hinzugefügt waren, so unterließ er es nie, mir noch am selben Abend in einem unbeobachteten Augenblick davon abzugeben; voll Fröhlichkeit, dass es auch im Gefängnis noch die Möglichkeit gebe, zu teilen und dem Nächsten zu helfen.

Fabian von Schlabrendorff, Rechtsanwalt, Widerstandskämpfer, Mitgefangener Bonhoeffers

Dietrich Bonhoeffer

1906	geboren in Breslau
1923-1928	Theologiestudium
1930	Studienaufenthalt in New York
1931-1933	Studentenpfarrer in Berlin
1933 - 1935	Pfarrer in London
1935 - 1937	Leiter des Predigerseminars der Bekennenden Kirche in Finkenwalde
1939	Aufenthalt in den USA
1940	aktiv im politischen Widerstand
1941/42	Reisen im Auftrag des Widerstandes ins Ausland
5. Apr. 1943	Verhaftung
1944	Briefe aus dem Gefängnis
1945	9. April: Hinrichtung Bonhoeffers im KZ Flossenbürg

❏ Ordnet die Texte mit Hilfe der Zeittafel und verseht sie jeweils mit einer Überschrift, aus der deutlich wird, was die Menschen an Bonhoeffer beeindruckte.

❏ Überlegt, welche Wesenszüge Bonhoeffers der Künstler Alfred Hrdlicka mit seiner Darstellung Bonhoeffers zum Ausdruck bringen will.

Als Solidarität zum Verbrechen wurde ...

Katharina Staritz

Anfang September 1941 schickte die Stadtvikarin Katharina Staritz einen Brief an ihre Breslauer Amtskollegen, der ihr Leben total verändern sollte.
Katharina Staritz betreute in Breslau getaufte Juden, so genannte christliche Nichtarier. Anderen Juden zu helfen, war von Staats wegen verboten. Als sie hörte, dass diese ab 19. September 1941 den gelben Judenstern tragen mussten, setzte sie sich bei ihren Amtskollegen für sie ein. Die Gestapo bekam das Schreiben in ihre Hände. Zwei Wochen nach Versendung des Rundschreibens fahndete die Gestapo nach dem „judenfreundlichen Schreiber". Die schlesische Kirchenleitung beurlaubte sie nicht zuletzt unter dem Druck von nationalsozialistischer Seite und hieß sie, umgehend Breslau zu verlassen.

Katharina Staritz

Katharina Staritz kam dann in Marburg bei Freunden unter. Im Dezember 1941 wurde sie in der SS-Zeitung „Das Schwarze Korps" wegen ihres Mitleids für die verhassten Juden verhöhnt und angegriffen. Zwei Monate später wurde sie verhaftet. Monate verbrachte sie in einem Polizeigefängnis und einem Arbeitshaus. Im Juni 1942 kam sie für ein knappes Jahr als Häftling in das Konzentrationslager Ravensbrück. Aufgrund der Fürsprache von Freunden kam Katharina Staritz im Mai 1943 frei. Sie stand weiterhin unter polizeilicher Überwachung, konnte aber innerkirchlich weiterarbeiten.

In einem nationalsozialistischen Zeitungsartikel (1941) heißt es über Katharina Staritz:

Da gibt es beispielsweise in Breslau eine so genannte Stadtvikarin, die das seltsame und seltene Amt eines weiblichen Seelsorgers ausübt. Man hat sie in dieses Amt hineingeschickt wohl in der Annahme, dass ein solches „letztes Aufgebot" in sonderlichem Maße befähigt sein würde, auf die weiblichen Tränendrüsen zu drücken und unmittelbarer als das bei Männern der Fall ist, unter Ausschaltung des kritischen Verstandes, auf das Herz einzuwirken ... Die Staritze mögen die Juden getrost zum „Kirchgang" abholen ... Ja niemand würde die Verfasserin ernstlich daran hindern wollen, sich selbst einen Judenstern auf den asketischen Busen zu heften, und noch lieber sähen wir es, wenn sie und ihresgleichen demnächst auch mit den Juden in das harrende östliche Kanaan abzögen.

Ein nebelverhülltes, unkenntliches Land,
so liegt die Zukunft in Gottes Hand.

Allein das Heute
hat er uns gegeben
in unserem Tagewerk ihm zu leben.

Er hat nicht gewollt,
dass wir sorgen und klagen;
nein,
täglich von neuem
auf ihn es wagen.

❑ Stellt die Schmähungen von Katharina Staritz in diesem Artikel zusammen. Arbeitet heraus, warum sie juden- *und* frauenfeindlich sind.

❑ Damals wurde kein Leserbrief gegen diesen Artikel geschrieben. Entwerft einen möglichen Leserbrief.

❑ Das Gedicht, das Katharina Staritz im KZ verfasste zeigt, woraus sie die Kraft bezieht, ihr Schicksal anzunehmen.

Abschrift
S t a d t d e k a n Rundschreiben Nr. 36
G.Nr.: 1336

Breslau, den 2. September 41

Nachstehende Bitte der Frau Stadtvikarin möchte ich mit einer herzlichen Empfehlung an die Breslauer Amtsbrüder weiterleiten.

In Vertretung
M e i s s n e r.

Im Reichsgesetzblatt vom 5.9.41 ist eine Polizeiverordnung veröffentlicht über die Kennzeichnung der Juden, die am 19.9.41 in Kraft tritt ...
Diese Menschen müssen nun vom 19.9.41 ab, auch wenn sie am evangelischen Gottesdienst oder irgendwelchen Gemeindeveranstaltungen teilnehmen wollen, dort mit dem Judenabzeichen erscheinen; ebenso die zum Kindergottesdienst kommenden nichtarischen Kinder, da der Judenstern vom 6. Lebensjahr an getragen werden muss ...
Praktisch bitte ich zu erwägen, ob nicht die Kirchenbeamten, Gottesdienstordner usw. in geeigneter seelsorgerlicher Form anzuweisen wären, sich dieser gezeichneten Gemeindeglieder besonders anzunehmen, ihnen wenn nötig Plätze anzuweisen usw. Evtl. wären auch besondere Plätze in jedem Gotteshaus vorzusehen, jedoch nicht als Armesünderbank für die nichtarischen Christen, sondern um sie davor zu bewahren, von unchristlichen Elementen fortgewiesen zu werden. Damit das aber nicht als unevangelische Absonderung aufgefasst werden kann, ist es notwendig, dass treue Gemeindeglieder, die wissen, was Kirche ist, und die in der Kirche mitarbeiten (z.B. aus Gemeindekirchenrat, Frauenhilfe, Pfarrhaus) auch auf diesen Bänken neben und unter den nichtarischen Christen Platz nehmen. Es ist auch zu überlegen, ob nicht wenigstens in der ersten Zeit diese gekennzeichneten Christen auf ihren Wunsch von Gemeindegliedern zum Gottesdienst abzuholen wären, da einige mir gegenüber schon geäußert haben, sie wüssten nicht, ob sie nun noch wagen dürften, in die Kirche zu gehen.

Lic. Staritz
Stadtvikarin

❏ Arbeitet die Befürchtungen und Vorschläge von Katharina Staritz heraus.
❐ Klärt mit Hilfe von Seite 100 , warum die Gestapo* keinen Unterschied zwischen Juden und getauften Juden machte.
❐ Erörtert, warum auf die wenigen noch in Deutschland lebenden Juden die Polizeiverordnung von 1941 eine verheerende Wirkung hatte.

Frau mit Judenstern

Gehet hin in alle Welt ...

Wes das Herz voll ist ...

Rose Akua Ampopho aus Ghana/Westafrika arbeitete fünf Jahre lang als Mitarbeiterin in der Evangelischen Kirche in der Pfalz. Dort war sie vor allem mit der Aufgabe betraut, in Jugend- und Erwachsenenkreisen über die Situation der Menschen in der so genannten Dritten Welt zu informieren und ein partnerschaftliches Miteinander der Christen in Afrika und Europa einzuüben.

❒ Wes das Herz voll ist, des geht der Mund über. Sucht und spielt Situationen, auf die dieses Sprichwort passt.

Zur Geschichte der Mission in der Neuzeit

Im 18. Jahrhundert begannen evangelische Kirchen Missionare auszusenden. Die ersten waren Bartholomäus Ziegenbalg und Heinrich Plütschau, die im Auftrag des dänischen Königs in Indien wirkten. Bald danach schickte die Herrnhuter Brüdergemeine* Missionare in viele Länder (s. Seite 184f.).

Das 19. Jahrhundert wurde zum großen Jahrhundert der Mission. In der Evangelischen Kirche entstanden zahlreiche, von den Kirchen unabhängige Missionsgesellschaften, z.B. die Basler Mission und die Berliner Missionsgesellschaft. Vorrangige Missionsgebiete waren Afrika und Ostasien.

Christentum und Islam betreiben Mission. In Matthäus 28,18-20 findet sich der Missionsbefehl Christi. Im Koran ist kein Auftrag zur Mission enthalten. In den ersten Jahrhunderten des Islam eroberten muslimische Herrscher Gebiete bis nach Spanien im Westen und Indien im Osten. Die Angehörigen der besiegten Völker wurden nicht gezwungen zum Islam überzutreten. Seit dem 19. Jahrhundert betreibt der Islam Mission.

Matthäus 28,18-20

❑ Schreibt auf, welche Konflikte sich aus der Mission beider Religionen ergeben können:
– in einem islamisch geprägten Land,
– in einem christlich geprägten Land.
Heftet die Ergebnisse an eure Plakatwand.

Die aktuelle Umfrage

Moscheen in deutschen Städten?

❑ Eine muslimische Gemeinde in einer deutschen Kleinstadt möchte auf einem stillgelegten Fabrikgelände am Rande der Stadt eine Moschee errichten; neben dem Gebetssaal soll auch ein Minarett errichtet werden, damit der Muezzin regelmäßig die Gläubigen zum Gebet rufen kann. Die Lokalzeitung fragt ihre Leser: Was halten Sie davon?
Schreibt Leserbriefe an die Zeitung!

Deutschlands größte Moschee steht in Mannheim, nur einige Meter entfernt von der katholischen Liebfrauenkirche

Einige Meinungen:

„Ich bin zwiegespalten: Auf der einen Seite muss jeder seinen Glauben ausüben dürfen. Auf der anderen Seite hätten wir in einem islamischen Land nie die Möglichkeit, christliche Kirchen zu bauen."

„Wenn es nicht überhand nehmen würde – warum nicht?"

„Dann gibt es bald mehr Moscheen als Kirchen."

**„Ein Minarett fände ich weniger gut.
Es würde irgendwie nicht ins Landschaftsbild passen."**

❑ Erstellt eine Dokumentation aus Zeitschriften und Zeitungen über Islam und Christentum. Welche Meinungen, Hoffnungen, Ängste werden sichtbar?
❑ Zeichnet in eine Weltkarte die Länder mit vorwiegend christlicher bzw. islamischer Bevölkerung ein.

Herrnhuter Mission

1732 kamen Missionare aus Herrnhut nach Westindien*. Die Herrnhuter Brüdergemeine wurde kurz zuvor von Nikolaus Ludwig Graf von Zinzendorf gegründet. Sie war die erste Freikirche* auf europäischem Boden. Zinzendorf lernte in Kopenhagen einen schwarzen Diener mit Namen Anton kennen, der von der Insel St. Thomas/Westindien stammte. Antons Berichte von seiner Heimat veranlassten Zinzendorf und die Brüdergemeine dazu, Missionare nach Westindien zu schicken.

Als wir nach einer Reise von mehr als 14 Wochen bei unseren Geschwistern auf Jamaika angekommen waren, ging ich bald in die mir aufgetragenen Geschäfte sowohl bei dem Missionswerk als auch bei Beratung der Kranken, zu denen ich gerufen wurde. Es war mir ein wahres Vergnügen, meinem lieben Heiland auf beiderlei Art dienen zu dürfen. Ich musste nicht selten auch bei Nacht auf Krankenbesuche ausreiten und dieses erschöpfte mich manchmal bis zur Ohnmacht. Mein guter Heiland stand mir aber unter diesen und anderen beschwerlichen Umständen so treulich bei, dass ich mich nicht besinnen kann, über meine Lage jemals missvergnügt gewesen zu sein.

Peter Jacob Planta, Missionsarzt in Jamaika

❑ Aus diesem Brief und dem folgenden Kasten könnt ihr wesentliche Merkmale der Herrnhuter Mission erheben.

Besonderheiten der Herrnhuter Mission

1. Träger der Mission war die Gemeinde, nicht ein Landesherr als Bischof einer Kirche.
2. Die Missionare waren Gemeindeglieder und nicht studierte Theologen.
3. Die Missionare aus Europa sollten bald überflüssig werden, einheimische Missionare an ihre Stelle treten.
4. Die Herrnhuter wollten in möglichst vielen Ländern Gemeinden bilden; eine massenhafte Christianisierung ganzer Völker lehnten sie ab.
5. Sie behandelten die schwarzen Sklaven als Menschen und nicht als Ware wie die weißen Farmer.

Verbotene Heirat

Auf der Karibikinsel St. Thomas ereignete sich um 1750 ein ungeheuerlicher Vorfall. Ein weißer Herrnhuter Missionar heiratete die Mulattin* Rebecca; sie war Mitarbeiterin der Herrnhuter Mission. Die weißen Farmer waren empört. Für sie waren die „Sklaven" Menschen zweiter Klasse. Ein Weißer durfte keine Negersklavin heiraten.

Der dänische Gouverneur griff hart durch. Rebecca sollte erneut als Sklavin verkauft werden. Ihr Mann wurde zu lebenslanger Zwangsarbeit, der Missionar, der beide getraut hatte, zu einer Gefängnisstrafe verurteilt. Zinzendorf, der daraufhin St. Thomas besuchte, erreichte die Aufhebung dieser Strafen.

❑ Schreibt einen Zeitungsartikel über diesen Vorfall:
aus der Sicht der weißen Farmer,
aus der Sicht der Herrnhuter Missionare.

Bei den Herrnhutern am Rande des Himalaja

Nach einer abenteuerlichen Fahrt mit Bahn, Bus und einer dreirädrigen Motorrikscha erreichte ich schließlich doch noch kurz vor Anbruch des Abends mein Ziel: Am Fuße der steil aufragenden, gezackten Himalajaberge lag Rajpur, ein kleiner Ort mit einem Bildungszentrum, das ich besuchen wollte.

Bei meinem Gang durch den Ort fiel mir ein Schild auf. Neben den Schriftzeichen in Tibetisch und Hindi standen da lateinische Schriftzeichen. Wie nur kamen diese lateinischen Schriftzeichen auf ein Schild in einem kleinen Dorf am Rand des Himalaja? „Unitas Fratrum Moravians" las ich da – Herrnhuter Brüdergemeine! Das wollte ich mir näher ansehen. Ich ging zu dem Gebäude, ein kleiner Junge rief zwei Leute herbei, es waren Herr und Frau Kundan.

Die beiden luden mich in ihr Haus ein. Die Kundans stammen aus Ladakh tief im indischen Teil des Himalaja-Gebirges, das von tibetischer Bevölkerung bewohnt wird. Herr Kundan ist Herrnhuter Pfarrer und Leiter der Schule nebenan. Sie hatten schon mehrfach Herrnhuter Gemeinden in Deutschland besucht und freuten sich, einen jungen deutschen Vikar zu treffen. Ich wollte wissen, wie es denn bloß Herrnhuter Gemeinden mitten im Himalaja geben könne? Die Kundans erzählten.

Im 19. Jahrhundert fühlten sich Herrnhuter Christen berufen, das Evangelium auch in eines der fernsten Länder zu bringen, in die Mongolei. Der nächste Weg von Herrnhut dorthin hätte über Tausende von Kilometern durch Russland geführt. Der Zar von Russland verbot den Herrnhutern die Durchreise. Doch die gaben nicht auf.

Die Missionare schifften sich nach Indien ein und zogen auf Staubstraßen durch das heiße, fremde Indien nach Norden. Dort stiegen sie über die höchsten Berge der Welt, das Himalaja- und das Karakorum-Gebirge. Von dort aus wollten sie die Wüsten Zentralasiens durchqueren und nach Tausenden von Kilometern Marsch die Mongolei erreichen. Doch so weit kamen sie nicht. Im Gebirge verwehrten ihnen die Chinesen an der Grenze die Weiterreise. So geschah es, dass die Herrnhuter Missionare im britisch regierten Teil des Himalaja blieben und dort Gemeinden gründeten.

Die Missionare lernten verschiedene tibetische Dialekte, verfassten Wörterbücher und übersetzten die Bibel in fremde Sprache und Schrift. Aus ihrer Arbeit stammt noch heute der Grundstock des modernen tibetisch-deutschen Wörterbuchs. Später übernahmen einheimische Christen selbst die Aufgaben von Pfarrer und Lehrer. Auch in die Nähe von Rajpur waren Missionare gekommen, sodass hier unter Hindus und Moslems eine kleine Herrnhuter Gemeinde entstand. Sie errichtete eine Schule für tibetische Flüchtlingskinder, die seit 1959 aus China flohen. Inzwischen hat die Schule sich für viele Kinder geöffnet, die aus armen Familien stammen und sonst keine Schule besuchen könnten.

Es war spät geworden. Ohne mich näher zu kennen, fragten mich die Kundans: Ihr Gästezimmer sei gerade frei, ob ich nicht einziehen wollte? Es war die erholsamste Woche, die ich während der ganzen Monate in Indien hatte. Verdankt habe ich sie der Gastfreundschaft dieser indischen Herrnhuter, die etwas vom Geist der Herrnhuter Missionare ausstrahlten.

Jens Bayer

❏ Verfolgt auf einer Karte den Weg der Herrnhuter nach Ladakh und den geplanten Weg in die Mongolei.

Das verhängnisvolle Erbe

Ehe ihr die Götzendiener in jener Gegend mit dem wirklichen und weltlichen Schwert angreift, sollt ihr den Priestern und Mönchen erlauben, ihr geistliches Schwert zu gebrauchen. Diese sollen das Evangelium verkündigen samt den Ermahnungen und Forderungen der Kirche: Die Heiden sollen ihren Götzendienst und ihre teuflischen Riten und Gebräuche aufgeben und sich zum Glauben an Christus bekehren, damit alle vereint in der Klarheit der Religion und Liebe seien.
Sollten sie aber so widerspenstig sein und dieses Gesetz des Glaubens nicht annehmen und sollten sie den Handel und Warenaustausch verbieten – welches doch die Mittel sind, durch die der Friede bewirkt und erhalten wird –, dann sollt ihr die Heiden mit Feuer und Schwert bekämpfen und einen grimmigen Krieg gegen sie führen.
Anweisung des portugiesischen Königs Emanuel an seinen Admiral in Indien (um 1500)

❑ Formuliert eine Überschrift zu diesem Text.
❑ Ein heutiger indischer Gymnasiast in eurem Alter liest diesen Text und schreibt einen Brief an den Botschafter Portugals in Neu Delhi.

Pedro de Alvaredo lässt Indianer in Mexiko überfallen und umbringen und ihnen die goldenen Armbänder abnehmen.

Wie oft hat mein Auge ganze Scharen von Basuto-Frauen gemustert, um unter ihnen auch nur ein Gesicht zu entdecken, auf dem ein geistiger Ausdruck oder doch ein Strahl von Verständnis leuchtet, aber nur als Ausnahme kommt das vor; der Haupteindruck, den man von einer heidnischen Versammlung erhält, ist immer wieder der von erstickenden Funken, die unter einem Aschenhaufen kaum noch glimmen und die nur ein Hauch aus der Höhe wieder anfachen kann.

Missionar Dieterle im Calwer Missionsblatt 1889

❑ Beschreibt die Aufgabe der Mission nach dem vorliegenden Text und vergleicht sie mit den Vorstellungen des portugiesischen Königs.

Berlin 1885

Am einschneidendsten für die Menschen in den Kolonien war die Veränderung ihres Denkens, ihres Empfindens und ihrer Sprache. Diese „geistige Kolonisation" beschreibt der Afrikaner Michel Kayoya so:

In Berlin hatte man sich im Jahre 1885 unseren Kontinent
aufgeteilt. Ohne jemand zu fragen, hatte man sich
unseres Elendes angenommen.
Man kam, um uns zu erziehen.
Man kam, uns zu zivilisieren.
Dieser Vertrag von Berlin hat mich lange gekränkt.
Das Schlimmste aber war, dass man mich dieses Datum lehrte.
Ich musste es auswendig lernen.
Eine ganze Unterrichtsstunde lang nannte man uns
die Namen der Vertragspartner von Berlin
Ihre außergewöhnlichen Fähigkeiten
Ihr diplomatisches Geschick.
Ein Mensch, der dir gleich ist
Mischt sich in deine Angelegenheiten
Ohne dich zu fragen.
Das ist eine grobe Unhöflichkeit,
die jedes empfindsame Herz verwundet.
Dass ein Mensch andere Menschen „aufteilt"
Nein! Das konnte ich nicht ertragen. Man lehrte mich,
diese Mentalität zu der meinen zu machen.
Alles, was mir eigen war, sollte sich entwickeln.
Man brachte mir bei, wir hätten kein Privateigentum.
Der Mensch brauche aber Privateigentum
Eigentum, das man mit Zäunen umgibt
Eigentum, in das man sich einsperrt.
Mein Volk wurde zur Maschine.
Die menschliche Maschine, die mein Volk war,
wurde aus der Ferne ferngesteuert.
Bei allem, was sie produzierte, wusste sie, dass
sie für jemand anders produzierte.
Diese Vorstellung war zur fixen Idee geworden.
Sie glaubte, sie lebe für jemand anderen.
Man sagte unserem Volke, es müsse für sich selbst leben.
Aber es lebte kaum noch.
Es war fast tot.
Erstorben war das Bewusstsein seiner Persönlichkeit.
Mein Volk war kolonisiert.

Michel Kayoya

❑ Beschreibt das Selbstbewusstsein der Kolonisierten anhand des Textes und der Zeichnung. Wie sieht Kayoya die Methoden und Ziele der „geistigen Kolonisation"?
❑ 1885 handelten die Großmächte Frankreich, England und Deutschland auf der Berliner Konferenz* ihre „Einflusszonen" in Afrika aus. Informiert euch darüber in euren Geschichtsbüchern.
❑ Jemand sagt: Die Welt wird heute durch den „American way of life" kolonisiert. Gestaltet dazu eine Collage.

Ferne Nächste

Im 19. und 20. Jahrhundert wurde in Deutschland sehr viel Geld für die Menschen in Afrika gesammelt. Häufig war ein „Missionsneger" als Opferbüchse aufgestellt. Beim Einwurf eines Geldstückes nickte er dankbar.

❏ Ein Student aus Afrika entdeckt eine solche Opferbüchse in einer Kirche. Er schreibt einen Brief an seine Eltern nach Hause.

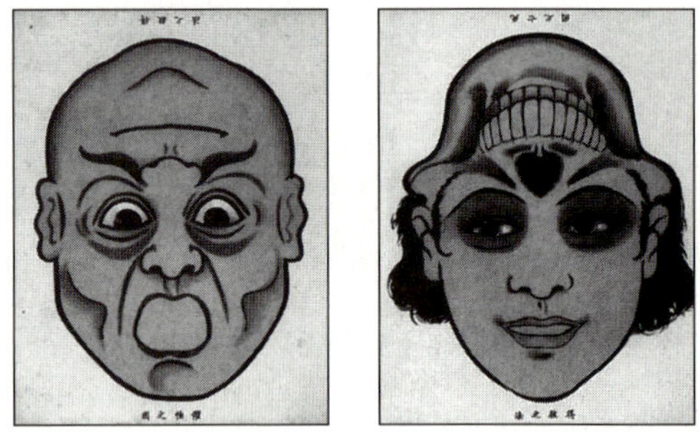

Solche „Dreh-Gesichter" wurden sowohl zur Evangelisation in China eingesetzt als auch bei Missionsvorträgen in Deutschland gezeigt. Die grimmige Seite zeigt den „Heiden", die lachende den Christen.

❏ Überlegt, was man mit solchen Bildern erreichen wollte.
❏ Bildet euch eine Meinung zu solchen „Dreh-Gesichtern".

Der Missionskoffer – Ein Museum im Kleinen

Für Reiseprediger, Pfarrer und Lehrer stellte die Basler Mission so genannte „Missionskoffer" zusammen. Sie enthielten Anschauungsmaterial aus den Missionsgebieten: Hausgeräte, Werkzeuge, „Götzen und Zaubergeräte", Arbeitsproben aus den Knaben- und Mädchenanstalten der Mission, Erzeugnisse aus der Missionsindustrie, Naturalien (z.B. getrocknete Früchte), Rohstoffe und präparierte Kleintiere. Außerdem: Missionsschriften, Karten und Bilder aus der Mission. Diese Koffer wurden begeistert aufgenommen.

❏ Überlegt, warum diese „Missionskoffer" ein großer Erfolg waren.
❏ Was müsste ein Missionskoffer z.B. aus Afrika heute enthalten?
❏ Ein afrikanischer Student kehrt nach seinem 3-jährigen Studium in Deutschland nach Afrika zurück. Er stellt für die Gemeinden und Schulen zu Hause einen „Deutschlandkoffer" zusammen.

Aus dem Tagebuch einer „Missionsbraut"

1847 reiste die 19-jährige Rosina Binder aus Korntal als eine der ersten „Missionsbräute" nach Ghana aus, um den Missionar Georg Widmann, den sie nie zuvor gesehen hatte, zu heiraten.
Rosina Widmann, geb. Binder blieb mehr als 30 Jahre an der Goldküste in Afrika und unterstützte, wo sie konnte, ihren Mann. Als sie 50 Jahre alt war, starb dieser und Rosina kehrte in ihre Heimat zurück. Rosina gebar 11 Kinder und nahm noch Waisen und verstoßene Kinder in ihre Familie auf. Sie gründete eine Sonntagsschule und ein Mädcheninstitut und betreute eine Kleinkinderschule.

Korntal, 17. September 1846
Heute wurde ich zu dem wichtigen Beruf, dem Herrn in Westafrika zu dienen, eingesegnet. Pfarrer Staudt segnete mich ein mit den Worten: „Der Herr segnet dich!" Er legte mir nicht die Hand auf, ebenso keiner von den Gemeindevorstehern, wie er es geplant hatte, denn es wurden von einigen Brüdern in Korntal Einwendungen gemacht. Aber es machte mir – dem Herrn sei Dank – nichts aus, denn ich glaube ganz gewiss, dass ich deshalb nicht weniger gesegnet wurde.

London, 28. Oktober 1846
Mich plagen wieder Zweifel. Die ganze Nacht über lag ich in meiner Kammer wach und weinte. Von meinem Bräutigam habe ich noch immer keinen Brief bekommen. Meine Gastgeberin hat mir von ihm erzählt. Vor seiner Ausreise hat er auch bei ihr gewohnt. Sie lobte seinen Mut und seine Tatkraft, weil er es gewagt hat, als einer der Ersten wieder in das „Todesland Afrika" zu reisen. Viele Jahre lang waren an der Goldküste keine Missionare mehr tätig, weil alle, die man ausgesandt hatte, an tückischen Krankheiten gestorben waren.

Cape Coast (Goldküste Afrikas), 6. Januar 1847
Am Ufer empfing uns eine Schar von schwarzen Männern, Frauen und Kindern; sie begleiteten uns in das Haus der befreundeten Missionare. Die Hitze war drückend. Ich glaubte, ich befinde mich in einer ganz anderen Welt. Im Missionshaus habe ich dann meinen Bräutigam getroffen. Wir fielen beide auf die Knie und dankten Gott, dass er uns so glücklich zusammengeführt hat. Uns war, als ob wir uns nicht zum ersten Male sähen.

Accropong, 31. Juli 1848
Dem Herrn sei Dank, dass ich bis jetzt meinen Mädchen fast ununterbrochen des Nachmittags von halb drei bis 5 Uhr Unterricht erteilen konnte. Bis jetzt hat sich noch bei keiner von ihnen eine gründliche Umänderung des Herzens wahrnehmen lassen. Sie hängen viel mehr an den Gebräuchen und Gewohnheiten ihrer Väter und Mütter. Es getraut sich jetzt noch keine, Yams zu essen, ehe sie dem Fetisch* etwas gegeben hat. Vor einigen Tagen behaupteten sie steif und fest, dass, wenn sie dies tun würden, ihnen der Bauch schwellen würde. Sie können nicht glauben, Fetischdienst sei Teufelsdienst. Ich bewies es ihnen aber aus dem ersten Gebot.*

Accropong, 16. Dezember 1848
Diese Woche war eine Frau bei mir, die neulich Zwillinge gebar, die die Familie, der Aussage nach, getötet haben soll. Ich sprach lange mit ihr, wie die Neger so töricht seien und dies für ein Unglück hielten. Kinder seien eine Gabe Gottes und es sei eine schreckliche Sünde, eines umzubringen. Die Frau sieht ziemlich niedergedrückt aus, zeigt aber seit diesem Gespräch viel mehr Anhänglichkeit und Liebe als zuvor.

Accropong, 12. Dezember 1849
Den 22. November genas ich nach viel Angst, Not und Schmerz meines ersten Kindes. In drei Nächten konnte ich, alles zusammengenommen, vielleicht zwei Stunden schlafen. Den 9. Dez. durften wir unser liebes Kindlein durch die Taufe in den Bund Gottes aufnehmen. Es erhielt den Namen Samuel Johannes.

Familie Widmann mit eigenen und angenommenen Kindern

- ❑ Spielt ein Interview mit Rosina Binder. Befragt sie über ihre Motive, als „Missionsbraut" nach Afrika zu gehen.
- ❑ „Die Afrikaner hätten ihre traditionelle Religion behalten und nicht unsere Religion annehmen sollen." Nehmt Stellung zu dieser weit verbreiteten Meinung.

Mission heute

Briefmarke (Kamerun) mit Ansicht der ältesten West-Kameruner Kirche

Eine Missionskirche wird selbstständig

1997 feierte die Presbyterianische Kirche in West-Kamerun ihren 40. Geburtstag.
Diese Kirche war aus der Missionsarbeit englischer Baptisten entstanden. Später folgten Missionare der Basler Mission. 1957 wurde das Missionsgebiet selbstständig und trat dem Ökumenischen Rat der Kirchen bei. Auch heute noch steht die „junge" Kirche in enger Verbindung mit der Basler Mission. Diese schickt Mitarbeiter und Mitarbeiterinnen nach Kamerun, so genannte „fraternal workers". Sie arbeiten in der Theologenausbildung, in der Kirchenverwaltung, in Krankenhäusern und in der Landwirtschaft. Die Kirche zählt heute knapp 200 000 Mitglieder, 100 Pfarrer und 130 Hilfspfarrer sowie eine große Zahl ehrenamtlicher Mitarbeiter.

Für die Missionare gehörten „Seelsorge" und „Leibsorge" immer zusammen: Predigt, Unterricht, Landwirtschaft und medizinische Versorgung.

❑ Stellt fest, wo dieser Sachverhalt in dieser Unterrichtseinheit vorkommt.
Auch heute verstehen die Kirchen Mission in dieser Weise. Beschafft euch Materialien bei Missionsgesellschaften.

Zunehmend sind in unseren deutschen Kirchen Afrikaner und Afrikanerinnen als Mitarbeiter tätig.

❑ Die Gemeindeversammlung einer evangelischen Kirchengemeinde am Oberlauf des Okulu hat von dem schlechten Gottesdienstbesuch in Deutschland gehört. Sie schreibt einen Brief an eine deutsche Kirchengemeinde und kündigt an, ein afrikanisches Ehepaar nach Deutschland zu schicken, damit die deutsche Gemeinde „wieder von der befreienden Liebe Gottes angesteckt" wird.
Der Kirchengemeinderat der deutschen Gemeinde berät über dieses Angebot und schreibt einen Antwortbrief. Spielt die Sitzung des Kirchengemeinderats und entwerft den Brief.

Chöre zwischen Tradition und Moderne

Um 8.45 Uhr beginnen die zwei Glöckchen unserer stattlichen Kirche zu läuten. Nur ganz wenige Gemeinden haben hier Glocken wie unsere altehrwürdige Missionsstation. Oft rufen die großen Sprechtrommeln, die aus Baumstämmen herausgeschnitzt sind, zum Gottesdienst oder Felgen von Autoreifen, die an Bäume gehängt sind und an die man mit einem Eisenstab klopft.
Kurz vor 9 Uhr formt sich die Prozession vor dem Haupteingang. Sie gestaltet den Anfang des Gottesdienstes. Eine Orgel gibt es so gut wie nirgends. Die Prozession besteht aus einem Chor, der dem Prediger, dem Liturg und dem Vorsitzenden voraus singend in die Kirche einzieht.
Unsere Gemeinde hat fünf Chöre, die in der Regel alle im Gottesdienst aktiv sind. Da ist zunächst einmal der Ndala Bito. In ihm singen meistens ältere Einheimische auf Duala. Das ist die alte Kirchensprache des Waldlandes. Die Lieder sind oft schwer und getragen. Dann gibt es den Frauenkreis. Er singt schwungvoller, und das Singen geht oft ins Tanzen über. Sie haben ein eigenes Liederbüchlein. Weiter zu nennen ist das Jugendwerk. Es singt oft Chorusse. Das sind mitreißende, schmissige Lieder, zu denen geklatscht und getrommelt wird. Einer singt vor, die anderen nach. Diese Chorusse werden auch in der Kinderkirche und in der Jungschar gesungen. Vor zwei Jahren ist als vierter Chor der „English Choir" entstanden,

der englische Kirchenlieder singt, die wir oft als süßlich empfinden. Als wir vom Heimaturlaub zurückkamen, war inzwischen ein fünfter Chor entstanden: ein Halleluja-Choir. In ihm singen Leute, die aus dem Grasland kommen, auf Mungaka, der alten Kirchensprache des Graslandes. Was sie singen, klingt viel afrikanischer. Sie begleiten ihren Gesang mit vielen Instrumenten, z.B. auch einer großen selbst geschnitzten Flöte. Es gibt im Gottesdienst hier also ganz verschiedene kirchenmusikalische Ausdrucksweisen. Übrigens muss jeder Chor damit rechnen, jederzeit vom Prediger oder Liturg zu einem Beitrag aufgefordert zu werden. Im Tanzschritt und singend zieht die Prozession in die Kirche ein.

Elfriede und Klaus Thierfelder

Der südamerikanische Bischof F. Pagura:
Missionary: Go Home ... oder?

Wenn du nicht begreifen kannst, was auf diesem Kontinent vor sich geht
in dieser Stunde, in der er erwacht und ihm eine neue Befreiung dämmert,

dann, Missionar, geh nach Hause.

Wenn du das ewige Wort Gottes nicht zu unterscheiden vermagst von den
Formen der Kultur, in der du aufgewachsen und erzogen bist,

dann, Missionar, geh nach Hause.

Wenn du nicht fähig bist, jene als Partner zu lieben und zu respektieren,
die damals als „Heiden" missioniert wurden,

dann, Missionar, geh nach Hause.

Wenn du dich nicht darüber freuen kannst, dass neue Völker und Kirchen
ihre Unabhängigkeit und Verantwortlichkeit verlangen, selbst um den Preis
jener Fehler, die du und deine Landsleute bereits hinter sich haben,

dann, Missionar, geh nach Hause.

Wenn du aber – auch um den Preis der Selbstverleugnung – bereit bist,
die Risiken und Schmerzen dieser Stunde der Geburt zu teilen, die unsere
Völker durchleben, wenn du beginnst, dich mit ihnen zu freuen an der
Freude, dass das Evangelium eine Hoffnung und Befreiung ankündigt, die
bereits die Geschichte verändert: Wenn du bereit bist, mehr deiner Zeit,
mehr deines Lebens dem Dienst an diesen erwachenden Völkern zu widmen,

dann bleib;

denn viel ist noch zu tun und es braucht Hände und ganze Hingabe
für das große Unterfangen, dessen Pionier und Vorkämpfer Jesus Christus ist.

❏ Beschreibt die Haltung des Missionars, die hier gefordert wird, und vergleicht sie mit dem, was Paulus in 1.Korinther 9,19-23 über seine Missionstätigkeit sagt.
❐ Eine afrikanische Christin sagt: „Ich bin verheiratet und habe drei ältere Kinder. Mein Mann hat noch eine jüngere Frau, die von ihm zwei kleinere Kinder hat. Unsere Tradition hat das schon immer erlaubt. Die Missionare haben die Polygamie* verboten. Aber die Bibel verbietet das nicht." Nehmt Stellung.

Kirche weltweit

Wir gehören zusammen

Meine Freundin fühlt sich in ihrer Gemeinde ganz zu Hause. Sie ist Mitglied einer Freikirche und kennt alle Gemeindemitglieder am Ort.

Auf unserer ökumenischen Jugendfreizeit am Bodensee haben wir zum Abschluss einen gemeinsamen Gottesdienst gefeiert. Komisch war, dass dann das Abendmahl getrennt stattfand.

Meine Schwester hat beim Studium einen Freund aus Belgien kennen gelernt. Sie will ihn heiraten; dass er katholisch ist und sie evangelisch, kümmert sie nicht. Meine Oma findet das nicht so gut, meiner Mutter ist es egal. Ich weiß nicht recht: Warum soll es da ein Problem geben?

Am Sonntag nahmen wir Swetlana, unsere russische Austauschschülerin, mit in den evangelischen Gottesdienst. Die Lieder haben ihr gut gefallen, aber ihr fehlten die Kerzen und die Ikonen.

Ich war letzten Sonntag mit Peter im Lobpreisgottesdienst der biblischen Gemeinde. Da war was geboten. Am besten hat mir gefallen, dass zum Schluss einige durch Handauflegung und Beten von ihren Krankheiten befreit wurden.

- Kennt ihr Mitglieder anderer Kirchen? Fragt sie danach, was sie von der evangelischen Kirche halten.
- Manchmal gibt es Konflikte zwischen Menschen unterschiedlicher Konfessionen. Überlegt Gründe.

Es war einmal ...
Kein Märchen:

In unserem Dorf war es eine gute Sitte, mindestens einmal im Monat zum Gottesdienst in die Kirche zu gehen. Der Pastor freute sich und zweifellos auch der liebe Gott. Man gab einen Pfennig in die Kollekte und wer gerade kein Kleingeld hatte, opferte großmütig ein Zweipfennigstück, die Prominenten des Dorfes gaben fünf bis zehn Pfennig.
Alle Einwohner waren evangelisch. Niemand hätte es auch gewagt anders zu sein: etwa gottlos oder gar katholisch. Umso größer war die Unruhe, die entstand, als es sich herumsprach, dass die Kreissparkasse in unserer Dorfzweigstelle einen Katholiken eingestellt hatte.
Reisemöglichkeiten waren damals (Anno 1913) noch sehr gering. Trotzdem war es uns bekannt, dass es irgendwo, weit weg von uns, sehr böse Katholiken gab. Gesehen hatte noch niemand einen. Waren es überhaupt richtige Menschen?
Jeder, der es irgendwie einzurichten vermochte, suchte und fand einen Vorwand, um in die Sparkasse zu gehen. Wenigstens musste man dieses fremde Wesen doch gesehen haben, bevor ein sicher zu erwartendes Unglück eintrat.
Doch bald wussten alle, dass zu Sorge und Aufregung kein Grund vorhanden war. Der Katholik schien doch ein ganz richtiger Mensch zu sein. Er trug einen Schnurrbart wie jeder Mann, seine Sprache wich nicht von der unsrigen ab und man hatte ihm sogar die Kasse anvertraut.
Heute, im Zeitalter ökumenischer Versammlungen und Gottesdienste, lächelt man wohl über so viel Naivität, aber so war es einmal ...

Schultoiletten aus der Ev. und Kath. Volksschule Weil der Stadt

❑ Evangelische und katholische Christen kannten sich damals wenig. Was hatte das für Konsequenzen? Welche Vorurteile gab es auf beiden Seiten? Nennt Gründe dafür, dass es zu solchen Vorurteilen kommen konnte.

❑ Erkundet die konfessionelle Verteilung an eurer Schule, an eurem Ort.
Findet heraus, wie die Verteilung vor dem Zweiten Weltkrieg war (alte Schulakten. Archiv, Heimatbuch). Vergleicht mit heute. Welche Veränderungen stellt ihr fest? Erkundigt euch, wie es zu diesen Veränderungen kam. Macht die Daten in Prozenten in einer Grafik anschaulich.

Stefan und Julia sind befreundet. Stefan ist evangelisch und arbeitet in seiner Kirchengemeinde seit einem Jahr in der offenen Teestube mit. Julia ist katholisch und leitet gemeinsam mit ihrer Freundin eine Kindergruppe.
Gemeinsam haben sie eine katholische Sonntagsmesse besucht.

Stefan: Ehrlich gesagt, finde ich bei eurem Gottesdienst schon manches seltsam. Ich hoffe, du bist nicht beleidigt, wenn ich das so offen sage ... manches finde ich ja auch ganz gut.

Julia: Nur zu, ich bin nicht so schnell beleidigt.

Stefan: Also, wie der Priester sein Weihrauchgefäß schwenkt, er sieht dann fast wie ein Zauberer aus. Oder das Klingeln beim Abendmahl: Was soll das eigentlich?

Julia: Ich finde das schön und bin es von Kind auf gewohnt. Ich weiß dann: In diesem Moment verwandelt sich das Brot in den Leib Christi, er ist dann wirklich bei uns.

Stefan: Dass Christus bei uns ist, das glaube ich auch. Aber das mit der Verwandlung, das ist doch Hokuspokus.

Julia: Ich weiß nicht. Wichtig ist mir, dass Jesus bei uns ist. Und die Eucharistie ist der Höhepunkt der Messe. Das kann man auch spüren. Die Leute werden dann ganz still und andächtig. Man spürt richtig, dass der Himmel über uns allen aufgeht.

Stefan: Die Leute haben in diesem Augenblick tatsächlich so auf mich gewirkt, wie du gesagt hast: Sie waren sehr andächtig und das Knien, das passte da auch richtig dazu; das hat mir gut gefallen.

❑ In dem Gespräch finden sich einige Begriffe und Vorstellungen, die für die katholische Kirche wichtig sind: Eucharistie, Wandlung, Weihrauch, Messe ... Klärt diese Sachverhalte im Gespräch mit dem katholischen Religionslehrer/der katholischen Religionslehrerin und euren katholischen Mitschüler/innen.

❑ In der katholischen Kirche können Frauen nicht Priester werden. Erkundigt euch nach den Gründen.

❑ Entwerft ein Gespräch zwischen Stefan und Julia nach dem gemeinsamen Besuch eines evangelischen Gottesdienstes.

Eucharistiefeier in einer katholischen Kirche

Pattonville

Pattonville war bis 1994 eine Wohnsiedlung für amerikanische Soldaten. In dieser Wohnsiedlung gab es eine Kirche für alle Konfessionen; sie diente auch als Synagoge für den jüdischen Gottesdienst und besaß deshalb sechs Sakristeien. Nach dem Abzug der Amerikaner wurden die Wohnungen umgebaut und hauptsächlich an Deutsche, Italiener und Griechen verkauft und vermietet. Die evangelische und die katholische Kirche kaufen gemeinsam die amerikanische Kirche. Sie wollen diese Kirche gemeinsam nutzen.
Der katholische Pfarrgemeinderat und der evangelische Kirchengemeinderat beginnen gemeinsam die Kirche zu planen.

Das Modell zeigt den ersten Preis des Architektenwettbewerbs, der zur Gestaltung der Kirche in Pattonville ausgeschrieben war.

❒ Bildet Planungsausschüsse. Sinnvoll ist es, wenn ihr dieses Thema gemeinsam mit der katholischen Religionsgruppe erarbeitet und gemischte Ausschüsse bildet. Wichtigste Aufgabenstellung für alle Planungsausschüsse: Jede Konfession muss sich in der Kirche wieder erkennen können.

Planungsausschuss A hat die Aufgabe, die Ausstattung der Kirche zu planen. Er beschließt, vor Beginn der Planung eine katholische und eine evangelische Kirche zu besichtigen, um zu sehen, was für beide Kirchen wichtig ist. (In der nächsten Sitzung bringt die Vorsitzende einen auf ein Plakat gezeichneten Grundriss der Kirche mit. Man beginnt die verschiedenen notwendigen Ausstattungsgegenstände hineinzuschreiben oder hineinzuzeichnen.)

Planungsausschuss B hat die Aufgabe, Vorschläge über den Namen der Kirche zu erarbeiten und dem Gesamtgremium vorzustellen. Es gibt bereits drei Vorschläge: Franziskuskirche, Dietrich-Bonhoeffer-Kirche und Elisabethenkirche.

Planungsausschuss C macht sich Gedanken über ökumenische Aktivitäten zwischen der evangelischen und der katholischen Kirchengemeinde. Er entwirft ein Wochenprogramm, in dem er verzeichnet, welche Aktivitäten gemeinsam und welche getrennt durchgeführt werden sollen. (Bevor der Ausschuss mit der Arbeit beginnt, erkundigt er sich bei anderen Kirchengemeinden, welche ökumenischen Aktivitäten es dort gibt. Was läuft reibungslos? Wo gibt es Schwierigkeiten?)

Planungsausschuss D befasst sich mit der künstlerischen Ausgestaltung der Kirche. Hierzu besorgt er sich Abbildungen von Kunstwerken und erarbeitet einen Vorschlag. Der Ausschuss beschließt, einen Wettbewerb unter den Gemeindegliedern durchzuführen: Entwürfe für ein Kruzifix können aus Ton gefertigt eingereicht werden. Auch Entwürfe für andere Kunstwerke (z.B. Wandteppiche, Paramente*) sind willkommen.

Trennung und Versöhnung

Weil sie das Dogma von der Unfehlbarkeit des Papstes ablehnen, gehen katholische Christen ihren eigenen Weg und gründen die altkatholische Kirche.

Weil die östlichen Kirchen den Papst als Oberherren der Kirche ablehnen und weil Rom sich dem Patriarchen von Konstantinopel nicht unterstellen will, kommt es zur Trennung zwischen den Kirchen des Abendlandes und des Morgenlandes.

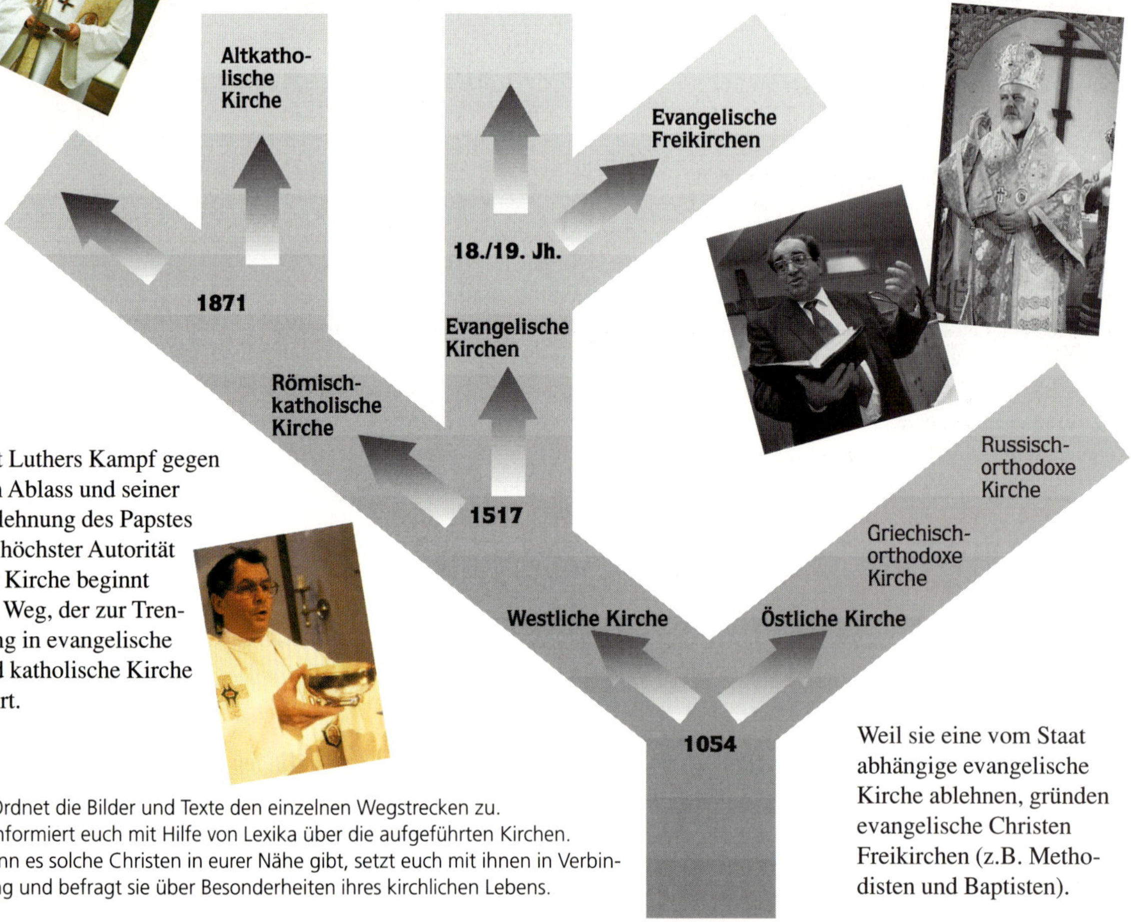

Mit Luthers Kampf gegen den Ablass und seiner Ablehnung des Papstes als höchster Autorität der Kirche beginnt ein Weg, der zur Trennung in evangelische und katholische Kirche führt.

Weil sie eine vom Staat abhängige evangelische Kirche ablehnen, gründen evangelische Christen Freikirchen (z.B. Methodisten und Baptisten).

❑ Ordnet die Bilder und Texte den einzelnen Wegstrecken zu.

❑ Informiert euch mit Hilfe von Lexika über die aufgeführten Kirchen. Wenn es solche Christen in eurer Nähe gibt, setzt euch mit ihnen in Verbindung und befragt sie über Besonderheiten ihres kirchlichen Lebens.

„Für eine Zukunft in Solidarität und Gerechtigkeit"

Im Februar 1997 veröffentlichten die Evangelische Kirche in Deutschland (EKD) und die Deutsche Katholische Bischofskonferenz eine gemeinsame Erklärung zur sozialen Lage. Das Besondere an diesem Wort war die Art, wie es zustande kam. Es wurde nämlich nicht von ein paar Experten verfasst, sondern von einer großen Zahl von Interessierten. Zunächst einmal wurde ein Diskussionspapier veröffentlicht. Dieses wurde in etwa 4000 Veranstaltungen diskutiert. 2500 schriftliche Eingaben wurden verfasst. Aufgrund der Rückmeldungen wurde die gemeinsame Erklärung formuliert. Darin heißt es:

Gemeinsame Aufgaben

Die Kirchen sehen es als ihre Aufgabe an, Mitverantwortung für eine menschengerechte und sachgerechte Ordnung der öffentlichen Angelegenheiten wahrzunehmen und dabei besonders für die Belange der Armen, der Schwachen und Benachteiligten einzutreten ...
Die Arbeitslosigkeit ist kein unabwendbares Schicksal. Es bestehen durchaus Voraussetzungen dafür, die Massenarbeitslosigkeit deutlich zu reduzieren, Produktion und Volkseinkommen sind in Deutschland so hoch wie nie zuvor. Deutschland verfügt über eine ausgewogene Wirtschaftsstruktur mit leistungsfähigen großen wie kleineren und mittleren Unternehmen. Arbeitnehmer und Arbeitnehmerinnen sind hoch qualifiziert und motiviert. Es besteht deshalb kein Anlass den „Standort Deutschland" schlecht zu reden.

Die Denkschrift nennt folgende Möglichkeiten zum Abbau der Massenarbeitslosigkeit:

Krise der Erwerbsarbeit
Seite 145ff.

- Das Steuer- und Abgabensystem muss so umgestaltet werden, dass dadurch Arbeitsplätze gefördert werden.
- Schaffung neuer Arbeitsplätze im Bereich neuer Techniken: Mikroelektronik, Biotechnologie, neue Medien, Anwendung neuartiger Werkstoffe, Umwelttechnologien, Verkehr; Schaffung neuer Arbeitsplätze im Dienstleistungsbereich;
- Verbesserung des Ausbildungssystems;
- Teilen der Erwerbsarbeit durch Arbeitszeitverringerungen ohne vollen Lohnausgleich, durch mehr Teilzeitarbeitsplätze und den Abbau von Überstunden;
- Förderung der Selbstständigkeit und der unternehmerischen Initiative vor allem im Bereich der mittleren Betriebe und des Handwerks;
- Förderung von lokalen Beschäftigungsinitiativen der Kommunen, Kirchen und freien Träger.

Diskutiert in Gruppen:

❑ Worin sieht die Denkschrift die Aufgabe der Kirchen?
❑ Welche Lösungsvorschläge macht sie zum Thema „Massenarbeitslosigkeit"?
❑ Welche anderen sozialen Probleme sind heute dringlich? Welche Lösungen seht ihr?
❑ In vielen evangelischen Landeskirchen gilt folgende Regelung: Wenn beide Ehepartner Pfarrer sind, dürfen sie für eine bestimmte Zeit insgesamt nur eine volle Stelle einnehmen. Diskutiert diese Regelung.

Orthodoxe Kirche

Orthodox bedeutet „rechtgläubig". Etwa 150 Millionen Gläubige gehören zu den orthodoxen Kirchen, auch Ostkirchen genannt. In Deutschland leben derzeit etwa 700 000 orthodoxe Christen. Mit der Teilung des Römischen Reiches (395 n.Chr.) begann die Trennung zwischen Ost-und Westkirchen. 1054 kam es zur endgültigen Spaltung zwischen der „römisch-katholischen" Westkirche und den „orthodoxen" Ostkirchen. Während in der römisch-katholischen Kirche der Papst das Oberhaupt der Kirche ist, gibt es in den Ostkirchen verschiedene voneinander unabhängige Patriarchate mit einem Patriarchen an der Spitze (z.B. Patriarchat von Konstantinopel, Patriarchat von Moskau).

Christus - Ikone, Russland (um 1600)

Ökumene in Kornwestheim

Die Kirchengemeinde Kornwestheim hat seit Jahren Kontakt zur griechisch-orthodoxen Gemeinde in Weilimdorf. Die meisten orthodoxen Gemeinden in Deutschland haben kein eigenes Kirchengebäude, sondern sind in evangelischen Kirchen zu Gast. So feiern die griechisch-orthodoxen Christen von W. einmal im Monat ihren Gottesdienst in K. Vergangenen Sonntag fand ein besonderer Gottesdienst statt. Der höchste Würdenträger der griechisch-orthodoxen Kirche in Deutschland, Metropolit* Augustinos, leitete diesen Gottesdienst, an dem auch viele evangelische Gemeindeglieder und der evangelische Pfarrer teilnahmen.

Für die Kornwestheimer war vieles fremd an diesem Gottesdienst. Für die orthodoxe „göttliche Liturgie" war die evangelische Martinskirche mit Kerzen und Ikonen ausgestattet worden. Nach dem Gottesdienst erläuterte Pfarrer Steck, ein Kenner der Orthodoxie, was es mit den Ikonen auf sich hat: „Die meisten Ikonen stellen Bilder von Gott, Christus oder von Heiligen dar. Die Ikonen haben immer eine religiöse Funktion. Die orthodoxen Christen beten in der Kirche vor diesen Bildern, zünden Kerzen an, ja küssen die Ikone. Auch zu Hause im Wohnzimmer gibt es in einer Ecke eine Ikone mit einem Öllämpchen davor. Die Verehrung gilt nicht dem Bild, sondern dem Urbild Gott, Christus oder Maria, das in der Ikone geheimnisvoll gegenwärtig ist. Die Ikonen sind keine Kunstwerke fürs Museum, sondern bei langem Betrachten prägen sie sich tief in die Seele und öffnen einen Blick auf Gottes Wirklichkeit." In russischen Museen kommt es – so Pfarrer Steck – immer wieder vor, dass Gläubige die Absperrung zu einer wertvollen Ikone übersteigen und die Ikone küssen.

Ikonen
Seite 45

Die Ikonen entstehen auf ganz besondere Weise. Nur so können sie nach Auffassung der orthodoxen Kirchen ihren Dienst tun, den Blick auf Gottes Wirklichkeit zu öffnen. Der Maler muss sich mit Gebet und Fasten auf das Malen vorbereiten, er muss sich an der Glaubenslehre der Kirche orientieren. Um deutlich zu machen, dass Gott zwar in der Welt wirkt, aber doch jenseitig ist, wird auf naturalistische Darstellungen verzichtet. Das Verbot von plastischen Darstellungen in der Kirche soll daran erinnern, dass Gottes Wirklichkeit auf Erden nicht mit Händen zu greifen ist.

Der Nürnberger Maler Albrecht Dürer (1471-1528) ist einer der wichtigsten deutschen Maler an der Schwelle zur Neuzeit. In seinem Christusbild verbindet er die mittelalterliche Strenge der Christusdarstellungen mit dem neuen individualistischen Bild vom Menschen. Er stellt die Person Jesu so dar, dass sie eine Person seiner Zeit ist. In das Bild Christi zeichnet er Züge seiner eigenen Person ein, so dass das Bild sowohl eine Christusdarstellung als auch ein Selbstbildnis Dürers ist.

Albrecht Dürer, Christus (um 1500)

❑ Vergleicht die beiden Bilder miteinander.
Ihr könnt dazu die Informationen über Dürer und die Ikonenmaler heranziehen.

Taizé

Ein heiliger Schauer

Auf dem Hügel der Communauté von Taizé geht unser Blick über die vielen Zelte und einfachen Gebäude, die auf beiden Seiten der lang gestreckten Straße errichtet sind. Irgendwo dazwischen werden wir unser Zelt aufstellen. Die Glocken zum Abendgottesdienst – hier Gebet genannt – läuten. Viele Menschen, Familien mit Kindern, Erwachsene, aber vor allem junge Leute strömen zur Kirche. Schon auf dem großen Platz davor ist es auffallend still. Jugendliche mit großen Schildern, auf denen in verschiedenen Sprachen „Ruhe" zu lesen ist, weisen schweigend darauf hin, dass jetzt alle den Lärm des Alltags hinter sich lassen sollen. Bald erfüllt vielstimmiger, mehrsprachiger Gesang die Kirche. Als nach und nach etwa 6000 Gottesdienstbesucher Kerzen anzünden, ist die Atmosphäre so überwältigend, dass uns eine Gänsehaut den Rücken runterläuft. Neben Gebet und Lesung – in mindestens drei Sprachen – gehören zehn Schweigeminuten zu jedem der drei täglichen Gottesdienste. Es ist die Zeit, in der man über sich selbst nachdenkt und innerlich zur Ruhe kommt.

Einer der Brüder von Taizé hat dieses Kirchenfenster geschaffen. Es stellt die Verklärung Jesu (Lukas 9,28ff.) dar.

Am nächsten Morgen werden wir in Gruppen eingeteilt. Jeder übernimmt eine Arbeit: die Begrüßung der Neuankömmlinge, Hilfe in der Küche, Reinigung der sanitären Anlagen oder Mitarbeit in den Werkstätten der Brüder. Das Tolle ist: Jede Arbeit macht Spaß, denn man ist immer mit Jugendlichen zusammen, die aus allen Ländern der Erde kommen. Nachmittags treffen wir uns mit dem fröhlichen Bruder Hanyol aus Korea, der uns in einen Bibeltext einführt und dann einen aus der Gruppe bittet, bei der Diskussion die Gesprächsleitung zu übernehmen. Bald reden wir – trotz der vorgegebenen Leitfragen – über Gott und die Welt. Jeder trägt etwas bei: Hugo aus Portugal, Emma aus England, Grit aus Schweden, Paolo aus Italien, Maria aus Russland ...

Nach dem Abendgebet gehen wir zum „Oyak", einem Laden, wo man zum Selbstkostenpreis Getränke, Hot Dogs, Eis, Batterien und andere nützliche Dinge bekommt. Dort ist aber auch der Treffpunkt, um sich zu unterhalten, gemeinsam zu singen und zu tanzen. Viele bringen ihre Gitarren mit und so hört man Gospelchöre und sieht Flamencotänzern zu. Die Stimmung ist toll. Es ist schön zu erleben, wie Menschen so vieler Kulturen und Länder aufeinander treffen und friedlich miteinander auskommen.

Gegen Mitternacht liegen wir beide in unserem kleinen Zelt und wundern uns über die große Disziplin der vielen jungen Leute um uns herum. Nochmals gehen uns die Eindrücke des Tages durch den Kopf. Dann schlafen wir ein – mit viel Vorfreude auf den nächsten Tag.

Wiebke (19) und Katrin (16) Merhof

- Gestaltet einen Gottesdienst mit Elementen aus Taizé. Einzelne Bestandteile könnt ihr auch in euren Religionsunterricht einbauen.
- Erkundigt euch, wo in eurer Nähe Taizé-Gottesdienste stattfinden.

Den Skandal der Trennung überwinden

Wer in die Kommunität von Taizé eintritt, muss folgender Verpflichtung zustimmen:*
Willst du unter Verzicht auf alles Eigentum mit deinen Brüdern leben nicht nur in der Gemeinschaft der materiellen Güter, sondern auch in der der geistigen und geistlichen Gaben, indem du dich mühst um die Offenheit des Herzens?
Ich will es.
Willst du, um besser verfügbar zu sein für den Dienst mit deinen Brüdern und um dich ungeteilt der Liebe Christi zu schenken, im Zölibat verbleiben?
Ich will es.
Willst du, damit wir einmütigen Sinnes seien und damit unsere Einheit im Dienst sich vollauf verwirkliche, die Entscheidungen annehmen, die in der Communauté getroffen und durch den Prior zum Ausdruck gebracht werden?
Ich will es.

❑ Mit dieser Verpflichtung nehmen die Brüder von Taizé die drei alten Mönchsgelübde auf sich. Wie werden sie erläutert?

Frère Roger, wie ihn Millionen kennen – hier mit Kindern bei einem internationalen Jugendtreffen

1949
Frère Roger Schutz, ein evangelischer Pfarrer aus der französischen Schweiz, und sechs weitere Brüder verpflichten sich zu einem gemeinsamen Leben.

1992
Frère Roger ruft die Jugendlichen der Welt zu einem „Pilgerweg des Vertrauens auf der Erde" auf. Einmal im Jahr gibt es seither in einer großen europäischen Stadt ein Treffen.

Heute gehören zur Communauté 90 Brüder aus 20 Nationen, katholische, anglikanische und evangelische. Ein ganz wichtiges Anliegen von Taizé ist die Einheit der Christenheit. Dazu heißt es in den Quellen von Taizé: „Finde dich niemals ab mit dem Skandal der Trennung unter den Christen, die sich alle so leicht zur Nächstenliebe bekennen, aber zerspalten bleiben. Habe die Leidenschaft für die Einheit des Leibes Christi."

Einige Brüder leben in Taizé und widmen sich den vielen jugendlichen Gästen, die aus der ganzen Welt zu den das ganze Jahr über stattfindenden Jugendtreffen kommen. Andere leben für eine begrenzte Zeit in Fraternitäten (Bruderschaften) in Elendsvierteln der Dritten Welt, um ihr Leben mit den Ärmsten der Armen zu teilen. Sie versuchen die Armen zu unterstützen und nach Lösungen für sie zu suchen.

❑ Der Wahlspruch von Taizé lautet „Kampf und Kontemplation*". Klärt, wie dieser Wahlspruch von den Brüdern von Taizé in die Wirklichkeit umgesetzt wird.

Eine Massentrauung in der Vereinigungskirche Sun Myung Moons in Washington

Sekten = Heilsbringer?

Das lateinische Wort secta heißt Richtung, Schule, Partei. Gemeint sind Sondergemeinschaften, die sich von der Kirche abgespalten (= kirchlicher Sektenbegriff) haben und/oder sich scharf von der gesellschaftlichen Umwelt abgrenzen (= kultureller Sektenbegriff).

Vier Merkmale christlicher Sekten:

1. Sie betrachten sich als Elite. Allein ihre Lehre und ihre Lebensweise führen zum Heil.
2. Die Mitglieder leben in enger Gemeinschaft. Gegenseitige Hilfeleistung ist selbstverständlich. Aber es gibt keine Hilfe für Nicht-Mitglieder.
3. Sie berufen sich neben der Bibel und neben Jesus Christus auf besondere Führer und deren Lehren.
4. Sie rechnen meist mit einem nahe bevorstehenden Endgericht, das zu Gunsten ihrer Mitglieder und Vorfahren ausgehen wird.

Heilsbringer

Verführung oder Verheißung?
Propheten – Heiler – Medien
Okkultismus – Spiritismus
Religion der Zukunft?

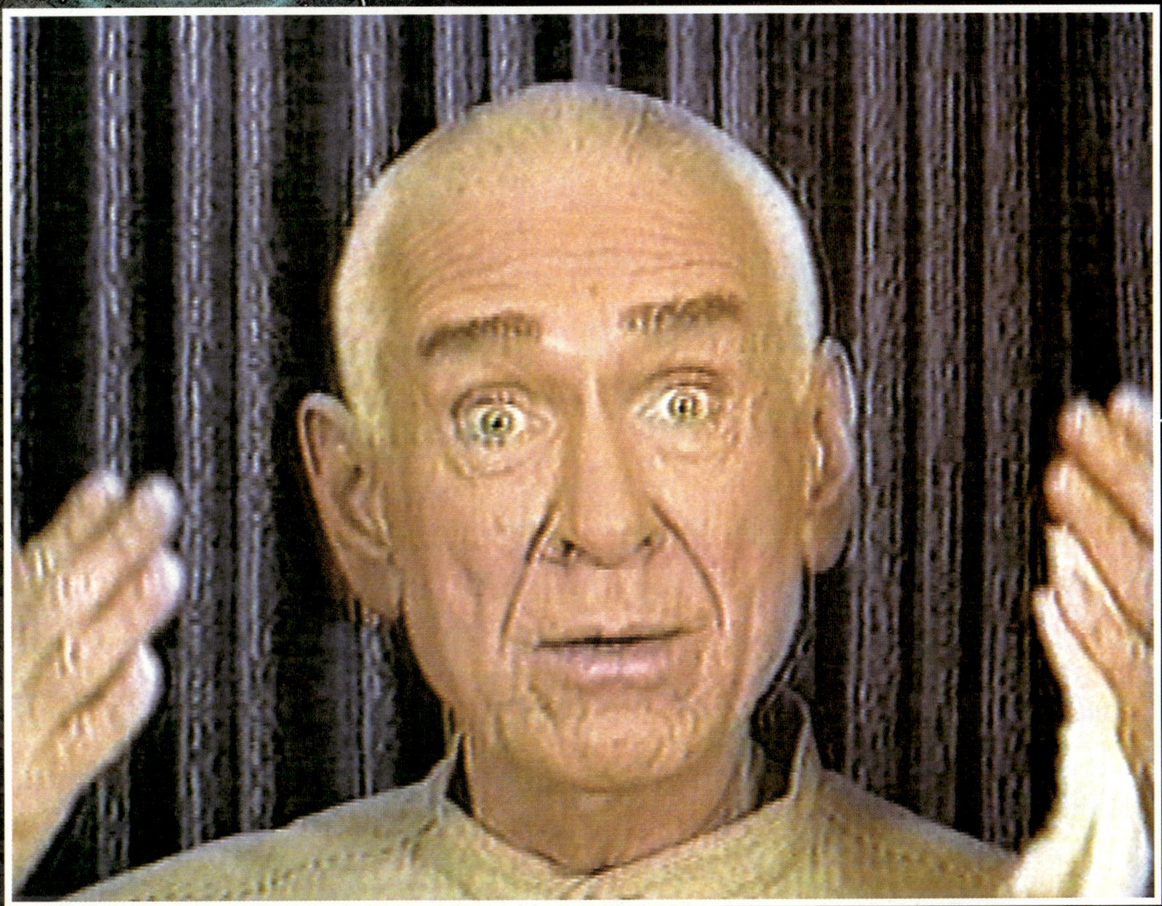

Marshall Herff Applewhite

Verführung oder Verheißung?

Mit dem Raumschiff in den Himmel

Am Mittwoch, den 26. März 1997 fand die Polizei in einem Haus bei San Diego/Kalifornien 39 Tote, davon 21 Frauen, im Alter zwischen 18 und 72 Jahren. Alle lagen auf frisch bezogenen Betten, mit schwarzen Hosen, Hemden und Turnschuhen bekleidet. Mit purpurroten Tüchern waren Oberkörper und Kopf bedeckt. Alle hatten ihre Reisetaschen gepackt. Das Haus war peinlich sauber. Es handelte sich um Anhänger der Gruppe „Heaven's Gate", die sich zusammen mit ihrem Führer Marshall Herff Applewhite selbst getötet hatten – in drei Etappen:
So konnten die noch Lebenden den Sterbenden behilflich sein und hinter ihnen aufräumen.

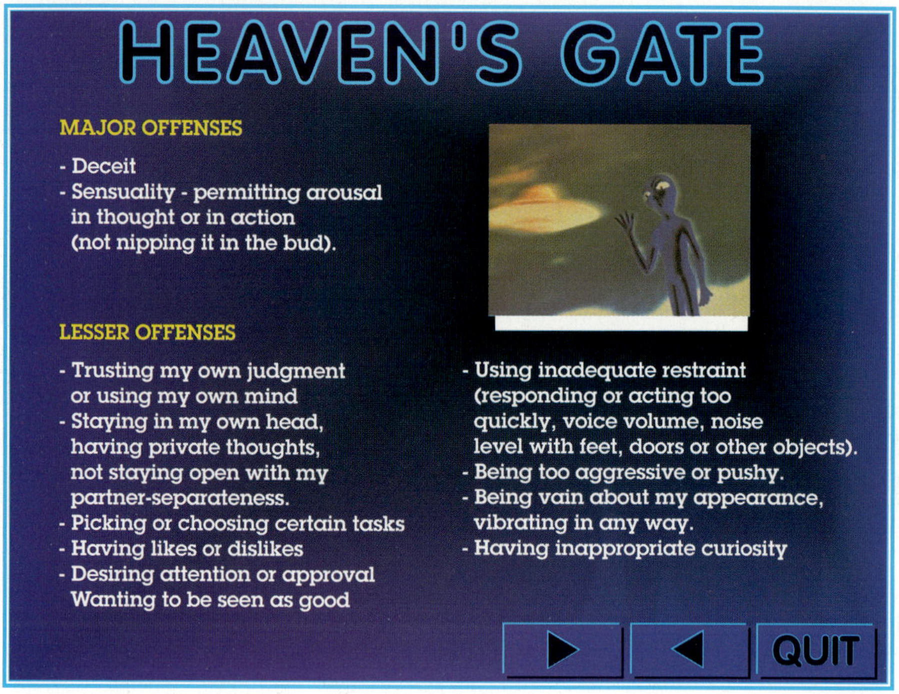

Die Gruppenmitglieder, die sich Schwester und Bruder nannten, waren überzeugt, in einem Raumschiff, das sich im Schweif des Kometen Hale-Bopp verborgen der Erde näherte, die Reise zu einer „höheren Ebene" anzutreten, wo sie neue Körper empfangen würden. Ihren Lebensunterhalt verdiente die Gruppe mit Internet-Homepages für Unternehmen. Gesprächen mit Nachbarn und ehemaligen Anhängern war zu entnehmen, dass sich alle Mitglieder schwarz kleideten, ihre Haare kurz schnitten und erzählten, dass sie Engel seien und „von einer höheren Ebene des Lebens" stammten. Ihre Körper nannten sie „Vehikel" oder Container. Mit der Annäherung des Kometen Hale-Bopp an die Erde (im März/April 1997) sahen sie das Ende ihrer „Mission" gekommen.

Die Faszination des Führers

Marshall Herff Applewhite, der in einem Pfarrhaus aufgewachsen war, hatte nach einem abgebrochenen Theologiestudium und Militärdienst ein Musikstudium in Colorado erfolgreich beendet und die Stelle eines Chorleiters an der Universität von Alabama erhalten. Ehemalige Studierende und Mitarbeiter bezeichnen ihn noch heute als anziehende Persönlichkeit: „Mit seinen klaren blauen Augen konnte er die Menschen in Bann schlagen." Er wechselte 1964 an die Katholische Universität von St. Thomas in Texas, die ihm 1970 kündigte, als eine homosexuelle Beziehung zu einem Studenten ruchbar wurde. Applewhite ließ sich darauf in eine psychiatrische Klinik einweisen, in der irrigen Hoffnung, von seiner Neigung befreit werden zu können. Seiner Familie erzählte er, er sei herzkrank. In der Klinik lernte er die Krankenschwester Bonnie Lou Trousdale Nettles kennen, mit der er eine intensive und, wie er betonte, „körperfreie" Beziehung aufbaute. Ab 1972 ziehen die beiden unter dem Namen „Die Zwei" durchs Land, bezeichnen sich als „Propheten" und behaupten, „Abgesandte des Himmelkönigreiches" hätten ihre Körper angenommen. Ihre Anhänger fordern sie auf, sich von Familie und Besitz zu trennen und auf Sex zu verzichten. Applewhite selbst und einige seiner männlichen Anhänger lassen sich kastrieren. 1975 ziehen sich „Die Zwei" mit 25 Anhängern in die Wüste von Colorado zurück. Dort warten sie auf ein Raumschiff, das sie in den Himmel holen sollte. Nach dessen Ausbleiben wird es still um die Sekte. Schwester Nettles stirbt 1985 an Krebs. Doch ab 1993 erscheinen wieder Anzeigen in Zeitungen, ab 1995 wird die Gruppe auf dem Internet aktiv. Im Oktober 1996 zieht Applewhite mit 38 Anhängern in das Haus nahe San Diego, wo ihre Leichen gefunden wurden.

Himmlisches Wesen nach der Vorstellung von Heaven's Gate

❑ Beschreibt die Vorstellungen und Hoffnungen, die die Anhänger dieser Gruppen bewegten. Nennt Erfahrungen und Beobachtungen, die derartige Überzeugungen entstehen lassen.

❑ Applewhite und Nettles bereiten zusammen einen öffentlichen Auftritt vor. Plant dieses Auftreten und entwerft ihre Reden.

❑ Sucht die Selbsttötungen zu erklären. Beachtet dabei die Rolle der Führergestalten und die Zukunftserwartungen der Mitglieder.

Wir gründen eine neue religiöse Gruppe

Auch mit Religion kann man gute Geschäfte machen, stellen Jugendliche fest. Sie beschließen, eine neue „Religion" zu gründen. Zunächst beginnen sie mit einer Planungsphase. Sie wissen schon, was sie unbedingt brauchen:

- Eine faszinierende Führergestalt. Welche Eigenschaften soll sie haben?
- Eine moderne Glaubenslehre. An was sollen die Anhänger glauben? Was können sie hoffen?
- Einige moralische Grundregeln. Wie könnten sie lauten?
- Formen des Zusammenlebens und Feierns?
- Wie wird die neue Gruppe bekannt?
- Wie kommt die neue Gruppe zu Geld?

❑ Ergänzt diese Liste, wenn nötig, und plant in Gruppen eure neue Religion.

Christliche Sondergemeinschaften

Die Botschaft der Zeugen Jehovas

Die Zeugen Jehovas glauben, den Heilsplan Gottes zu kennen, nach dem das Ende der jetzigen Weltzeit und der Anbruch eines ewigen paradiesischen Reiches auf Erden bevorsteht. Die Endzeit hat schon begonnen. 1914 hat Christus von Jehova-Gott die „Königsreichsgewalt" empfangen und das ersehnte Reich aufgerichtet. Als Erstes besiegte er mit seinen himmlischen Heerscharen Satan und warf ihn auf die Erde (Offenbarung 12,7f.), wo dieser nun so viel Unglück wie möglich anstiftet; denn „er weiß, dass er nur noch eine kurze Frist hat". Noch ist Christus auf Erden unsichtbar „inmitten seiner Feinde". Aber die große „Schlacht von Harmagedon" (Offenbarung 16,16) steht unmittelbar bevor. Sie bringt den Sieg über Satan, die endgültige Zerstörung aller Mächte – vor allem der „falschen Religion" – und die Tötung aller bösen Menschen und das verheißene Reich Christi, das in den herrlichsten Farben geschildert wird. Die Zeugen hoffen, in den Himmel zu kommen und als „Könige und Priester" mit Christus zusammen zu herrschen. So richten sie sich in unserer vergehenden Welt nicht mehr ein. Von daher erklärt sich ihre erstaunliche Bereitschaft, alle Kräfte im Verkündigungsdienst einzusetzen.

Kein gesellschaftliches Engagement

Auf die Frage, warum sie sich nicht in Politik und Gesellschaft engagieren, pflegen die Zeugen Jehovas etwa so zu antworten:

> **Jesus sagte über seine Nachfolger: „Sie sind kein Teil der Welt so wie ich kein Teil der Welt bin" (Johannes 17, 16). Und Jakobus, der Halbbruder Jesu, schrieb: „Wisst ihr nicht, dass die Freundschaft mit der Welt Feindschaft mit Gott ist? Wer immer daher ein Freund der Welt sein will, stellt sich als ein Feind Gottes dar" (Jakobus 4,4).**

> **Paulus hat den Grundsatz formuliert, dass jemand, der eine Person in eine verantwortliche Stellung einsetzt, die Mitverantwortung für die Fehler trägt, die diese in ihrer Stellung macht" (1. Timotheus 5,22).**

> **In der Bibel wird der Teufel als „der Gott dieses Systems der Dinge" bezeichnet, von dem es heißt, die ganze Welt liege in seiner Macht (2. Korinther 4,4; 1. Johannes 5,19).**

Argumente aus einem Gespräch mit einem Zeugen Jehovas

❑ Lest die angegebenen Bibelstellen in ihrem jeweiligen Zusammenhang und erörtert, ob diese Stellen eine Mitarbeit in Politik und Gesellschaft verbieten wollen.
❑ Wie argumentieren die Zeugen Jehovas? Wie kann man sich auf diese Argumentationsweise vorbereiten?

Lisa: Ich war eine Gefangene

Ich war eine Gefangene in einem geistigen Käfig, denn ich war eine Zeugin Jehovas. Von Geburt an wurde ich nach den Vorschriften der Sekte erzogen. Kinder werden dort öffentlich von der Bühne aus mit Vorbildern aus der Bibel gefüttert, ständig werden sie darauf hingewiesen, dass ihnen schwere Strafe droht, wenn sie diese Vorschriften und Gebote nicht befolgen.

Ich erlebte an mir und anderen, wie mir systematisch ein Denken eingebläut wurde, das mein gesamtes Handeln beeinflusste. Diese Gehirnwäsche wird nicht nur mit Kindern gemacht, sondern auch mit den Eltern, und zwar unter ständiger Kontrolle bei fünf Zusammenkünften an drei Tagen pro Woche. Tag für Tag wurde durch ein persönliches Studium, ein Familienstudium und die Vorbereitung auf die fünf Zusammenkünfte ein scharfes Gewissen aufgebaut, „um uns vor Schaden zu bewahren". Sobald man gegen eine Regel verstieß, drohte dieses „gut geschulte Gewissen" mit Strafe. Ich lebte als Kind ein Leben mit schwersten Schuldgefühlen. Selbst wenn ich ganz leise dachte: „Ich will heute nicht in die Versammlung!", hielt mir mein Gewissen eine strenge Gardinenpredigt.

Ich lernte schließlich meisterhaft, mich selbst und die „Menschen von der Welt", das sind diejenigen, die nicht der Sekte angehören, z.B. meine Klassenkameraden, zu belügen. Ich wurde immer perfekter in dem Schauspiel: „Ich bin glücklich, eine Zeugin Jehovas zu sein!" Innerlich war ich wütend, wütend über diese „Religion", die mich zum Lügen zwang, wütend auf mein Gewissen, das mich wegen der Lüge maßregelte, wütend auf meine Klassenkameraden, die mich nicht recht akzeptieren konnten. *Lisa*

❑ Bildet zwei Gruppen, von denen die eine versucht, die Zeugen Jehovas gegen die Vorwürfe ihrer ehemaligen Mitglieder zu verteidigen. Die andere Gruppe antwortet für die Ehemaligen.

Sekte oder Kirche?

Die Mormonen

„Kirche Jesu Christi der Heiligen der letzten Tage" nennt sich diese Gemeinschaft, die von Joseph Smith 1830 in New York gegründet wurde. Er war ihr geistlicher und weltlicher Führer und berief sich auf Offenbarungen eines Engels namens „Moroni". Dieser habe ihn zehn goldene Platten mit ägyptischen Schriftzeichen finden lassen und dazu eine „Prophetenbrille", die es ihm erlaubte, den Text auf den Platten zu lesen und einem Schreiber zu diktieren. So entstand das Buch Mormon. Es erzählt die Geschichte von angeblichen Ureinwohnern Amerikas, denen Christus erschienen sei, nachdem er in Palästina und in Europa keine Aufnahme gefunden hatte. Nach Verfolgungen und dem gewaltsamen Tod von Joseph Smith zogen etwa 15 000 Mormonen unter Brigham Young über die Rocky Mountains. Viele überlebten die Strapazen nicht. Am Salzsee im heutigen Utah gründeten sie „Neujerusalem", das heutige Salt Lake City, das sie durch harte Arbeit zu einer blühenden Stadt machten. Dort steht ihr Heiligtum, von dem aus die „Apostel" und „Propheten" die Gemeinde leiten. Nach mormonischer Lehre kann der Mensch sich zu einem göttlichen Wesen entwickeln. Das menschliche Dasein hat drei Entwicklungsstufen: das vorirdische, das irdische und das Leben nach dem Tode. Die Mormonen feiern Gottesdienste für die Toten, um ihnen zu einem glücklicheren Leben in der Ewigkeit zu verhelfen.

Joseph Smith

VII.
We believe in the gift of tongues, prophecy, revelation, visions, healing, interpretation of tongues and so forth.

VIII.
We believe the Bible to be the word of God as far as it is translated correctly; we also believe the Book of Mormon to be the word of God.

X.
We believe in the literal gathering of Israel and in the restoration of the Ten Tribes*; that Zion (the New Jerusalem)* will be built upon the American continent; that Christ will reign personally upon the earth; and, that the earth will be renewed and receive its paradisical glory.

Aus den „Articles of Faith" von Joseph Smith

Heilen durch Gebet: Christliche Wissenschaft (Christian Science)

Aus einem Brief an den „Christian Science Sentinel" (Zeitschrift der „Christlichen Wissenschaft"):

Die christliche Wissenschaft war mein Lebensweg, seit ich vier Jahre alt war. Um diese Zeit begann meine Mutter mit dem Studium dieser Lehre und blieb bis zum Ende ihres Lebens eine ernsthafte Studentin dieser Lehre. Sie wurde dann auch eine praktizierende Anhängerin der Christlichen Wissenschaft.
Die erste Heilung, an die ich mich erinnere, erfuhr mein Vater. Eines Tages fragte ihn meine Mutter, ob er mit dem Rauchen aufhören wolle. Er sagte, er würde gerne aufhören, wenn er den Appetit darauf loswerden könne. Meine Mutter betete dafür. In weniger als zwei Wochen hörte mein Vater für immer zu rauchen auf. Später erlebte mein Vater eine wunderbare Heilung seines schwer verletzten Beines.
Er hatte dies bei einem Eisenbahnunfall verletzt. Die Ärzte sagten, dass sein Bein nie heilen würde, und empfahlen daher eine Amputation, die mein Vater aber verweigerte. Darauf legten die Ärzte das Bein in Gips. Durch Beten nach der Art der Christlichen Wissenschaft wurde das Bein vollständig geheilt. Mein Vater konnte nach 13 Monaten seine Arbeit beim Frachttransport der Bahn wieder aufnehmen.
Grace M. Jones Jacobs

Viele derartige Briefe werden im Hauptquartier der „Christlichen Wissenschaft" in Boston gesammelt und von dort in der ganzen Welt verbreitet. Die Gründerin dieser Vereinigung Mary Baker Eddy (1821-1910) führte eigene Heilungserfahrungen auf das Wirken des Geistes Gottes zurück. Die ganze Bibel zeige die „Überlegenheit der geistigen Kraft über die physische." In der Schöpfung sieht sie die Entfaltung geistiger Ideen, in den Wundern Jesu und in seiner Auferstehung den Triumph des göttlichen Geistes. Die Gläubigen können durch Konzentration und Gebet die Kraft des Geistes zur Heilung benutzen. Die Grundlehren der Christlichen Wissenschaft sind:

1. Gott ist alles in allem und zugleich das Gute.
2. Das Gute bzw. Gott ist Geist.
3. Da der Geist alles in allem, d.h. unendlich ist, kann er kein Gegenteil haben. Daher sind Materie, das Böse, Krankheit und Tod nur Täuschungen.
4. Beten ist nicht bloßes Bitten, sondern Vergegenwärtigung und Demonstration der Kraft des Geistes.

❑ Analysiert den obigen Heilungsbericht. Welche Fakten werden benötigt? Was für Erklärungen werden gegeben?
❑ Erörtert positive und negative Folgen des Lehrsatzes „Krankheit ist eine Täuschung" bzw. „ein Traum, aus dem Patienten geweckt werden müssen".
❑ Jesus hat zu einigen, die er geheilt hat, gesagt: „Dein Glaube hat dich gesund gemacht" (Markus 5,34).
Formuliert diesen Satz so, dass er die Anschauung der Christlichen Wissenschaft deutlich zum Ausdruck bringt. Diskutiert, ob eine solche Formulierung Jesu eigene Auffassung widerspiegelt.

Propheten – Heiler – Medien

Propheten in der Bibel

Ein Prophet in Israel: Er schreit hinaus, was seine aufgerissenen Augen sehen müssen. Die Bilder martern seinen Kopf, z.B. den des Propheten Jesaja:

Ha, ein Brausen vieler Völker, wie das Meer brausen sie, ein Getümmel mächtiger Nationen, wie große Wasser tosen sie! Ja, aber er (Gott) wird sie schelten, da werden sie in die Ferne fliehen und werden gejagt wie Spreu auf den Bergen vom Winde und wie wirbelnde Blätter vom Ungewitter. Und den Abend, siehe da ist Schrecken und ehe es Morgen wird, sind sie nicht mehr da.

Jesaja 17,12-14a

Honest Schempp, Der Prophet

Jeremia Seite 78ff.

❑ Beschreibt, was der Prophet Jesaja erlebte und tat. Vergleicht dies mit dem, was ihr von den Propheten Israels schon gehört habt (z.B. Jeremia, Amos).

Prophetin wie Jesus?

Gabriele Wittek

Gabriele Wittek, 1933 in Wertingen (Bayerisch-Schwaben) geboren, als Tochter eines Schneidermeisters in traditionell-katholischer Umgebung aufgewachsen; Ausbildung als kaufmännische Angestellte; 1955 Heirat; 1964 Geburt einer Tochter; ab 1967 in Würzburg. Nach dem Tod ihrer Mutter glaubt Frau Wittek, mit dieser weiterhin in Verbindung zu stehen. Am 6.1.1975 hat sie erstmals das „innere Wort" vernommen. Der „Geistliche Bruder Emanuel" und „Jesus Christus" benutzen sie seitdem als Sprachrohr (Medium).

Seit 1975 bestehen Zellen des späteren „Heimholungswerks Jesu Christi" in Nürnberg und Würzburg. Anfangs gibt es vier Medien im Heimholungswerk. Seit 1980 bleibt nur Frau Wittek übrig. Von da an wird sie als „Prophetin" bezeichnet. Frau Wittek unternimmt verstärkt Reisen im In- und Ausland, bei denen sie über ihre „Offenbarungen" neue Anhänger gewinnt. Das „Heimholungswerk" dehnt sich aus und ändert seinen Namen in „Universelles Leben".

❑ Zum folgenden Interview: Auf welche Autorität beruft sich die Prophetin Gabriele Wittek? Wie begründet sie ihre Belehrungen? Als Selbstbezeichnung gebraucht sie die männliche Form „Prophet", nicht „Prophetin". Überlegt Gründe.

❑ Welche Ziele scheint Gabriele Wittek zu verfolgen?

❑ Vergleicht Botschaft und Wirken biblischer Propheten (z.B. Jeremia s.o. S. 78ff.) mit dem, was Frau Wittek tut und lehrt. Ihr könnt euch auch ein Streitgespräch zwischen einem biblischen Propheten und Frau Wittek ausdenken.

Der Jugendliche:
Grüß Gott ..., Hallo ... Entschuldige, aber wenn ich daran denke, dass unser Gespräch aufgezeichnet werden soll als Grundlage für eine kleine Schrift, dann fällt mir absolut keine passende Anrede für dich ein. Wenn wir Jugendlichen von dir oder mit dir sprechen, dann nennen wir dich halt einfach „Gabriele" oder „Gabi". Wie soll ich dich jetzt ansprechen – als „werte Prophetin" oder als „Gabi"?

Der Prophet:
Warum so kompliziert? Aufgrund unserer vielen Gespräche weißt du, dass Prophet kein Titel ist, sondern die Bezeichnung für einen Mahner unter den Menschen. Der Prophet, der Gottesinstrument ist, muss das aussprechen, was Gott sagen will, und das ist den Menschen nicht immer angenehm.

Der Jugendliche:
... Wenn du dich mit der in dir erschlossenen göttlichen Weisheit in deine Jugend hineinfühlst: Was würdest du nach der Arbeit tun? Was hättest du für Interessen? Wie würdest du als junger Mensch versuchen, die Welt zu verändern?

Der Prophet:
Wichtig für mich wäre, dass ich nach meinem Arbeitstag die Bilanz meines Tages ziehe und mich selbst auf der Gefühlswaage wäge: Was war heute einigermaßen gut, was weniger gut, was vielleicht miserabel? Alle drei Aspekte – das Gute, Weniger-Gute und das Miserable – würde ich vor mir Revue passieren lassen. Über das Gute würde ich mich freuen und dieses durch Bejahung in meinem Oberbewusstsein festigen. Das Ungute würde ich näher betrachten und mit der Frage: Was liegt in meinem Unterbewusstsein, das meinem Oberbewusstsein – also mir – immer wieder Streiche spielt? Denn du musst wissen, das Unterbewusstsein ist mit einem Killer zu vergleichen, der auf der Lauer liegt, die guten Vorsätze im Oberbewusstsein immer wieder zu „killen", also zunichte zu machen und uns diesbezüglich ins Ungute zu ziehen. Dem Miserablen würde ich mit allen mir zur Verfügung stehenden Kräften, vor allem mit der Christus-Gottes-Kraft, zu Leibe rücken, also die Spur zur Wurzel verfolgen, um sie mit der Hilfe des Geistes Christi auszumerzen.
Du fragst mich, ob ich als junger Mensch mit dem heutigen geistigen Wissen den Versuch machen würde, die Welt zu verändern.
Warum nicht! Ich würde jedoch nicht auf die Straße gehen und protestieren, mich hierfür besonders ausrüsten, um meinen Mitmenschen Angst und Schrecken einzujagen! Mein Anliegen wäre, zuerst mich selbst zu verändern, mir klarzuwerden, was ich wirklich möchte und ob mein Lebensziel die Herbeiführung einer besseren geistig souveränen und aufgeschlossenen Gesellschaft sein kann. Ich würde mich nicht utopischen Vorstellungen hingeben, sondern mir klare und lebensnahe ethisch-moralische Ziele setzen, die ich dann auch zu erringen trachten würde.

Wundertäter wie Jesus?

Die Heilung eines Aussätzigen

Und es kam zu ihm ein Aussätziger, der bat ihn, kniete nieder und sprach zu ihm: Willst du, so kannst du mich reinigen.
Und es jammerte ihn und er streckte die Hand aus, rührte ihn an und sprach zu ihm: Ich will's tun; sei rein! Und sogleich wich der Aussatz von ihm, und er wurde rein. Und Jesus drohte ihm und trieb ihn alsbald von sich und sprach zu ihm: Sieh zu, dass du niemandem etwas sagst; sondern geh hin und zeige dich dem Priester und opfere für deine Reinigung, was Mose geboten hat, ihnen zum Zeugnis. Er aber ging fort und fing an, viel davon zu reden und die Geschichte bekannt zu machen, so dass Jesus hinfort nicht mehr öffentlich in eine Stadt gehen konnte; sondern er war draußen an einsamen Orten; doch sie kamen zu ihm von allen Enden.

Markus 1,40-49

Horst Weber, Jesus heilt

❑ Von Jesus werden viele Heilungen berichtet. Welche Eigenschaften und Verhaltensweisen Jesu betont die hier abgedruckten Wundergeschichte? Achtet besonders auf Jesu Hände.

Fernheilung per Telefon: Gerlinde Hausleitner

Die radiologisch-technische Assistentin Gerlinde Hausleitner erfuhr von verschiedenen Patienten in ihrem Krankenhaus in Wien, dass diese sich in ihrer Nähe wohler fühlten, weniger Schmerzen hätten, einige sogar ganz gesund wurden. Diese Berichte erregten nicht nur im Krankenhaus, sondern in der ganzen Stadt Aufsehen. Nach kurzer Zeit war Gerlinde als Geistheilerin berühmt. Als sie selbst bemerkte, dass sie die Kranken nicht zu berühren, ja nicht einmal zu kennen brauchte, begann sie mit großem Erfolg über das Telefon zu „heilen". Anfangs – so wird berichtet – konnte sie sich selbst ihren Erfolg nicht erklären, vermutete aber übernatürliche Einflüsse. Eines Tages aber gab sich ihr AMOR zu erkennen, der ihr auf schreibmechanischem* Weg mitteilte: „Ich bin der ich immer war und sein werde, denn ich bin der ich bin". Da wusste Gerlinde, dass sie ein Werkzeug Gottes geworden war.
Amor begann über „längst vergangene Zeiten" zu berichten. Er sagte ihr, wo und wann sie schon gelebt hatte. Es entstanden faszinierende Lebensberichte, auch von anderen Menschen, die sich aus diesem Grund an Gerlinde gewandt hatten. In einer Werbeanzeige über Gerlinde heißt es: „So gesehen, haben wir in den unglaublichen Kräften von Gerlinde, in ihren Heilungen, Zeichen der Geistwelt Gottes zu sehen, mit welchen der Mensch daran erinnert werden soll, dass auch in unserem technischen Zeitalter hinter der Materie der Geist weiterbesteht und dass das Licht für jeden Einzelnen Orientierungspunkt in seinem diesseitigen Leben sein soll."

❑ Wie erklärt Gerlinde ihre Heilerfolge? Wie denkt ihr darüber?
❑ Sammelt Berichte über weitere Geistheiler und diskutiert sie.
❑ In manchen christlichen Gruppen werden Wunderheilungen im Namen Jesu vollzogen. Es gibt auch Fernsehauftritte christlicher Wunderheiler. Ihr könnt Berichte sammeln oder auch eine Videodokumentation zusammenstellen und die Ereignisse kritisch untersuchen.

Wunder der Medizin?

„Gen gegen Brustkrebs gefunden." Diese Meldung wurde über alle Medien verbreitet. Wenn es bald gelingen würde, den Brustkrebs zu besiegen, wäre dies ein neues Wunder der Medizin. Brustkrebs ist die häufigste Krebserkrankung von Frauen. Schon länger ist bekannt, dass in manchen Familien überdurchschnittlich viele Frauen daran erkranken. Ein Teil der Brustkrebserkrankungen dürfte erblich bedingt sein. Das jetzt gefundene Gen BRCA 1 scheint bei etwa der Hälfte dieser Erkrankungen eine Rolle zu spielen.

BRCA 1 ist mit hoher Wahrscheinlichkeit ein so genanntes „Tumor-Supressor-Gen", also ein Gen, das in seiner intakten Form dabei hilft, die Bildung von Tumoren zu unterdrücken. Frauen, die einen Gendefekt an BRCA 1 in ihrem Erbgut tragen, sollen – so heißt es zurzeit – mit einer 60-prozentigen Wahrscheinlichkeit vor ihrem 50. Lebensjahr an Krebs erkranken. Bis zum 65. Lebensjahr soll ihr Erkrankungsrisiko sogar 80 Prozent betragen. Wenn ein Gentest positiv ausfällt, weiß eine Frau, dass die Wahrscheinlichkeit zu erkranken für sie um ein Mehrfaches höher ist als die Chance gesund zu bleiben. Was, das ist die große Frage, fängt eine Frau mit dieser deprimierenden Diagnose an?

Wie geht es nach dem Gen-Fund weiter? In den kommenden Jahren wird ein Bluttest zur „Gen-Diagnostik" entwickelt werden. Der Test wird nachweisen können, ob eine Frau das defekte Gen in ihrem Erbgut trägt oder nicht. Professor Mark Skolnick aus Utah, der maßgeblich an der Entdeckung beteiligt war, hat bereits eine Firma gegründet, mit der er den Bluttest vermarkten möchte. Sein Unternehmen wird umso profitabler arbeiten, je mehr Frauen aus Unsicherheit und Angst nach dem Test verlangen.

❏ Seit Jahrhunderten kämpfen Ärzte gegen Leid und Tod. Aus den Heilungswundern Jesu wird bis heute die Verpflichtung abgeleitet, diesen Kampf mit allen Mittel zu führen. Können die Erfinder von Gentest und Gentherapie als Wundertäter im Sinne Jesu betrachtet werden?

HAP Grieshaber, Doktor (1966)

Okkultismus – Spiritismus

Zwei Definitionen

Okkultismus ist ein Sammelbegriff für alle „Geheimwissenschaften", die sich mit übersinnlichen, nicht erklärbaren bzw. noch nicht erklärten Phänomenen befassen. Dazu gehören Praktiken wie Hellsehen, Psychokinese*, Levitation*, Pendeln, aber auch Astrologie, Wahrsagen und Spiritismus. Okkultismus beruht zum einen auf dem Glauben an die Übermacht menschlicher Seelenkräfte gegenüber den Naturgesetzen und an die Existenz von Geistern. Er nimmt ferner eine Beseeltheit der Natur an und rechnet mit einem Zusammenhang von menschlicher Seele und beseelter Natur.

Der Spiritismus geht davon aus, dass es eine Geisterwelt gibt, in welcher nach dem Tode die Seele entweder für den Himmel oder für die Hölle vorbereitet wird. Die Aufenthaltszeit in dieser Geisterwelt ist individuell verschieden. Solange die Seele in dieser Welt ist, könne man mit ihr in Kontakt treten. Oft reden die Geister auch durch Menschen, die dann als Medium oder Orakel bezeichnet werden.

Channeling

Ein evangelischer Pfarrer hat an einem Seminar mit dem spiritistischen Medium Gaye Muir teilgenommen. Sein Bericht:

Gaye Muir lässt sich die Augen mit einem großem Tuch verbinden. Einige Teilnehmer sollen einen Gegenstand, den sie mit sich führen, in einen Briefumschlag stecken, der dem Medium verschlossen überreicht wird. Ich habe kurz vor meiner Abfahrt von zu Hause einen kleinen, blauen Kamm, der meiner Frau gehört, in die Tasche geschoben und stecke ihn jetzt in einen Briefumschlag. Das Medium – die Augenbinde ist inzwischen wieder entfernt – ergreift den von mir gefüllten Umschlag, ohne ihn mit den Fingern abzutasten.

Schnell befindet sie, dass der Gegenstand im Briefumschlag einem Mann gehöre. Er hätte Widerstände zu überwinden gehabt, ehe er hierher gekommen sei. (Stimmt. Meine Frau war kurz vor Beginn der Tagung erkrankt und ich hatte mir überlegt, ob ich überhaupt abreisen könne.) Sie sähe bei dem Teilnehmer viele Farben und schlösse daraus, dass er male oder anschaulich schreibe (stimmt beides!). Es könne sein, dass der Teilnehmer der katholischen Kirche angehöre. Sie erblicke nämlich ein Kreuz. Nein, korrigiert sie sich dann, das sei nicht der Fall, aber es handle sich um einen Mann, der der Kirche nahe stünde oder in ihr arbeite (erstaunlich!).

Dann teilt sie mit, dass sie bei dem Teilnehmer einen Mann sehe, den sie genau beschreibt. Dieser Mann würde den Teilnehmer vom Jenseits her sehr wohlwollend begleiten. Ich habe zunächst Schwierigkeiten, die geschilderte Person zu identifizieren. Später fällt mir ein, dass Gaye Muir einen Onkel von mir treffend geschildert hat. Schließlich ist sie in der Lage, den Vornamen einer Bekannten zu nennen, die mich in den letzten Tagen in Gedanken beschäftigt hat.

Am Schluss sagt sie, dass der Gegenstand in dem Briefumschlag nicht dem Teilnehmer persönlich gehöre, er habe aber eine Farbe, die eine „spirituelle Farbe" sei, nämlich ein schönes Blau. Im Übrigen handle es sich um einen Kamm.

Dann öffnet sie den Umschlag, nimmt den Kamm heraus und fragt nach dem „Absender". Ich melde mich und bestätige ihre Angaben.

Gaye Muir bestreitet, dass es sich bei diesen Vorgängen um Telepathie oder Hellsehen handelt. Sie sähe Bilder, bei der Deutung werde sie von den Geistwesen, mit denen sie zusammenarbeite, inspiriert. Es kann auch schon mal vorkommen, dass sie, wenn sie sich mit Teilnehmern beschäftigt, kurz innehält und bei ihren „Geistführern" „nachfragt"...

❑ Sucht Erklärungen für die Fähigkeit von Gaye Muir, Lebensumstände und Gedanken unbekannter Personen zu erkennen. Welche Erklärungen würde das „Medium" selbst akzeptieren?
❑ Informiert euch über die Tätigkeit von Hellsehern und/oder spiritistischen Medien in eurer Umgebung.

Rede des Geistführers

Ein Höhepunkt war eine abendliche Trance-Sitzung, die Gaye Muir gab. Das Medium sitzt vor den Teilnehmern auf einem Stuhl, neben sich einige Helfer. Es beginnt zu schwanken, der Atem geht stoßweise. Die Augen sind geschlossen. Stille. Da verändert sich das Gesicht, nimmt härtere Konturen an. Plötzlich ertönt eine dunkle, tiefe Stimme: „Good evening, ladies and gentlemen!" Der „Geistführer" ist da. Er stellt sich vor ... und erzählt, dass er zahlreiche Inkarnationen durchlaufen habe. Seine letzte Verkörperung sei in Indien, im 15. Jahrhundert gewesen. Danach sei es in den höheren Welten verblieben und „guide" geworden. Nun wolle er uns eine Lektion über Inkarnation und die nächste Lebensdimension halten. „Alles, was wächst, hat geistige Essenz und alles, was geistige Essenz hat, muss sich weiterentwickeln", erklärt er in pathetischem Tonfall.

Kreislauf der Wiedergeburten im Hinduismus Seite 224ff.

Die nächste Welt unterscheide sich nicht sehr von der irdischen hier. Es gebe in ihr aber keine Umweltverschmutzung. Die Farbschwingungen seien hell und schön. Es fänden sich Tempel und Konzerthallen aus Marmor. Diese Welt sei von liebevollen Gedankengängen geschaffen und durchwaltet. Die Kommunikation erfolge auf Schwingungen der Liebe. Dies sei die „Normalsphäre", in die die Verstorbenen meist kämen. Es gebe allerdings viele Orte und Ebenen, in die wir je nach Verdienst eingingen. Mörder würden an andere Stätten geführt, wo sie ihre Verfehlungen aufarbeiten könnten. Jeder müsse seinen eigenen Weg gehen und es gebe – meist über verschiedene Inkarnationen – viele Wege zu Gott. So sei es wichtig, sich spirituell höher zu entwickeln. Schließlich kündigte der Geistführer einen „Lehrling" an, einen Geist „einfacher" Herkunft, der eine etwas „derbe und schwere Sprache" habe, aber ein guter Mensch sei. Wieder verändert sich das Gesicht des Mediums. Eine hohe Stimme fragt in breitem Cockney-Englisch: „Is' was zu essen da? Nich' schön hier. Ich find euch alle komisch." Er sei im letzten Jahrhundert Kutscher gewesen und habe ein recht hartes Leben gehabt. Er habe viel zu lernen oben. Jetzt z.B. müsse er lernen, „ein bisschen Frau zu sein" – obwohl ihm das gegen den Strich ginge...

Karma im Hinduismus Seite 225

Gaye Muir wacht auf, wirkt erschöpft und verlässt den Raum. Einige Teilnehmer sagen, dass sie von den Lehren des Inders beeindruckt seien. Er bestätigt ihre spiritistische Weltsicht. Andere sind über die ordinäre Art des Kutschers schockiert. Für mich war deutlich, dass es sich bei beiden „Trance-Persönlichkeiten" um die zwei „Seelen in der Brust" des Mediums handelt. Die eine repräsentiert das „Ich-Ideal" Gaye Muirs, den geistigen Lehrer, den Weisen, der Gaye Muir sein will und den sie sicher auch ein Stück weit in sich realisiert hat. Das andere Wesen repräsentiert die Cockney-Vergangenheit, aus der Gaye Muir kommt.

❑ Ordnet die Gestalt des „Geistführers" dem Weltbild des Spiritismus zu. Welche weiteren religiösen Einflüsse sind auszumachen?
❑ Diskutiert, wie der Verfasser W. Janzen am Schluss des Textes das „Auftreten der außerirdischen Wesen" erklärt. Arbeitet Gefahren heraus, die von einem praktizierten Spiritismus ausgehen könnten.

Scientology

So werben Anzeigen in Tageszeitungen unter Angabe einer Telefonnummer. Dahinter verbirgt sich die Scientology-Kirche, wie sie sich selbst nennt. Früher hieß sie schlicht „Scientologen-Vereinigung“. Sie wurde von dem Science-Fiction-Schriftsteller Ron Hubbard gegründet. Nach ihm sind alle Probleme, Hindernisse und Konflikte von höheren Mächten verursacht, die als „Engramme“ („Einprägungen“) das menschliche Bewusstsein beherrschen. Ein „Auditor“ (= Therapeut) kann mit Hilfe eines so genannten E-Meters – einer Art Lügendetektor – feststellen,wie sehr das Bewusstsein des Patienten „preclear“ ist, und es schrittweise von den Engrammen reinigen, bis das Stadium eines Clear erreicht ist. Mit den bösen Engrammen sollen dann auch alle Probleme beseitigt sein.

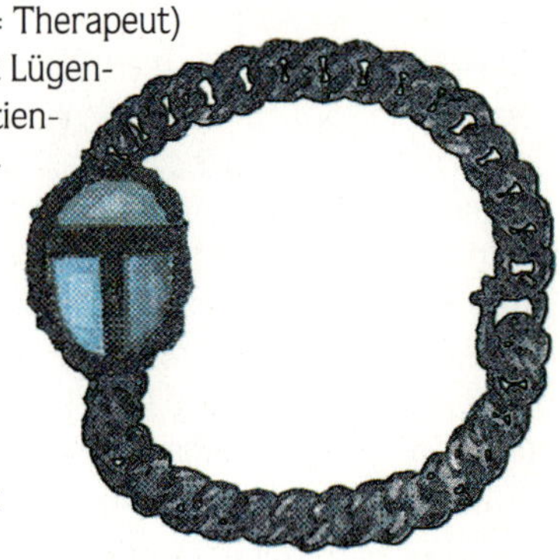

Als Bestätigung für den Abschluss von OT Stufe VIII darf ein Scientologe das OT-Armband tragen.

Was Scientology lehrt:

Alle Menschen sind auf der Suche:

- nach Befreiung aus dem ewigen Kreislauf von Geburt und Tod;
- nach einem Zustand vollständigen Bewusstseins und kompletter Erinnerung;
- nach völliger geistiger Freiheit, nach Unabhängigkeit des Geistes vom Körper.

Der menschliche Geist wird vom Bösen beherrscht, das durch „Engramme“ den menschlichen Geist fesselt und verdunkelt. Deshalb müssen zunächst die normalen Verstandesreaktionen ausgeschaltet werden. So werden die schädlichen „Engramme“ gelöscht und die geistige Unabhängigkeit erreicht. Wer auf diese Weise „clear“ geworden ist, kann alle seine Begabungen entwickeln und immer mehr erreichen.

Scientology verspricht einen Zustand völliger geistiger Freiheit, der durch keinen Unglücksfall und durch keine Krankheit eingeschränkt werden kann. Dieser Zustand wird „Operierender Thetan“ (= OT) genannt und wie folgt beschrieben: „bewusst und willentlich Ursache über Leben, Denken, Materie, Energie, Raum und Zeit“. In diesem Zustand kann man über verschiedene Stufen (= OT-Stufen) zur Ewigkeit aufsteigen. Einige Wunder des Lebens werden erst jetzt zugänglich, wie z.B. das Bewusstsein der Unsterblichkeit und der Freiheit vom Kreislauf des Lebens und Sterbens.

❑ Versucht aus dem Text die Welt- und Lebensanschauung von Scientology zu erheben. Welche Lebensziele sind erkennbar und wie können sie erreicht werden? Warum sprechen die Scientologen so gerne vom „Weg“ und den „Stufen“?

❑ Manche erfolgorientierten Personen (Medienstars, Manager) sind Anhänger von Scientology. Versucht dies zu erklären.

❑ Erörtert die Funktion der technisch klingenden Fremdwörter wie E-Meter, Auditing, Operierender Thetan.

❑ Seit einigen Jahren bezeichnen sich die Scientologen selbst als „Kirche“. Was soll vermutlich damit erreicht werden? Welche Vorteile hat die Gruppe, wenn sie als Kirche anerkannt wird?

Ich wollte Ihr Schreiben schon früher beantworten, wollte jedoch zuvor abwarten, bis die Org. in München mir mein Geld zurückbezahlt hat, das sich noch auf meinem Konto dort befindet. Leider ist das bis jetzt noch nicht geschehen und nun will ich Sie nicht länger warten lassen.

Ich leide seit Jahren an Schwindelgefühl, was sicher psychosomatisch ist. Da mir Ärzte kaum helfen konnten, suchte ich weiter.

So fand ich eine Anzeige über das Buch „Dianetics – die moderne Wissenschaft der geistigen Gesundheit“. Ich ließ mir das Buch kommen und las es. Da man aber durch die Lektüre des Buches allein nichts erreicht, wurde mir geraten, in Stuttgart in der neuen Brücke (...) den Kommunikationskurs zu machen. Da wurde nur gesagt, das sei Voraussetzung für Auditing, welches dann meine gesundheitlichen Probleme meistern sollte. Der Kurs in Stuttgart kam mir komisch vor, doch ich machte weiter, denn alles war eifrig dabei und lobte das spätere Auditing in München.

So schloss ich dann den Kurs ab und bekam Auditing in München. Auch dieses Auditing fand ich von Anfang an blöd. Doch da die anderen eifrig bei der Sache waren und ich mir eine Verbesserung meines Gesundheitszustandes erhoffte (was mir auch bei der Einzahlung des Geldes – 7 200 DM – versprochen wurde), machte ich weiter. Dieses „Gesundsein“ ging aber nicht so schnell, ich musste immer einzahlen und war jedes Mal enttäuscht, wenn ich wieder abreiste. Doch die Scientologen machten mir immer wieder Mut. Ich sagte aber jedes Mal, dass mein Hauptübel (Schwindel, Kopfweh, Benommenheit) bisher nicht beseitigt sei, obwohl es im Auditing immer angegangen worden sei. Nun hieß es, es sei eine unterdrückerische Person am Werke. Da eine solche nicht gefunden werden konnte, musste ich letzte Weihnachten den PTS/SP-Kurs machen (für 1 100 oder 1 400 DM) [Anmerkung der Aktion Bildungsinformation e.V.: 1997 wesentlich teurer]. Außerdem brauchte ich als Voraussetzung für diesen Kurs den BSM und den Mini-Tonbandkurs. Darauf kam man aber erst, als ich schon für den PTS/SP gezahlt hatte.

Ich musste über 10 Tage täglich 10-14 Stunden studieren, damit ich mit den Kursen fertig wurde. Erst nach Bestehen der Kurse sollte ich wieder Auditing bekommen, was ich ja wollte, denn ich konnte es nicht erwarten, meine Krankheit loszuwerden.

Die Scientologen in meiner Umgebung glaubten alle daran und sie machten mir Mut, weiterzumachen. Dies war aber mit immer mehr Kosten verbunden, denn schließlich wurden die Preise für Auditing monatlich 5% teurer.

Mir wurde dann im Februar gesagt, was ich noch alles machen müsse, bis eventuell mein Gesundheitszustand wieder hergestellt sei. Ich überschlug die Kosten – mindestens nochmals 20 000 DM hätte ich anlegen müssen. Sie wollten nun, dass ich in den Osterferien 5 000 DM mitbringe, so würde ich Geld sparen, da ja immer alles teurer würde. Inzwischen hatte ich mich aber bei den Kirchen und bei der Aktion Bildungsinformation erkundigt. So kam ich im April nach München und wollte mein restliches noch nicht verbrauchtes Geld.

Religion der Zukunft?

Lebenslauf und Selbstbefreiung

Rainer Fetting, West-Nacht, 1984

Aus einer Selbsterfahrungsgruppe:

Vor den Teilnehmern und Teilnehmerinnen liegen verdeckt Tarotkarten*. Die Teilnehmer vergegenwärtigen sich die Fragen: Wo komme ich her? Wo stehe ich jetzt? Wo gehe ich hin? Dann wählen sie drei Karten: für ihre Vergangenheit, Gegenwart und Zukunft. Sie drehen sie um und vertiefen sich in die Bilder auf den Karten. Im nachfolgenden Gespräch sprechen sie über das, was die Karten in ihnen ausgelöst haben. Manche können die ihnen zugefallenen Bilder gut mit ihrem Leben in Beziehung setzen.
Sie sind erstaunt darüber, dass sie auf Bildsymbole getroffen sind, die Wesentliches für ihre Vergangenheit und Gegenwart repräsentieren und für die Zukunft anzudeuten scheinen. Andere rätseln darüber, was bestimmte Karten mit ihnen zu tun haben könnten, oder ärgern sich darüber, dass sie sie gezogen haben.

Ein Mann zieht für die Vergangenheit die Gestalt der „Herrscherin“, für die Gegenwart den „Narren“, für die Zukunft die Karte der „Welt“. Er teilt dazu mit, dass er sein bisheriges Leben sehr stark von Frauen beherrscht sehe, von seiner Mutter angefangen bis hin zu seiner jetzigen Partnerin. Er habe immer die Verpflichtung gefühlt, sich ihren Vorstellungen anzupassen und es ihnen recht zu machen. Übrigens sei er immer an Partnerinnen geraten, die bald die Führung ergriffen hätten. Letztlich habe er sich trotz seiner Ausbruchversuche als „braver Junge“ verhalten, wie seine Mutter es wünschte. Seit einiger Zeit sei er dabei, sich von der Dominanz der Frauen zu befreien. Dies gehe nicht ohne „Narrheiten“ und seine Umwelt erkläre ihn jetzt öfters für „verrückt“. Die Figur des Narren, der frei sei, aus sich heraus spontan das zu tun, was ihm Spaß mache, komme seinem jetzigen Lebensgefühl sehr entgegen. Erst wenn er diese Phase durchlebt habe, werde er frei für einen selbstbestimmten und offenen Umgang mit der „Welt“ sein. In dieser Karte könne er tatsächlich das weitere Ziel seiner Entwicklung sehen.

❑ Der Bericht verrät Schwierigkeiten und Hemmungen, die Menschen von heute zu schaffen machen, und empfiehlt „Wege der Erlösung“. Beschreibt beides und überlegt, welche Rolle religiöse Gegenstände (z.B. Tarotkarten) und mythische Figuren dabei spielen.

❑ Wozu brauchen die Menschen hier Religion? Wozu brauchen Menschen im Allgemeinen Religion? Erörtert beide Fragen, auch unter Rückgriff auf das ganze Kapitel.

Christen lernen neu, mit Gott zu leben. Jugendliche und Erwachsene lassen Gott an ihren Wünschen und Ängsten teilhaben und machen dabei ganz neue Erfahrungen mit Gott und sich selbst.

Eine Frau spricht (nach Psalm 3):

Gott ist mein starker Fels, auf den ich gründe,
und all mein Vertrauen schenke ich Ihr.

Tief in meiner Mutter Schoß kannte Sie mich;
noch bevor meine Glieder sich formten,
sehnte Sie sich nach mir.
All meiner Bewegungen
erinnert Sie sich mit Anteilnahme,
und als ich noch nicht zu sehen war,
hatte Sie mich schon im Sinn.

Wenn ich stammle,
formt Sie die Worte in meinem Mund,
und wenn ich schweige,
hat Sie meine Gedanken verstanden.
Schreie und tobe ich,
hört Sie mein Flehen und meine Unsicherheit.

Wenn ich Angst habe, bleibt Sie mir nahe,
und wenn ich voller Entsetzen bin,
verbirgt Sie nicht Ihr Gesicht.
Kämpfe ich gegen Sie, so lässt Sie mir Raum,
und wenn ich Ihr widerstehe,
nimmt Sie es mit meiner Kraft auf.

Bin ich jedoch selbstzufrieden,
stellt Sie sich mir entgegen;
und wenn ich der Falscheit verhaftet bin,
untergräbt Sie meinen Stolz.
Denn Sie wacht eifersüchtig über meine Ganzheit,
und nach nicht Geringerem verlangt Sie
als nach Wahrheit.

Allen, die schwach sind, zeigt Sie Ihr Mitleid,
und die, die niedergedrückt sind,
richtet Sie auf.
Die Anmaßenden aber wird Sie vernichten
auf der Höhe ihrer Macht,
und Unterdrücker stürzt Sie zu Boden;
gänzlich aufdecken wird Sie die Berechnung
der Hartherzigen.

Janet Morley

Das Kreuz des Künstlers Fernando Llort ist eine Erinnerung an Maria Christina Gómez, die am 5. April 1989 in El Salvador als Widerstandskämpferin gefoltert und ermordet wurde.

❑ Versucht die Erfahrungen und Erwartungen dieser Frau zu beschreiben. Vergleicht diese mit dem Beispiel auf Seite 218 und stellt die Unterschiede fest.

Wo Christi Geist Menschen angreift, die am Rande stehen, die als schwach gelten – da wird oft Schwäche in Stärke, Leid in Segen verwandelt. Wenn wir in diesem Geist mit unseren starken und schwachen Gliedern umgehen, dann werden wir überzeugen.

Jeder Einzelne muss sich selbst überzeugen. Und das ist oft das Schwerste. In uns allen gibt es etwas, das heimatlos ist und entwurzelt. Gib ihm Heimat in dir! Lass das Fremde in dir zu – auch damit du dich dem Fremden um dich herum zuwenden kannst.

In jedem von uns gibt es einen Menschen, der in Beziehungen gescheitert ist. Und das schmerzt. Keiner ist hier vollkommen. Lass den Schmerz darüber in dir zu. Dann trägst du ihn nicht in jede neue Beziehung hinein.

In jedem von uns gibt es eine traurige Ecke, in der ein Depressiver hockt, bei dem einen als Dauergast, bei anderen als unheimlicher Besuch. Auch das gehört zum Leben. Wie könnten wir andere Menschen verstehen, wenn wir nicht selbst eine Ahnung haben, wie hilflos man ist, wenn man neben seinem eigenen Leben steht.

Wir müssen uns als Kirche und Gemeinde überzeugen. Die Kirche gilt heute als krankes Glied in der Gesellschaft. Alle anderen Bereiche haben in der Neuzeit eine ungeheure Effizienzsteigerung erlebt: Wissenschaft, Wirtschaft, Recht und Politik. Aber die Kirche durchzog schon zu lange kein Geist der Erneuerung. Aber auch dann könnte sie kaum mit den Effiziensteigerungsraten der Neuzeit mithalten. Und darin liegt vielleicht unsere Chance. Wo alles perfekt sein muss, wo soziale Fitness zum entscheidenden Faktor jeder Biographie wird, da ist es gut, wenn es wenigstens eine Gruppe gibt, die daran erinnert: Es gibt ein Menschenrecht, unvollkommen zu sein und nicht perfekt! Der Geist Christi macht uns gewiss: Gott akzeptiert unvollkommene Menschen ohne Leistung und Vorbedingung.

Gerd Theißen

Alexander Roob, Ohne Titel

❑ Der Text argumentiert mit dem Geist Christi gegen den Geist der Perfektion. Sucht Beispiele für Perfektionszwang und seine Folgen. Überprüft daraufhin auch noch einmal die Beispiele der vorangegangenen Seiten.

❑ Versucht mit Hilfe der letzten drei Texte zwischen wahrer und falscher Religion, Glaube und Aberglauben, Gott und Götzen zu unterscheiden.

Die Kräfte der Erde und des Himmels nutzen – Magie des 21. Jahrhunderts

Die Kräfte der Natur zu bändigen, zu beherrschen und für sich selbst nutzbar zu machen, haben Menschen aller Zeiten versucht. Mit Opfern und Zeremonien sollten Götter des Himmels und der Erde (Mutter Erde) günstig gestimmt werden. Mit Zauber und Magie hoffte man ihr Wirken vorherzusagen und beeinflussen zu können. In der Gegenwart hat die Magie neue Anhänger gewonnen. Die folgende Übung „Sich Erden" steht am Anfang einer magischen Ausbildung, ist aber auch allein durchzuführen:

Magisches Weltbild: Entsprechung von Mikro- und Makrokosmos mit planetarischen Einflüssen auf die Körperteile

Du kannst diese Übung drinnen machen, besser ist es aber, wenn du 'richtigen' Erdboden unter den Füßen hast. Schließe die Augen und stell dir dich als einen großen Laubbaum vor. Deine Fußsohlen berühren komplett die Erde, du stehst breitbeinig und sicher und unter dir spürst du, wie sich von deinen Fußsohlen bis hin zum Steißbein langsam und beständig Wurzeln bilden. Diese Wurzeln werden dich halten und nichts wird dich umwerfen, auch ein starker Sturm nicht, denn dein Oberkörper bleibt beweglich, locker und entspannt. Spüre wie die Kraft aus der Erde in deinen Körper fließt und wie sich deine Kraft durch die Wurzeln in der Erde ausbreitet. Achte auf den Austausch der Kräfte.

Das gleiche Wurzelwerk, welches sich nun unter der Erde befindet, bildet sich jetzt an deinem Oberkörper als Astwerk. Lasse beides gleichmäßig wachsen, denn du hast so viele Wurzeln, wie du Äste hast. Lass sich die Äste verzweigen. An den Ästen wiegen sich die Blätter im Wind und bilden eine schöne und gleichmäßige Krone. Der dich umgebende Wind spielt mit deinen Blättern und wiegt dich sanft hin und her. Mit dem Blattwerk nimmst du die Kräfte des Himmels von deiner Umgebung auf, wobei nur das zu deinem Inneren vordringt, was dir dienlich und hilfreich ist. Du stehst nun so wie ein Baum im Wald in deinem Leben, ruhig, gelassen und beweglich.

Mache diese Übung täglich ungefähr zehn Minuten. Wenn du dich zerfahren und unkonzentriert fühlst, wiederhole die Übung, bis du wieder ausgeglichen bist.

- ❑ Mit der Natur harmonisch leben wollen heute viele. Was tun sie, um dies zu erreichen? Wer regelmäßig die beschriebene Übung durchführt, will mehr als naturgemäß leben. Findet die Absichten dieser Menschen heraus.
- ❑ Aus der Übung und dem Bild lassen sich wesentliche Elemente des magischen Weltbilds erkennen. Stellt sie zusammen und erklärt damit magische Praktiken.
- ❑ Überlegt: Was unterscheidet magisches Denken von modernem (auch religiösem) Denken?

Der erhabene Meister sprach: „Wer bist du?“
Der Schüler sagte: „Ich bin Narayana-Svamin.“
Der Meister: „Ist dein Leib dieses Ich, von dem du sprichst
oder stellt dein Mund dieses Ich vor oder deine Hände?“
Der Schüler: „Der Mund, die Zunge, der Leib, –
alle zusammen bilden das Ich.“
Der Meister, ihm auf den Leib deutend: „Wessen Leib ist das?“
Der Schüler: „Mein Leib.“
Der Meister: „So, – du bist also von diesem Leibe verschieden.
Du bist der Eigentümer und der Leib ist dein Eigentum.“
Der Schüler: „Ja, – ich begreife: ich bin von meinem Leibe
verschieden. Aber ich kann die Grenzlinie nicht deutlich sehen,
die zwischen meinem Leib und meinem Selbst verläuft.
Ich kann nicht sehen, WER ICH BIN.“
Der Meister: „Geh hin und frage dein Selbst
und du wirst erfahren, WER DU BIST.“
Der Schüler: „An wen soll ich die Frage richten
und wie soll ich fragen?“
Der Meister: „Richte die Frage an dein Selbst
und spüre den Quell auf, aus dem dein Ich entspringt
und die Antwort wird dir kommen.“

Aus den Gesprächen des Shri Ramena Maharshi

Suche nach der Erlösung

Religionen des Ostens

Erlösung vom Werden und Vergehen: Hinduismus
Erlösung vom Leiden: Buddhismus

Erlösung vom Werden und Vergehen: Hinduismus

Samsara und Karma

Volksreligion

Seit vielen tausend Jahren fragen die Weisen Indiens nach Ursprung und Sinn des Lebens. Sie erzählen und lehren, was die Urbevölkerung Indiens und die Einwanderer aus dem Norden von Menschen und Göttern zu sagen wussten. Aus der Weisheit der Jahrhunderte erwuchs der Hinduismus – eine Religion, zu der sich heute mehr als 300 Millionen Menschen in Indien und 15 Millionen in Südostasien bekennen.

Der Hinduismus ist eine gewachsene Volksreligion. Zunächst verehrte man Götter, die Naturkräfte personifizierten – Sonnengott, Regengott, Feuergott usw. Schließlich aber erkannte man hinter allen Erscheinungen und Göttern das eine Urprinzip, Brahman und Atman – die göttliche Wirklichkeit. Dennoch beten die Hindus bis heute eine Vielzahl von Göttern an. Sie verkörpern jeweils ein Stück der Wirklichkeit, einen Ausschnitt aus der vielfältigen göttlichen Kraft.

Wischwarupa, „Allgestaltige" Gottheit

Götter im Kreislauf der Wiedergeburten

Eine Legende: Indra, der Götterkönig, wollte sich einen neuen Palast im Himmel bauen lassen. Sein Baumeister Wischwakarma begann also mit den Planungen für eine wundervolle, strahlende Residenz. Doch je näher das Werk seinem Abschluss kam, umso anspruchsvoller und unerfüllbarer wurden Indras Wünsche. Wischwakarma wandte sich schließlich völlig verzweifelt an Brahma, den Erschaffer der Welt, um bei ihm Hilfe zu suchen. Brahma tröstete ihn: „Du wirst bald von deiner Last erlöst werden!", und trat seinerseits vor Wischnu, das allerhöchste Wesen, um ihm die Klagen Wischwakarmas vorzutragen. Am nächsten Morgen nun erschien ein Brahmanenjunge vor dem Palast Indras und bat zum Götterkönig vorgelassen zu werden. Indra empfing ihn auch und wunderte sich, dass dieser Junge ein wunderbares Licht auszustrahlen schien. Noch mehr staunte er aber, als der Junge ihn zu seinem Palast beglückwünschte und bemerkte: „Keinem Indra vor dir ist es je gelungen, solch einen Palast zu bauen." Indra meinte ironisch: „Sag mir Kind, sind sie denn so zahlreich, die Indras, die du gesehen oder von denen du wenigstens gehört hast?" Der Junge nickte ruhig und ernsthaft: „Ja, viele von ihnen habe ich gesehen. Ich kannte auch deinen Vater und deinen Großvater. Viele Indras habe ich gekannt, die einander in unzähligen Welten folgten, jeder zum Götterkönig aufsteigend und jeder wieder vergehend. Selbst Brahmas folgen einander in endlosen Reihen." Während der Rede des Jungen war ein Zug Ameisen in der Halle erschienen. Der Junge bemerkte sie und lachte. „Warum lachst du?", stammelte Indra. „Wer bist du?" Der Junge antwortete: „Ich lachte wegen der Ameisen. Siehe, jede war einst ein Indra. So wie du erhoben sie sich einmal durch das Verdienst frommer Handlungen zum Rang eines Götterkönigs. Doch durch viele Wiedergeburten ist jeder wieder eine Ameise geworden. In endlosen Umläufen wechseln Gut und Böse. Darum hängt der Weise sein Herz weder an Gutes noch Böses". Der König war vor Entsetzen bleich geworden und wollte gerade eine Frage stellen, da war die Gestalt des Jungen plötzlich verschwunden. Er fühlte bald keinen Wunsch mehr, seinen Palast zu vollenden. Er verlangte nach Erlösung. Er überließ seinem Sohn die Herrschaft und zog als Mönch in die Einsamkeit.

❑ Welche Aufgaben und welche Stellung haben vermutlich die in dieser Geschichte erwähnten Götter? Wie verhalten sie sich zueinander?
❑ Welches Welt- und Wirklichkeitsbild ist demnach für den Hinduismus grundlegend? Versucht dieses mit Farben, Formen oder Bewegungen zu veranschaulichen.

Das Gesetz des Karma

Für Hindus ist die Verstrickung in den ewigen Kreislauf von Geburt, Tod und Wiedergeburt (= Samsara) ein bedrückender Gedanke. Freilich können sie zur Verbesserung ihres künftigen Schicksals beitragen. Denn jede Person besitzt einen unsichtbaren Kern, den unvergänglichen Atman, der beim Tod den Körper verlässt und einen neuen Körper annimmt („Seelenwanderung"). Welche Art von Körper bzw. Existenz zugeteilt wird, hängt von den Taten des vorherigen Lebens ab.

Aus Jadnjawalkjas Gesetzbuch:*

Kastenordung
Seite 227

Wer auf die Güter anderer sinnt, wer auf schlechte Taten denkt und wer der Unwahrheit nachhängt, der wird von einer Mutter niedrigster Kaste geboren.

Ein Mann, welcher Unwahres redet, andere verklagt oder beleidigt oder unsinnig schwatzt, wird von einem wilden Tier oder Vogel geboren.

Wer gerne nimmt, was ihm nicht gegeben wird, wer fremden Frauen nachgeht, wer tötet, wo es nicht vorgeschrieben ist, der wird von unbeweglichen Wesen geboren.

Wer den Geist kennt, rein, bezähmt ist, Buße übt, die Sinne zügelt, Tugend ausübt, die Kenntnis der Weda* besitzt, dieser mit der Qualität der Wahrheit Begabte wird als Gott geboren.

Zusammengefasst lautet das Gesetz des Karma:*

Denn wie der Schauspieler seinen Körper mit Farben bemalt und verschiedene Gestalten annimmt, so nimmt der Geist den aus seinen Taten entstehenden Körper an.

Erlösung vom ewigen Kreislauf

Moksha

Es gibt einen Weg durch den Ozean des weltlichen Lebens und ich werde euch die richtige Methode zeigen, mit der die Weisen das andere Ufer erreicht haben. Eine klare Sicht der Wirklichkeit erhält man nur durch die eigenen Augen, und zwar, wenn sie durch die spirituelle Einsicht geöffnet wurden – niemals jedoch durch die Augen irgendwelcher anderer Seher. Die Bande, die uns binden aufgrund unserer Unwissenheit, unserer Begierden und unseres Karmas – wie könnte sie ein anderer als wir selbst lösen? Weder durch die Praxis von Yoga (vgl. S. 229) noch durch Philosophie, gute Werke oder Studieren kommt die Befreiung – nur durch die Erkenntnis, dass Atman und Brahman eins sind.
Der Dumme denkt: „Ich bin der Körper." Der Intelligente denkt: „Ich bin eine individuelle Seele, die mit dem Körper vereint ist." Der Weise aber sieht den Atman als das Wirkliche und denkt: „Ich bin Brahman." Der Atman ist das unendliche Bewusstsein, die ewige Wirklichkeit, das wahre Selbst, verborgen im Herzen. Erkennt den Atman und ihr durchschreitet alles Leid und erreicht den Brunnen der Freude! Lasst euch erleuchten durch dieses Wissen und ihr habt nichts mehr zu fürchten. Erfahrt Brahman – und es gibt keine Rückkehr mehr in diese Welt, die Heimat aller Leiden.

Shankara, Gelehrter um 800 n. Chr.

Rad der Wiedergeburten an der Schwarzen Pagode in Konarak

❑ Ihr könnt euch an eure guten und schlechten Taten der letzten Wochen erinnern und überlegen, welches Karma sich für euch – nach hinduistischer Auffassung – angesammelt haben könnte. Welche Wiederverkörperung wäre dann zu erwarten?

❑ Erörtert Konsequenzen der Karma-Lehre für die persönliche Einstellung und für das Leben in der Gesellschaft.

Gajendra-Moksha: Der Elefant (Verkörperung der menschlichen Seele) wird von einem Krokodil (Sinnbild der materiellen und sinnlichen Triebe) attackiert.

Yantras gelten als Wiedergaben göttlicher Energie. Der Punkt bedeutet die Ureinheit des Göttlichen. Dreiecke nach oben und unten stehen für die Vereinigung des männlichen und weiblichen Prinzips zur Hervorbringung der Erscheinungswelt, der Lotoskranz zeigt die geistige Wiedergeburt an.

Kastenordnung: Entstehung

Die Entstehung und Entwicklung der Kastenordnung wird nur aus der Geschichte verständlich. In mehreren Wellen drangen zwischen 2200 und 1200 v.Chr. hellhäutige „Arier" von Norden her nach Indien ein und unterwarfen die dunkelhäutigen Ureinwohner. Die „Arier" unterschieden drei Stände: Priester, Krieger und Bauern bzw. Hirten. Um ihre Herrschaft über die Ureinwohner zu sichern, ordneten sie Ureinwohner und später Mischlinge einer unteren Klasse zu. Heiraten über die Kastengrenzen hinweg wurden verboten. Das Kastensystem verband sich mit den religiösen Anschauungen der Karma-Lehre (Vergeltung aufgrund von Taten). Bis heute fühlen sich die Angehörigen einer Kaste füreinander verantwortlich.

Rassismus
Seite 134

Hauptkasten und Unterkasten

- Die Brahmanen: Priester, denen Studium und Lehre der ältesten heiligen Schriften (= Weden) vorbehalten war sowie der Vollzug von Opfern; für Arbeit als Broterwerb waren sie zu hoch stehend; ihre Kastenfarbe ist weiß wie das Licht.
- Die Kshatriyas: Fürsten und Krieger, die das Volk schützen und auch die Weden studieren sollten; ihre Kastenfarbe ist rot wie das Blut.
- Die Vaishyas: Bauern und Kaufleute, zuständig für Viehzucht, Ackerbau und Handel. Auch ihnen waren die Weden noch zugänglich; ihre Kastenfarbe ist gelb wie die Erde.
- Die Shudras, die den drei anderen Klassen zu dienen hatten. Sie durften sich nicht mehr mit den Weden befassen; ihre Kastenfarbe ist schwarz. Unter den Shudras standen noch die Parias, die Kastenlosen, die Unberührbaren.

Die anfänglich vier Kasten haben sich bis heute in über 3000 Unterkasten aufgesplittert, die von Dorf zu Dorf verschiedene Strukturen haben. Selbst die Kastenlosen schufen sich noch ihre Unter-Klassen. Parias, die für andere Parias Wäsche waschen, werden von jenen so verachtet, dass sie ihre Arbeit nur nachts verrichten und sich tagsüber nicht blicken lassen dürfen.

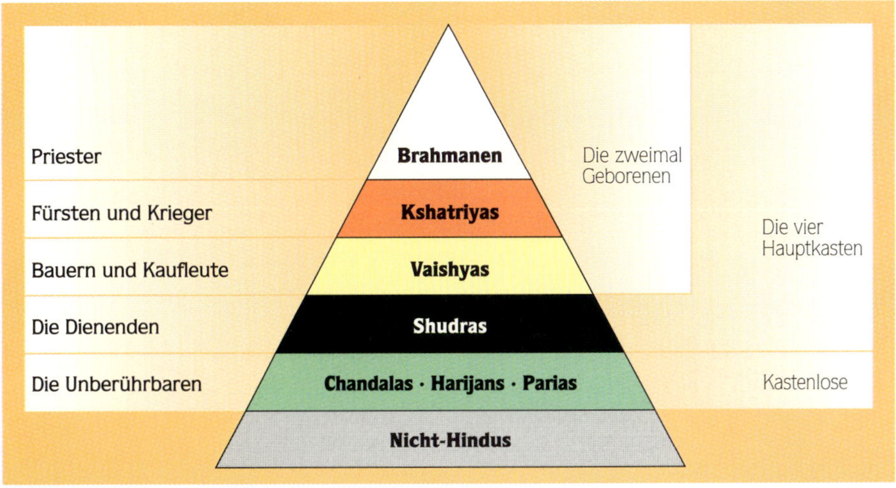

❑ Denkt euch Konsequenzen der Kastenordnung für das Alltagsleben aus.

❑ Auch im „christlichen Abendland" gab es früher ähnliche Gesellschaftsordnungen (Stände, Zünfte, Gilden). Berichtet darüber und zeigt die Gemeinsamkeiten.

Die Pflichten der Kaste

Für gläubige Hindus ist die Kastenordnung vor allem eine verbindliche Lebensform. Jede Kaste hat ihre eigenen Pflichten und Moralgesetze zu erfüllen. Man sagt: Jede Kaste hat ihr Dharma. Wenn das Dharma zum Töten verpflichtet, ist das nicht unmoralisch, wie eine Begebenheit aus einem indischen Epos* zeigt:*

Der Prinz Ardschuna klagt bei Krishna, weil er gegen seine Vettern in den Kampf ziehen soll, um sie zu töten. Krishna belehrt ihn, als Angehöriger der Kriegerkaste habe er die Pflicht zu töten. Die Pflichten der Kaste seien stärker als die Liebe zu Verwandten. Die Kastenpflicht zu töten erläutert Krishna noch durch eine weitere Belehrung: Der Gläubige sieht hinter dem Veränderlichen das Ewige. Selbst wenn der Körper getötet wird, bleibt der Atman erhalten.

Kastenlos bedeutet ausgestoßen sein

Wer aus der Kaste ausgestoßen wird oder Kind kastenverschiedener Eltern ist, gilt als Paria der Gesellschaft. Ein Inder berichtet, wie der Straßenkehrer Bakha von einem Brahmanen angefahren wird: „An den Straßenrand, du widerwärtiges Ungeziefer. Warum rufst du nicht, du Schwein, warum kündigst du dein Herannahen nicht an! Weißt du, dass du mich gestreift und beschmutzt hast, schielender Sohn eines säbelbeinigen Skorpions! Nun werde ich ein Bad nehmen müssen. Und dabei habe ich heute Morgen ein neues Lendentuch und Hemd angezogen." Der überrumpelte Bakha schweigt aus Angst. Er zittert am ganzen Leib. „Ich bin ein Unberührbarer", sagt er zu sich selbst, „ein Unberührbarer."
Nicht nur die Kastenordnung – nach der indischen Verfassung ist sie ungültig –, auch die Unberührbaren stellen ein ernstes soziales Problem dar. Mahatma Gandhi sah in der Unberührbarkeit eine Krebsgeschwulst der indischen Gesellschaft. Er trat für ihre Abschaffung ein und nannte die Parias bewusst Hariyans, d.h. Gotteskinder. Der erste Präsident Indiens aus dem Kreis der Unberührbaren trat 1997 sein Amt an.

- ❏ Sucht Gründe für das Fortbestehen der Kastenordnung trotz des gesetzlichen Verbots.
- ❏ Gibt es auch in Europa heute noch wirksame Schranken zwischen Bevölkerungsgruppen?

Lebensziele eines Hindu

In der Hindu-Religion spielen Meditation und Weltabgewandtheit eine große Rolle. Doch haben die Inder auch das sinnliche Leben nie gering geachtet. Dies zeigt sich in den vier Lebenszielen eines Hindu:

- Leben soll genossen werden und Freude machen. Deshalb ist Lust ein Lebensziel.
- Man will es in seinem Leben zu etwas bringen, will auf seine Tüchtigkeit stolz sein können und Reichtum erreichen und erhalten. Daher ist Wohlstand ein weiteres Lebensziel.
- Die Pflichten der Kaste, in der man lebt, sind zu erfüllen.
- Da der Hindu aber bei Befolgung der genannten Ziele immer noch dem Kreislauf der Wiedergeburt verhaftet bleibt, kommt als höchstes Lebensziel Moksha, die Befreiung von der Wiedergeburt, hinzu.

Dem Samsara entrinnen

Dem Samsara kann nur entrinnen, wer im diesseitigen Leben sein früheres Karma abgearbeitet und kein neues, gutes oder schlechtes angehäuft hat sowie um die Einheit von Atman und Brahman weiß. In der endgültigen Erlösung verschmilzt der persönliche Atman mit dem Brahman. Verschiedene Wege zur Erlösung sind möglich:

Wege der Erlösung

- Der Weg der Erkenntnis (Jnana Marga): Die spontane Einsicht der Einheit von Atman und Brahman. Konzentrations- und Meditationstechniken (z.B. Yoga) können zu dieser Erfahrung hinführen.
- Der Weg der Askese und des Rückzugs aus der Welt (Sannyasa): Meist ältere Menschen verlassen ihre vertraute Umgebung, verzichten auf alle irdischen Güter und menschlichen Beziehungen und folgen dem Ruf des Unendlichen. Selbst Wohltätigkeit erscheint unangemessen. Durch Meditation sollen alle Bedürfnisse überwunden und das Brahman-Bewusstsein erreicht werden.
- Der Weg der liebenden Hingabe (Bhakti): An heiligen Orten und zu Hause verehren Menschen ihre persönlichen Gottheiten, sei es Wischnu, Rama oder andere. Bhakti steht allen Menschen offen, auch Frauen und Kastenlosen.
- Regelmäßige Erfüllung von Opfer- und Gebetspflichten (Karma Marga), verbunden mit Gehorsam gegenüber den Kastenpflichten. Der Lebens- und Tageslauf wird besonders in den oberen Kasten von religiösen Zeremonien begleitet. Gebete, Gesänge, Wasseropfer und Nahrungsspenden richten sich an Götter, Seher, Ahnen oder Hausgeister. Außerdem sind Tabugesetze (Schutz vor Verunreinigung) und Speiseverbote zu beachten. Karma Marga allein führt nicht zur Erlösung, kann aber das Karma verbessern. Wer aber seinen Leichnam in Benares (Varanasi) verbrennen und die Asche in den heiligen Fluss Ganges streuen lässt, darf auf Moksha hoffen.

Verehrung des Ganesha. Indische Miniatur, Illustration zum Textbeginn der Bhagavadgita, 18. Jh., Moghul-Stil, Kashmir. Der heitere und gemütsvolle Ganesha, der als Sohn des Shiva gilt, zählt zu den populären Göttern des Hinduismus. Da sein Vater ihm die Macht verlieh, den Menschen alles zu gewähren, wird er vor jeder schwierigen Unternehmung um Beistand angerufen. Sein dicker Bauch bildete sich infolge seiner Vorliebe für Früchte und Naschwerk, weshalb er häufig mit Dienerinnen, die ihm Früchte reichen, dargestellt wird. Er gilt auch als Gott der Weisheit und der Wissenschaft.

❑ Bildet verschiedene Gruppen von Menschen, die sich für einen Erlösungsweg entschieden haben, und erzählt euch, wie ihr euren Alltag gestaltet.
❑ Vergleicht die vier Erlösungswege mit Lebensformen oder Verhaltensweisen im Christentum.

Yoga als Erlösungshilfe

Der Yogi will zur völligen Ruhe und zum Frieden gelangen. Deshalb möchte er eine Loslösung von der Umgebung erreichen. Yoga ist Disziplin. Der Körper wird zur Enthaltsamkeit gezwungen und der Geist zur Konzentration: Das ermöglicht volle Hingabe an Gott. Die höchste Stufe ist ein Zustand, in dem die Wahrnehmung erlischt. Der Geist wird unabhängig vom Körper. Es wird kein neues Karma geschaffen. Der Weg aus dem Kreislauf der Wiedergeburten öffnet sich.

❑ Informiert euch über Yogatechniken und Angebote von Yogakursen. Was versprechen die Veranstalter, was erwarten die Teilnehmer?
❑ Es gibt viele Christen, die Yoga befürworten und sich darin üben. Welche Begründung könnten sie dafür angeben?

Ahimsa – die Grundlage

In allen Lebewesen ist der Atman, der geehrt und geschätzt werden muss. Daraus ergibt sich der Grundsatz der Gewaltlosigkeit (Ahimsa). Mahatma Gandhi erläuterte die ethische Bedeutung von Ahimsa so:

Keinem lebenden Wesen Schaden zufügen ist ohne Zweifel ein Teil von Ahimsa. Aber es ist ihre mindeste Ausdrucksform. Das Prinzip von Ahimsa wird durch jeden bösen Gedanken verletzt, durch unnötige Eile, durch Hass, durch böse Wünsche für andere. Es wird auch verletzt, wenn wir Dinge für uns zurückbehalten, die die Welt benötigt. Ohne Ahimsa ist es nicht möglich, Wahrheit zu suchen und zu finden. Ahimsa und Wahrheit sind so miteinander verflochten, dass es unmöglich ist, sie zu trennen.

Ahimsa und der Schutz der Kuh

Gandhi: Durch die Kuh ergeht an den Menschen der Auftrag, seine Einheit mit allen Lebewesen zu verwirklichen. Warum die Kuh zu solcher Vergötterung ausgesucht wurde, ist mir ganz deutlich. Die Kuh war in Indien der beste Freund des Menschen. Sie war der Geber von vielem. Sie gab nicht nur Milch, sie machte die Landwirtschaft überhaupt erst möglich. Schutz der Kuh heißt Schutz der ganzen stummen Kreatur Gottes.

Ehrfurcht vor dem Leben Seite 39

Doch kann ich die Forderung des Nicht-Tötens von Tieren nicht voll akzeptieren. Ich habe kein Gefühl in mir, das mir sagen würde, dass man das Leben von Tieren retten sollte, die Menschen verletzen oder vernichten. Ich halte es für falsch, ihnen noch bei ihrer Vermehrung behilflich zu sein. Ich werde deshalb keine Ameisen, Affen oder Hunde füttern. Und ich werde niemals das Leben eines Menschen opfern, um ihres zu retten.

❏ Welche Folgerungen ergeben sich aus Ahimsa für den Umgang mit Tieren? Denkt dabei an Tierhaltung, Tierversuche, genetische Veränderungen und Fleischgenuss.

❐ Die oft schlecht genährten Kühe bevölkern viele Wohngebiete in Indien. Manche fordern, man solle sie abschlachten. Andere wollen sie wegen ihres Nutzens (Ersatz der Müllabfuhr, Dung als Brennstoff) erhalten. Nehmt Stellung.

Frauen als Mütter geachtet

Frauen tragen zum Weiterleben der Familie und damit zum Wohlergehen der Ahnen bei. Als Ehefrauen und Mütter sind sie deshalb geachtet. Die Ehepartner werden meistens durch die Eltern ausgewählt. Durch die Heirat wird die Tochter in ihre Schwiegerfamilie eingegliedert. Dort ist sie allen Männern, ihrer Schwiegermutter und ihren älteren Schwägerinnen untergeordnet. Höheres Alter begründet Anspruch auf Respekt und Dienstleistung. Witwen dürfen nicht wieder heiraten, weil sie auf Ewigkeit an ihren Mann gebunden sind. Manche sagen, die Unterordnung der Frau habe mit der hinduistischen Religion nichts zu tun, andere begründen sie mit der Einbindung der Frauen in den Kreislauf der Wiedergeburten.

❏ Diskutiert über die gegensätzliche Auffassung, die im letzten Satz des Textes zum Ausdruck kommt.

Gewalt gegen Frauen

Nelami heiratete den Sohn eines Vertreters in New Delhi. Sie war 16 Jahre alt, es war eine arrangierte Ehe. Die Hochzeit bezahlte ihr Onkel, denn die Ersparnisse der Eltern wurden durch die geforderte Mitgift aufgebraucht. Nach der Hochzeit lebte Nelami wie üblich bei der Familie ihres Mannes, wo sie als rangniedrigstes Familienmitglied die unangenehmsten Arbeiten verrichten musste. So verlief alles normal, hätte es nicht ein Problem gegeben. Die Schwiegereltern waren mit der Höhe der Mitgift unzufrieden. Wenigstens ein Motorrad für ihren Sohn hätte herausspringen müssen. Um von Nelamis Familie mehr zu bekommen, schlugen sie Nelami und schickten sie für einige Tage zurück ins Elternhaus. Dort erhielt sie nur den Rat, durch Fügsamkeit den Zorn der Schwiegereltern zu mildern. Als Nelami mit leeren Händen zurückkam, wurde sie von den Schwiegereltern mit Benzin übergossen und angezündet. Sie verbrannte in der Küche – ein „bedauerlicher Unglücksfall“.

Sati-Hände erinnern an Frauen, die ihrem Gatten durch Selbstverbrennung in den Tod folgten. Sati-Stein der Festung Jodhpur

❑ Nach dem UNESCO-Bericht von 1997 werden in Indien jährlich mehr als 5 000 Frauen Opfer solcher Mitgift-Morde. Früher erwartete man von höher gestellten Frauen, dass sie sich bei der Einäscherung ihres verstorbenen Mannes mit verbrennen ließen (Sati). Obwohl solche Selbstmorde heute verboten sind, werden sie gelegentlich noch erzwungen. Welche Einschätzung von Frauen zeigt sich in diesen Beispielen? Wie verhält sie sich zu den Grundlagen hinduistischen Denkens?

❑ Es gibt in Indien Frauen, die ihre traditionelle Rolle in der Familie bejahen und nicht mit Europäerinnen tauschen wollen. Versucht diese Einstellung zu erklären.

Erlösung vom Leiden: Buddhismus

Dukkha

Lebensdurst und Leiden

Die den Durst wachsen lassen, die lassen das Häufen wachsen; die das Häufen wachsen lassen, die lassen das Leiden wachsen; die das Leiden wachsen lassen, die werden nicht frei von Geburt, Altern und Sterben, von Kummer, Jammer, Leiden, Gram und Verzweiflung; die werden nicht frei von Leiden, sage ich. Gleich als wenn da, ihr Mönche, ein Gefäß voll Flüssigkeit wäre, schön anzusehen, wohl duftend, wohl schmeckend, aber mit Gift versetzt. Und ein Mensch käme heran, von der Hitze ausgedörrt, halb tot vor Hitze, ermüdet zitternd, verdurstet; zu dem würde man folgendermaßen sprechen: „Dieses Gefäß voll Flüssigkeit, lieber Mensch, ist schön anzusehen, wohl duftend, wohl schmeckend, ist aber mit Gift versetzt. Falls du Lust hast, so trinke. Solange du trinkst, wird dir das verborgen bleiben durch Aussehen, Geruch und Geschmack; wenn du aber getrunken hast, so wirst du als Folge davon dem Tod verfallen oder tödlichem Leiden."

Da nun, ihr Mönche, würde diesem Menschen der Gedanke kommen: 'Ich kann ja auch den Durst nach starkem Getränk durch Wasser stillen oder durch Sauermilch stillen oder durch gesalzenen sauren Haferschleim stillen. Wahrlich, ich darf nicht das trinken, was mir für lange Zeit zum Unheil, zum Leiden gereichen würde!' Der würde dann, reiflich überlegend, von dem Gefäß mit Flüssigkeit nicht trinken, würde verzichten und würde als Folge davon nicht dem Tod oder tödlichem Leiden verfallen. Ebenso auch ihr, ihr Mönche. All diejenigen Büßer und Brahmanen, die, was es hier an Lieblichem und Erfreulichem gibt, als vergänglich ansehen, als leidvoll ansehen, als seelenlos ansehen, als krankhaft ansehen, als gefährdet ansehen – alle die tun den Durst ab. Die den Durst abtun, die tun das Häufen ab; die das Häufen abtun, die tun das Leiden ab; die das Leiden abtun, die werden frei von Geburt, Altern und Sterben, von Kummer, Jammer, Leiden, Gram und Verzweiflung; sie werden frei von Leiden, sage ich.

❑ Diese im so genannten Pali-Kanon kurz nach dem Tode des Erhabenen (Buddha) niedergeschriebene Rede (ca. 480 v. Chr.) enthält die Grundlage seiner Lebensauffassung und Erlösungslehre. Arbeitet diese mit Hilfe der Schlüsselbegriffe heraus und beschreibt Konsequenzen für die Lebensführung.

Buddhastatue in Sukhothai, Thailand

Erlösende Einsichten

Seine Einsichten erlangte der Erhabene durch bestimmte Lebenserfahrungen, die in Legenden überliefert werden. Danach wurde Prinz Siddharta, der spätere Buddha, als Sohn eines Fürsten aus dem Geschlecht der Shakyas um 560 v. Chr. in Nordindien geboren. Er erhielt den Beinamen eines wedischen Sehers Gautama. Seine Geburt war von wiederholten Erscheinungen begleitet. Seine Mutter starb wenige Tage nach der Geburt. Seine Jugend verlebte er im Luxus, bis ihm bei drei Spazierfahrten hintereinander ein Greis, ein Kranker und ein Toter begegneten. Von da an lasteten Leid und Vergänglichkeit auf seinem Gemüt. Bei einer weiteren Ausfahrt sah er dann einen Mönch mit gelben Gewändern, der hoch zufrieden zu sein schien. Darauf floh er aus dem Palast, ließ seine Hauptfrau, seinen neugeborenen Sohn und viele Nebenfrauen dort zurück und ging zunächst als Asket zu verschiedenen Gurus*, doch keiner konnte ihm den Weg zur Erlösung zeigen. Als Nächstes versuchte er durch asketische Übungen zur erlösenden Erkenntnis zu kommen: Er nahm nur ganz wenig Speise zu sich, bis er völlig abgemagert war. Doch nach sechs Jahren strenger Askese kam ihm die Einsicht, dass es für jemanden, dessen Leib so überaus abgemagert ist, nicht leicht ist zum Glück zu kommen.

Ausfahrt des Prinzen Siddartha. Seine Begegnung mit dem Leiden.

Da nahm er wieder Speise zu sich, die ihm Sujata brachte, und als er wieder zu Kräften gekommen war, gelangte er im heutigen Bodh Gaya in Nordindien zur erlösenden Einsicht:

I. Alles Leben ist Leiden (Dukkha). Erlösung ist Nirwana = Überwindung von Leid, Widerwillen, Alter, Krankheit, Tod; Stoppen des Wiederentstehens, Friede, Ruhe, Reinheit, Kühle; nicht Erlöschen im Sinne eines Nichts.

II. Alles Leiden entsteht aus dem Durst, der Lebensgier, personifiziert in Mara, dem bösen Versucher, der die Menschen beherrscht.

III. Alle Wesen sind dem Kreislauf der Wiedergeburten aufgrund ihres Karmas unterworfen, während für Gautama alle an die Wiedergeburt bindenden Befleckungen aufgehoben sind, so dass seine derzeitige Existenz seine letzte irdische war.

IV. Der Weg aus dem Kreislauf der Abhängigkeit: Der achtfache Pfad.

Das Rad der Lehre

Anfang und Ausbreitung

In Varanasi (Benares) gewann der so Erleuchtete fünf Jünger und durchzog mit ihnen in mehr als vierzig Jahren predigend das ganze mittlere Gangesbecken. Er lebte von der Nahrung, die ihm geschenkt wurde.

Die Zahl der Jünger wuchs rasch. Anhänger kamen aus allen Kasten. Jeder Unterschied der Herkunft war in der neuen Gesellschaft aufgehoben. Deshalb wurde der Buddha vor allem von Priestern der Brahmanenkaste angefeindet, deren Heilsvermittlung durch die neue Lehre überflüssig wurde.

Eine Zeit lang sah es so aus, als könne der Buddhismus die Hindu-Gesellschaft grundlegend reformieren. Indem jedoch der Buddha zu einer Verkörperung des Gottes Wischnu gemacht wurde, erhielt er einen Platz in der Hindu-Frömmigkeit als ein möglicher Weg unter anderen. Der Buddhismus verschwand dann aus Indien fast völlig und fand Anhänger in anderen ostasiatischen Ländern.

Lehre und Leben

Die erste Rede Buddhas, mit der er nach seiner Erleuchtung „das Rad der Lehre in Bewegung setzte“, begann mit den Worten:

Buddha lehrt die Jünger

„Zwei Extreme gibt es, ihr Mönche, von denen sich der, der der Welt entsagt hat, fern halten muss. Welche beiden? Erstens: die Hingabe an die Sinnesgenüsse, denn sie ist niedrig, gemein, weltlich, unedel, zwecklos.
Zweitens: die Hingabe an die Selbstpeinigung, denn sie ist leidvoll, unedel, zwecklos.“

Diese beiden Extreme vermeidet, wer den Weg in der Mitte gefunden hat, der zur Ruhe, zum Wissen, zur Einsicht, zum Erlöschen (Nirwana)* führt. Es ist der edle achtgliedrige Pfad. Deshalb heißt der Buddhismus auch heute noch mittlerer Pfad.

Der edle achtgliedrige Pfad gliedert sich in:
1. rechte Ansicht (rechter Glauben)
2. rechter Entschluss (rechtes Entschließen)
3. rechte Rede (rechtes Wort)
4. rechtes Verhalten (rechte Tat)
5. rechtes Leben (rechtes Leben)
6. rechte Anstrengung (rechtes Streben)
7. rechte Bewusstheit (rechtes Gedenken)
8. rechte Meditation (rechtes Sich-Versenken).

❏ Macht aus dem achtgliedrigen Pfad eine Folge von Stufen und sucht nach übergeordneten Begriffen für die gefundenen Stufen.

❏ Entwerft selbst einen mehrgliedrigen Pfad oder eine Stufenfolge, die eurer Ansicht nach zu einem glücklichen Leben führen könnte.

Im Pali-Kanon, der ersten Niederschrift der Lehren des Buddha, findet sich die folgende ethische Entfaltung des mittleren Pfads.

Dreifach, ihr Bürger, ist der ordentliche rechte Wandel in Werken, vierfach in Worten, dreifach in Gedanken.

Dies ist der dreifache rechte Wandel in Werken:
Man zerstört kein Leben, man hat Stock und Schwert beiseite gelegt und lebt zartfühlend, erbarmungsreich, freundlich und gütig gegenüber allen lebenden Wesen. Man nimmt nicht, was einem nicht gegeben ward. Was einem andern in Dorf und Wald gehört, danach trachtet man nicht in diebischer Absicht und nimmt es nicht ungegeben. Man meidet schlechten Wandel in sinnlichen Lüsten. Mit Mädchen, die unter dem Schutze ihrer Eltern, ihrer Geschwister oder anderer Verwandter stehen, mit verheirateten Frauen, mit Dienerinnen und auch mit geschmückten Dirnen pflegt man keinen Geschlechtsverkehr.
Dies ist der vierfache rechte Wandel in Worten:
Man meidet die Lüge. Vor Gericht oder in einer Gesellschaft oder unter Verwandten oder in einer Versammlung oder als Zeuge vor Behörden antwortet man auf Fragen, wenn man nichts weiß: „Ich weiß nichts", oder wenn man es weiß: „Ich weiß es", oder wenn man es nicht gesehen hat: „Ich habe es nicht gesehen", oder wenn man es gesehen hat: „Ich habe es gesehen." So spricht man bewusst keine Lüge, sei es um eines anderen willen, sei es um irgendeines nichtigen Vorteils willen. Man meidet die üble Nachrede. Was man hier gehört hat, erzählt man dort nicht weiter, um diese zu entzweien, was man dort gehört hat, erzählt man hier nicht weiter, um jene zu entzweien. So einigt man die Entzweiten, festigt die Verbundenen, erfreut sich an Eintracht, spricht Eintracht fördernde Worte.
Man meidet rohe Rede. Man spricht nur untadelhafte Worte, die dem Ohre wohl tun, liebenswürdige, zu Herzen gehende, gesittete, jedermann erfreuende.
Man meidet unnützes Plappern. Man spricht zur rechten Zeit, den Tatsachen gemäß, dem Zweck entsprechend, spricht über die Lehre und über die Satzung. Die Worte, die man spricht, sind wert behalten zu werden, sie sind, wo es darauf ankommt, bilderreich, fein unterscheidend, sinngemäß.
Dies ist der dreifache Wandel in Gedanken:
Man begehrt nicht, was ein anderer im Besitz und Eigentum hat.
Man ist frei von Übelwollen, sinnt im Herzen nichts Böses, sondern denkt: „Mögen sich diese Wesen freihalten von Hass und Übelwollen, mögen sie leidlos und glücklich leben!"
Man hat rechte Anschauung, indem man einsieht, dass Spenden, Opfern, Darreichen von Wert ist, dass es eine Frucht und Vergeltung der guten und schlechten Taten gibt, dass es diese und eine andere Welt gibt, dass Mutter und Vater und rein geistige Wesen keine leeren Begriffe sind, dass es in der Welt vollkommen lebende Brahmanen gibt, die diese und die andere Welt auf Grund eigenen Wissens erklären können.

❑ Sucht nach Gemeinsamkeiten und Unterschieden mit den Zehn Geboten und den Antithesen der Bergpredigt (Seite 53ff.) in der Bibel.
❑ Erörtert, wie diese moralischen Weisungen mit der grundlegenden Lehre des Buddha zusammenhängen.

Ideal und Lebenspraxis

Das ethische Ideal

Die Meditationsübung der „vier Unermesslichkeiten“ soll die grundlegenden Haltungen erfahrbar machen, die Buddhisten anstreben. Es sind Freundlichkeit bzw. Güte (Metta), Mitleiden (Karma), Mitfreude (Nudita) und Gleichmut (Upekkha). Diese vier gelten als Teilaspekte des Wohlwollens gegenüber allen Kreaturen.

Die Meditation beginnt bei der Person des Meditierenden selbst: „Möge ich selbst glücklich und frei von Leiden sein“. Dieser Wunsch wird dann weitergegeben: der eigenen Familie, Verwandten, Freunden, Fernerstehenden, ja schließlich Feinden. Metta erstreckt sich nicht allein auf die Mitmenschen, sondern „auf alle Formen des Lebens und auf diese Weise auf das ganze Universum“.

Versöhnung von Mensch und Tierwelt.

Angst vor Frauen

Das Karma* der Frau ist niedriger als das des Mannes. Wenn ein Mensch das Pech hat, als Frau geboren zu werden, so bedeutet das, dass sein Ansammeln an religiösem Verdienst im letzten Leben nicht ausgereicht hat, um als Mann wieder geboren zu werden. Eine Frau kann den Weg ins Nirwana nicht gehen, sie darf nur hoffen, ihr Karma so zu steigern, dass sie im nächsten Leben als Mann wieder geboren wird und somit etwas verzögert die Möglichkeit bekommt, den ersehnten Endzustand zu erreichen.

Nur widerstrebend hat Buddha Nonnenorden zugelassen, gestand den Nonnen aber nur einen niedrigeren Rang als den Mönchen zu.

Für den Buddha und seine Jünger galten Frauen als sexuelle Verführerinnen, die Männer vom mittleren Pfad abbringen wollen. Aus einem Gespräch zwischen Buddha und seinem Jünger Ananda:

Ananda: Wie, Erhabener, sollen wir uns in Gegenwart von Frauen verhalten?
Buddha: Als würdet ihr sie nicht sehen, Ananda.
Ananda: Und wenn wir sie sehen, was sollen wir dann tun?
Buddha: Sie nicht ansprechen, Ananda.
Ananda: Aber, Erhabener, was sollen wir tun, wenn sie uns ansprechen?
Buddha: Ganz wach bleiben, Ananda.

❏ Vergleicht diese Bewertung der Frauen mit dem Ideal buddhistischer Ethik.
❐ Auch von vielen christlichen Theologen früherer Zeiten wurden Frauen als Verführerinnen betrachtet. Informiert euch über die Bewertung Evas und über die Hexenverfolgungen.

Mönche im Mittelpunkt

Der Lebensweg des Buddha wird von Mönchen und Nonnen nachvollzogen, die ihre Familie und ihren Besitz hinter sich lassen und sich den Regeln des Ordens (Sangha) unterwerfen. Man kann dies auf Zeit oder lebenslang tun. Bereits mit sieben Jahren ist ein Eintritt ins Noviziat* möglich. Junge Erwachsene können nach einem Examen zum Mönch bzw. zur Nonne ordiniert werden.

Der Tageslauf ist heute noch so wie zu Buddhas Zeiten: Gegen vier oder fünf Uhr morgens steht man auf und beginnt den Tag mit einer Meditation. Danach werden notwendige tägliche Arbeiten im Kloster und Garten verrichtet. In der Regel ist der Vormittag dazu bestimmt, Essen und andere Almosen zu sammeln. Dies gilt als Übung in Demut und Bescheidenheit und soll den eigenen Stolz brechen. Die Gebenden erwerben sich durch das gute Werk heilvolles Karma. Der Rest des Tages gilt dem Studium der heiligen Schriften. Einige Mönche und Nonnen sind in der Sozialarbeit tätig, in Waisenhäusern, Altersheimen und Krankenanstalten.

Die Buddha-Gemeinde besteht nicht nur aus Mönchen und Nonnen, sondern ebenso aus der viel größeren Zahl der Laienanhänger. Die Mönche bilden den geistigen Kern und halten die Überlieferung der Lehre lebendig, während die Laien die zum Leben notwendigen Güter herstellen und die Ordensmitglieder versorgen.

Wie der Mönch, so sollen auch alle anderen versuchen, dem Leiden zu entrinnen. Doch können sie nicht ihre ganze Kraft diesem Ziel widmen. Sie haben eine Familie und einen Beruf, die viel von ihnen fordern. Die Fürsorge für die Angehörigen nimmt den wichtigsten Platz innerhalb der Pflichten der Laienanhänger ein. Dabei gebührt den Eltern der erste Platz.

In vielen buddhistischen Familien ist es üblich, dass die Söhne für eine gewisse Zeit, von drei Wochen bis zu einem Jahr, Mönche werden, bevor sie ins Berufsleben eintreten oder eine eigene Familie gründen.

- ❑ Als Mönch oder Nonne zu leben, gilt als erstrebenswertes Ideal. Inwiefern entspricht dies dem Vorbild des Buddha, inwiefern nicht?
- ❑ Wie könnte sich der Unterschied zwischen Mönchen und Laien im öffentlichen Leben, z.B. in Ämtern oder öffentlichen Verkehrsmitteln, auswirken?
- ❑ Ein deutscher Buddhist hat vorgeschlagen, man solle jungen Männern in Deutschland die Möglichkeit einräumen, statt des Wehr- oder Zivildienstes für ein Jahr in einem buddhistischen Orden zu leben.

Mönche in Chamdo, Tibet. Immer wieder begeben sich buddhistische Mönche in politische Krisengebiete, um Aufbauarbeit zu leisten und für den Frieden zu beten. Dabei versuchen sie mit ihrer Gesinnung der Frömmigkeit und des Gleichmuts ein Vorbild für das menschenfreundliche Zusammenleben auch in schwierigen Situationen zu geben.

Buddhismus in vielen Formen

Die Anpassung indisch-buddhistischer Vorstellungen an die kulturelle Umwelt Ostasiens hat auch in China zu weitreichenden Veränderungen der „reinen Lehre“ vor allem im Bereich der Volksreligiosität geführt. Dies betrifft auch den Zukunftserlöser Maitreya (chin. Mile Fo), dessen Bodhisattwa-Natur die Chinesen im freundlich-lachenden Mönch Budai verkörpert sehen, der mit Bettelsack und Rosenkranz unerkannt über die Erde wandert, um den Gläubigen bereits jetzt hilfreich zur Seite zu stehen.

Das große und das kleine Fahrzeug (Mahajana und Hinajana)

Etwa hundert Jahre nach dem Tod des Buddha konnten sich die Mönche über die Bedeutung der Pali-Texte im Vergleich zu den Auslegungen großer Lehrer nicht mehr einigen. Auf dem Konzil in Waischali (ca. 380 v. Chr.) stand eine Minderheit, die allein den Pali-Kanon anerkannte, einer Mehrheit gegenüber, die den Auslegungen der Meister gleiches Gewicht zumaß. Daraus entwickelte sich im Lauf der Jahrhunderte die Spaltung zwischen dem „kleinen Fahrzeug“ (Hinajana), das nur den Pali-Kanon gelten lässt, und dem „großen Fahrzeug“ (Mahajana), in dem sich vielfältige Lehren über das Göttliche, die Welt und die Menschen entwickelt haben. Hinajana beschränkte sich weiterhin auf den Heilsweg und blieb damit eine Religion der Mönche und Nonnen, Mahajana entspricht mehr den rituellen Bedürfnissen und dem Denken der breiten Bevölkerung. Aus ihm sind viele Schulen und eigenständige Religionsformen, z.B. der Lamaismus in Tibet, entstanden, wobei auch fremde Einflüsse wirksam waren (z.B. Tantrismus*). Für Mahajana ist charakteristisch:

- Es gibt eine selbstständige göttliche Sphäre, ein Jenseits, in der Gott als Urbuddha existiert.
- Dieser Urbuddha offenbart sich zu verschiedenen Zeiten in menschlichen Verkörperungen (Buddhas und Bodhisattwas).
- Bilder der Buddhas und Bodhisattwas werden verehrt. Sie werden zu Erlösergottheiten, die das persönliche Karma günstig beeinflussen und auch in alltäglichen Nöten Hilfe leisten.
- Gebete können Wunder bewirken, Zauber und Riten können das Weltgeschehen beeinflussen.
- Das Nirwana wird mit Paradiesvorstellungen verbunden.

Ausbreitung des Buddhismus

- nur sporadisch buddhistisch
- Buddhismus neben anderen Religionen
- Buddhismus als herrschende Religion

Mile Fo (Budai)

❑ Die Mehrheit der heutigen Buddhisten sind Anhänger einer der Spielarten des großen Fahrzeugs (Mahajana). Nennt mögliche Gründe.

❑ Einigen Menschen aus dem westlichen Kulturkreis erscheint das kleine Fahrzeug besonders anziehend. Unter ihnen finden sich Wissenschaftler, Philosophen oder Manager. Versucht dies zu erklären.

❑ Vergleicht die Merkmale des großen Fahrzeugs mit entsprechenden Vorstellungen im Christentum (Gott, Jesus, Gebet, ewige Seligkeit).

Ein christliches Lied

Voneinander lernen?

2. Du lässt in deiner Liebe uns gewähren./ Dein Name ist unendliche Geduld./ Und wir sind frei: zu hoffen und zu glauben/ und wir sind frei zu Trotz und Widerstand./ Gott schenkt Freiheit ...

3. Wir wollen leben und uns selbst behaupten./ Doch deine Freiheit setzen wir aufs Spiel./ Nach unserm Willen soll die Welt sich ordnen./ Wir bauen selbstgerecht den Turm der Zeit./ Gott schenkt Freiheit ...

4. Wir richten Mauern auf, wir setzen Grenzen/ und wohnen hinter Gittern unsrer Angst./ Wir sind nur Menschen, die sich fürchten können,/ wir brachten selbst uns in Gefangenschaft./ Gott schenkt Freiheit ...

5. Wenn du uns richtest, Herr, sind wir verloren./ Auf unsern Schultern lastet schwere Schuld./ Lass deine Gnade, Herr, vor Recht ergehen,/ von gestern und von morgen sprich uns los. Gott schenkt Freiheit ...

Interview mit einem Buddhisten

Buddhist: Saddha bedeutet eher Vertrauen als Glauben. Warum glauben – oder zumindest hoffen – wir, wenn wir krank sind und zum Arzt gehen, dass er uns heilen kann?

Interviewer: Nun, ich denke, weil er seine Examina hat und seine Fähigkeit bei der Behandlung anderer Patienten schon bewiesen hat.

B: Richtig. Und aus genau demselben Grunde gehen wir zu einem Lehrer, dessen Fähigkeiten sich in der Praxis erwiesen haben. Bedeutet dies nicht, dass wir Vertrauen in den Arzt oder Lehrer setzen?

I: Ja, natürlich.

B: Doch die Tatsache, dass er uns heilen oder lehren kann, entstammt nicht unmittelbarem Wissen?

I: Nein, wir wissen es erst nach der Handlung völlig gewiss.

B: Dann kann man es also Glauben nennen?

I: Ja. Aber „Glaube" ist ein ziemlich emotional aufgeladenes Wort, das wir gewöhnlich für Mysterien der Religion reservieren. Es deutet in Richtung auf einen Glauben, der nicht durch die Vernunft bestätigt ist.

B: Das Vertrauen eines Buddhisten in den Buddha ist genau von der Art, welche wir in einen guten Arzt oder Lehrer setzen. Es ist kein blinder Glaube, weil wir überzeugende Gründe dafür haben. An die Lehre, die uns Buddha anbietet, kann man zunächst einmal intellektuell glauben, weil sie das bestätigt, was wir sehen und überprüfen können. Wir wissen, dass seine Methode dem Leiden erfolgreich ein Ende bereitet, weil sie dies während der vergangenen 2500 Jahre bei vielen Menschen bewirkt hat. Man könnte sagen, sie ist eine altbewährte Praxis. Deshalb setzen wir großes Vertrauen in den Dhamma des Buddha ...

Paul Ranson, Christus und Buddha

❑ Das christliche Lied und die Antwort des Buddhisten zeigen wichtige Unterschiede zwischen der christlichen und buddhistischen Lebensauffassung. Arbeitet die unterschiedliche Weltsicht und das jeweilige Glaubensverständnis heraus.

❑ Diskutiert, was Christen von Buddhisten lernen können.

Glossar

Agape: Internationales Begegnungszentrum für Jugendliche bei den Waldensern in Prali (Piemont, Italien). Der Name leitet sich von dem griech. Wort für tätige Nächstenliebe her. A. ist auch die Bezeichnung für das christliche Liebesmahl.

Askese: Von griech. askesis, „Übung" oder „Pflege". Enthaltsamkeit, die auf bestimmte Nahrungsmittel oder auf andere Aspekte des Lebens (z.B. gelebte Sexualität) verzichtet. Bei den Eremiten in der Alten Kirche kann A. bis zur Weltentsagung führen. Ziel ist es, innerlich Raum für andere, insbesondere religiöse Güter zu gewinnen.

Bekenntnissynode: Kirchenversammlung, die sich mit Glaubensfragen beschäftigt.

Bergpredigt: Eine Sammlung wichtiger Worte und Reden Jesu, die vermutlich vom Evangelisten Matthäus zusammengestellt wurde. Mit dem Berg als Ort der Rede wollte der Evangelist die Autorität der Lehre Jesu unterstreichen.

Berliner Konferenz: Zusammenkunft von Staatsmännern der führenden europäischen Staaten und der Türkei unter Leitung Bismarcks im Jahre 1878, auf der die Grenzen zwischen den afrikanischen Kolonien europäischer Mächte abgesteckt wurden.

Biotop: Von griech. bios, „Leben" und topos, „Ort". Natürlicher Lebensraum, in dem Pflanzen und Tiere eine Lebensgemeinschaft bilden.

Bruderrat: Leitungsorgan der Bekennenden Kirche, von der Ebene der Gemeinde bis zur Ebene der Kirchenleitung.

BUND: Bund für Umwelt und Naturschutz Deutschland.

Chanukka: (Hebr.: „Weihe"). Jüdisches Lichterfest im Dezember zur Erinnerung an die Wiedereinweihung des Tempels in Jerusalem 165 v.Chr. Acht Tage lang wird je ein weiteres Licht des achtarmigen Chanukka-Leuchters angezündet.

Chromosomen: Aus Nukleinsäuren und Proteinen bestehende Gebilde im Zellkern von Organismen. Die C. sind Träger der Gene (Erbfaktoren). Ihre Gestalt und Anzahl ist artspezifisch (z.B. Mensch 46, Löwenmaul 14, Fruchtfliege 8). Sie vermehren sich durch Verdoppelung.

Dharma/Dhamma: Pflichtenkanon, nach dem sich die Angehörigen einer Kaste richten müssen (im Hinduismus). Buddhas Erlösungslehre, die heilige weltüberwindende Wahrheit; sonst im Buddhismus: die Daseinsfaktoren, aus deren Zusammenspiel der Schein eines einheitlichen Selbst entsteht.

Diagnostik: Zur D. (Lehre von der Fähigkeit zur Erkennung einer Krankheit) gehören u.a. die Aufnahme der Krankengeschichte (Anamnese), die körperliche Untersuchung sowie Labor- und/oder Röntgenuntersuchungen.

Diaspora: Wörtlich: „Zerstreuung". Mit D. bezeichnet man die jüdischen Gemeinden, die nicht im Land Israel, sondern „zerstreut" über die ganze Welt leben. Von D. spricht man auch, wenn Angehörige einer christlichen Konfession in einer Minderheitensituation leben, z.B. Evangelische in einer überwiegend katholisch geprägten Gegend.

„Die Zwei": Anspielung auf zwei Zeugen im biblischen Buch der Offenbarung (11,3ff.), die endzeitliche Ereignisse voraussagen und Plagen über die Erde bringen können.

Drittes Reich: Von Nationalsozialisten benutzte Bezeichnung für Deutschland unter der NS-Herrschaft – zum Unterschied vom ersten Reich (dem Heiligen Römischen Reich) und dem zweiten Reich (dem deutschen Kaiserreich von 1871 bis 1918).

Entartete Kunst: Nationalsozialistisches Schlagwort zur Bezeichnung der gegen Tradition und Konvention eingestellten modernen Kunst, die ab 1936 von Hitler als „artwidrig" verfemt wurde. Dabei wurden z.B. Werke von Max Beckmann, Lionel Feininger und Oskar Kokoschka aus den Museen entfernt und ins Ausland verkauft.

Epilepsie: Dauernde Störung des Gehirns, die sich in immer wieder auftretenden Krämpfen oder Anfällen bemerkbar macht. Diese Anfälle können infolge einer Hirnschädigung oder auch ohne organische Ursachen auftreten. Es kann bei einem Anfall zu Bewusstlosigkeit, krampfartigen Zuckungen einzelner Körperteile oder zu geistiger Verwirrung kommen. Berühmte historische Persönlichkeiten, die an E. litten, waren u.a. Alexander der Große, Sokrates und Cäsar. Es gibt keine spezifischen Heilungsmethoden, jedoch lässt sich die Häufigkeit der Anfälle bei 90% der Patienten durch Medikamente senken.

Epos: Längere erzählende Dichtung in rhythmisch oder metrisch gebundener Sprache, z.B. das Nibelungenlied.

Ethnisch: Von griech. ethnos „Volk": zu einem bestimmten Volk gehörig. So leben z.B. Albaner als Angehörige einer eigenen Volksgruppe in Serbien.

Etymologie: Von griech. etymos „wahr, wirklich" und logos „Wort, Lehre". Lehre, die die Bedeutung eines Wortes aus seiner sprachlichen Wurzel erklärt.

Euthanasie: (Griech.: „schöner Tod"). Bezeichnung für aktive und passive Sterbehilfe. Im Dritten Reich wurde die massenhafte Ermordung von Kranken als „lebensunwertem Leben" mit dem Wort E. verschleiert.

Fetisch: Meist von Menschenhand angefertigter Gegenstand, der als mit magischer Kraft aufgeladen verstanden und um Hilfe angerufen wird. Spielt eine große Rolle in der traditionellen afrikanischen Religion.
Finca: Span. Gehöft, Bauernhof, in Lateinamerika oft großes Landgut.
Freikirchen: Christliche Gemeinschaften, die ausgewählten biblischen Lehren eine besondere Bedeutung beilegen und – anders als Großkirchen – eine enge Gemeinschaft ihrer Mitglieder verwirklichen sowie sich von freiwilligen Spenden erhalten, z. B. Baptisten, Methodisten, Mennoniten. Im Unterschied zu → Sekten/Sondergemeinschaften berufen sich F. nicht auf besondere Offenbarungen.

Genom: Das Gen ist der Erbfaktor, der für bestimmte erblich bedingte Strukturen oder Funktionen eines Organismus verantwortlich ist. Gene sind die kleinsten chemischen Einheiten, die in sich die verschlüsselte genetische Informationen (Erbanlagen) tragen. Die perlschnurartig aufgereihten Gene bilden die Chromosomen, die sich im Zellkern befinden. Die Gesamtheit der Gene eines Organismus bilden das Genom. Weltweit wird derzeit an einem Projekt gearbeitet, das zum Ziel hat, das gesamte menschliche Erbgut zu entschlüsseln.
Gestapo: Geheime Staatspolizei, gefürchtete politische Polizei in der Zeit des Nationalsozialismus mit umfassenden Vollmachten zur Unterdrückung jeden Widerstands; bei den Nürnberger Prozessen 1946 zur verbrecherischen Organisation erklärt.
Ghetto: Abgegrenztes, nicht allgemein zugängliches Gebiet, in dem im Mittelalter Minderheitengruppen (z. B. Juden) wohnten. Die Nationalsozialisten richteten solche geschlossenen Wohngebiete für Juden wieder ein (z. B. in Warschau), um ihre Lebensmöglichkeiten einzuschränken und sie leichter vernichten zu können.
Guru: Indischer Weisheitslehrer und Seelenführer.

Herrnhuter Brüdergemeine: Gegründet 1727 von böhmischen Glaubensflüchtlingen, die auf dem Gut des Reichsgrafen Nikolaus Ludwig von Zinzendorf in der Lausitz (Sachsen) die Siedlung Herrnhut schufen. Die H.B. wurde erste evangelische Freikirche auf europäischem Boden. Heute gibt es weltweit viele Herrnhuter Gemeinden. Bekannt ist das Herrnhuter Losungsbuch mit biblischen Texten und Gebeten für jeden Tag.
Holocaust: Von griech. „Brandopfer". Verwendet zur Bezeichnung des Massenmords am jüdischen Volk in der Zeit des Nationalsozialismus. Heute gebraucht man zunehmend auch die Bezeichnung Shoa.
Humanität: Menschlichkeit.

Jadnjawalkja: Berühmter religiöser Lehrer der Upanischaden (eine der vier Textsammlungen der sog. Weden, die zwischen 1300 und 500 v.Chr. entstanden sind und die grundlegenden religiösen Gedanken des indischen Kulturraums enthalten).
Joch: Geschirr zum Anspannen von Zugtieren, z.B. von Rindern und Ochsen.

Karma: Summe der Reden und Taten, die in den vorangegangenen Leben und in der gegenwärtigen Existenzweise angesammelt wurden und die zukünftigen Lebensmöglichkeiten (Wiederverkörperungen) bestimmen.
Kibbuz: Kollektive ländliche Siedlung in Israel (mit Gemeinschaftseigentum), heute meist mit einem angegliederten Industriebetrieb. Als erster K. wurde 1909 Deganya am See Genezareth gegründet. (Plural: Kibbuzzim).
Klonen: Vervielfältigungstechnik, durch die die Erbinformation (DNS-Kette) eines Lebewesens für die Erzeugung eines neuen Lebewesens benutzt wird. Ein Klon sind Nachkommenzellen, die durch ungeschlechtliche Fortpflanzung aus einer einzigen Zelle hervorgegangen und genetisch mit dieser identisch sind.
Kommunität: Evangelische Bruder- oder Schwesternschaft, die nach den altkirchlichen Mönchsgelübden Armut, Ehelosigkeit und Gehorsam lebt, z.B. die Communauté von Taizé.
Kontemplation: Besinnung, Meditation.
Künder: Anderer Name für Prophet: ein Mensch, der das Wort Gottes kundtut (verkündet).

Levitation: Überwindung der Schwerkraft durch (psychokinetische) Anhebung von Gegenständen oder Schweben von Menschen.

Magie: Praktiken der Beeinflussung anderer Wesen oder Gegenstände, denen eine Seele zugeschrieben wird.
Maxime: Oberster Grundsatz.
Meditation: Besinnliche Betrachtung, geistig – geistliche Sammlung. In der Stille, im Nachdenken, Beten, Singen, Schweigen, im Betrachten von Bildern, im Achten auf die Körperhaltung und den Atem soll die M. den Menschen zu seinem eigenen innersten Grund führen. M. wird in verschiedenen Religionen geübt, vor allem auch im Hinduismus und Buddhismus.
Medium: Vermittler (lat.), die in manchen Religionen oder Kulten Botschaften aus einer anderen Welt weitergeben.

Metropolit: Oberster Geistlicher einer orthodoxen Kirche eines Landes. Der Sitz des M. Augustinos, des griechisch-orthodoxen M. für Deutschland, ist Berlin. Alle griechisch-orthodoxen Kirchen gehören zum Patriarchat von Konstantinopel (heute: Istanbul).

Misereor: Hilfswerk der katholischen Kirche mit Sitz in Aachen, das sich ähnlich wie „Brot für die Welt" in der Entwicklungshilfe engagiert und für eine Nord-Süd-Partnerschaft einsetzt.

Mobbing: Tricks und Strategien, um Kollegen oder Untergebene am Arbeitsplatz unmöglich zu machen.

Mulatte, Mulattin: Mischling mit europidem und negridem Elternteil.

Neu-Jerusalem: Das neue oder himmlische Jerusalem, das nach dem endzeitlichen Weltgericht vom Himmel herabkommt und den Erlösten als Wohnort dienen wird (vgl. Offenbarung 21). Die Vorstellung von einer endzeitlichen Stadt Gottes bei den Menschen findet sich schon in der Prophetie des Alten Testaments und ist Teil der jüdischen und christlichen Endzeiterwartung (vgl. S. 76f.).

Nirwana: Zustand des Erlöschens, der Freiheit vom Kreislauf der Wiedergeburten und damit von Dukkha (Leiden) im Buddhismus.

Noviziat: Anfangs- und Lehrzeit im Kloster. Die Novizen („Neulinge") werden in die Lehren und Lebensformen ihres Ordens eingeführt und sollen ihre Lehrzeit zur Selbstprüfung nutzen.

Ökumene: Von griech. „bewohnte (Erde)". Heute Bezeichnung für evangelisch - katholische bzw. gesamtchristliche Zusammenarbeit und Einheitsbemühungen sowie für Bestrebungen, die auf ein friedliches Zusammenleben aller Menschen und Religionen auf dieser Erde zielen.

Papalagi: (Ausgesprochen: Papalangi) Mit diesem Begriff bezeichneten die Bewohner der Südseeinseln (z.B. Samoas) die ersten Weißen, die bei ihnen landeten. Wörtlich übersetzt bedeutet das Wort „Himmelsdurchbrecher".

Paramente: Liturgische Gewänder oder sonstige Textilien, die im Gottesdienst Verwendung finden, z.B. Tücher auf dem Altar und auf der Kanzel.

Peer Group: Soziologischer Begriff, der die Bezugsgruppe Einzelner, besonders Jugendlicher bezeichnet, die aus ebenbürtigen, etwa Gleichaltrigen besteht, deren Verhaltensweisen und Vorlieben als richtungsweisend angesehen sind.

Pogrom: Von russ. „Zerstörung". Der (oder das) P. bezeichnet im Allgemeinen Ausschreitungen gegen (ethnische) Minderheiten durch eine aufgebrachte bzw. aufgehetzte Mehrheit. Im Dritten Reich wurden P. gegen Juden vom Staat bzw. der Führung der NSDAP organisiert. Am bekanntesten ist der P. vom 9. November 1938, auch „Reichspogromnacht" (früher verharmlosend „Reichskristallnacht") genannt.

Polygamie: (Griech.: „Vielehe"). Eheliches Zusammenleben eines Mannes mit mehreren Frauen oder einer Frau mit mehreren Männern.

Posthum: Fälschlicherweise für postum: nach dem Tod, z.B. Veröffentlichung nach dem Tod des Verfassers, Verleihung einer Auszeichnung nach dem Tod der geehrten Person.

Pränatal: Vor der Geburt, z.B. pränatale Genuntersuchung: vorgeburtliche Untersuchung des Genbestandes an einem Embryo.

Privileg: Vorrecht, besondere Auszeichnung.

Profit: Erwirtschafteter Gewinn.

Psychokinese: Herbeiführung von physischen Veränderungen, z.B. Bewegungen durch seelische (psychische) oder geistige Kräfte.

Rabbi/Rabbiner: Ursprünglich Schriftgelehrter einer jüdischen Gemeinde, der in verbindlicher Weise die Vorschriften der Tora auslegte und den Bedingungen der jeweiligen Zeit anpasste. Der Titel R. wird vor den Namen gesetzt, z.B. Rabbi Akiba. Auch Jesus wird als R. bezeichnet, z.B. Markus 10,17. Heute ist der Rabbiner der von einer jüdischen Gemeinde berufene Religionslehrer, Prediger und Seelsorger. In einigen Gemeinden können auch Frauen heute R. werden.

Sahel: Überwiegend trockene Steppenzone am Südrand der Sahara.

Satan: Widersacher Gottes; Teufel. Der S. ist eine Symbolfigur für den Ankläger vor Gott. Er verkörpert das Böse, die zerstörerische Macht.

Sati: Brauch der Selbstverbrennung von Witwen zusammen mit dem Leichnam ihres Mannes, bereits unter britischer Herrschaft in Indien verboten.

Scheidebrief: (Hebr. „get".) Nach 5.Mose 24,1 ein nach bestimmten Vorschriften verfasster Brief des Ehemannes, den er selbst oder durch einen Bevollmächtigten seiner Ehefrau überbringt, um sich von ihr zu trennen. Die Frau kann gegen diesen Brief nichts unternehmen.

Schreibmechanisch: Meditationstechnik, bei der unmittelbare Eingebungen aufgeschrieben werden.

Schwellenländer: Länder auf der Schwelle zwischen Entwicklungsland und Industriestaat.

Seder-Abend: Erster Abend des einwöchigen jüdischen Pessach-Festes. An diesem Abend findet das Seder-Mahl statt. Seder bedeutet „Ordnung"; der Abend heißt so, weil das Festmahl nach einer festgelegten Ordnung abläuft. Die Geschichte vom Auszug aus Ägypten wird erzählt, der/die Jüngste in der Runde stellt dazu festgelegte Fragen. Auch die Lieder, Texte und Gebete folgen einer bestimmten Ordnung.

Sekte: (Von lat. secta). Von der als unrein oder verweltlicht angesehenen Kirche abgespaltene Gruppe mit zentraler Betonung einer besonderen Lehre (z. B. Endzeiterwartung, Erwählung einer kleinen Gruppe usw.) oder zusätzlicher, die Bibel überbietender „Offenbarungen“, die meist einer auserwählten Führergestalt zuteil wurden. Da der Begriff als diskriminierend gilt, wird er häufig durch „Sondergemeinschaft“ ersetzt. S. lehnen meist auch die kulturell vorherrschenden Verhaltensmuster ab.
Shoa: Von hebr. „Katastrophe, totale Vernichtung“. Bezeichnung für den systematischen Massenmord an den Juden in der Zeit des Nationalsozialismus.
SS: Abkürzung für Schutzstaffel; paramilitärischer Kampfverband der NSDAP, wurde unter ihrem Leiter, Reichsführer SS Heinrich Himmler, durch Verbindung mit der Gestapo und durch die Verwaltung der Konzentrationslager zum Hauptträger des politischen Terrors in der Zeit des Dritten Reiches. Die SS wurde bei den Nürnberger Prozessen 1946 zur verbrecherischen Organisation erklärt.

Tantrismus: Ursprünglich eine indische Geheimlehre, die die mystische Einheit alles Lebendigen erfahrbar machen will und dazu verschiedene Übungen mit strenger Disziplin entwickelte. So wird u.a. die Welt als Widerspiegelung des Körpers Buddhas begriffen. Manche Gruppen sehen in der Vereinigung des männlichen und weiblichen Prinzips die höchste Wirklichkeit, die durch absolute Selbstkontrolle auch beim Geschlechtsverkehr erreicht werden kann.
Tarot: Karten mit Bildern, aus denen Kundige vergangene, gegenwärtige und zukünftige Befindlichkeiten und äußere Einflüsse auf die fragende Person ermitteln können. Mehrere Karten werden nach bestimmten Traditionen ausgewählt und kombiniert. Aus jeder Karte ergibt sich eine neue Perspektive für ein zuvor benanntes Problem.
Ten Tribes: Zehn Stämme; gemeint sind die zehn der ursprünglich zwölf Volksstämme Israels, die bei der Zerstörung des sog. Nordreichs (722 v.Chr.) von den Assyrern ausgerottet bzw. über das ganze assyrische Reich verteilt wurden. Die Wiederherstellung der zwölf Stämme Israels ist Teil der jüdischen Endzeiterwartung (vgl. z.B. Hesekiel 47, 13-23). Da die beiden Stämme des Südreichs Juda (Ephraim und Manasse) nach dem babylonischen Exil nach Jerusalem zurückkehrten, müssen nur die verlorenen zehn Stämme wiederhergestellt werden.
Treber, Treberin: Fachausdruck für obdachlose Menschen.

Vikar, Vikarin: Nach dem Theologiestudium schließt sich das Vikariat an. In einer Kirchengemeinde werden die künftigen Pfarrer und Pfarrerinnen praxisnah ausgebildet, z.B. in Seelsorge, Predigt und Unterricht.
Voodoo: Ekstatische afrikanisch-indianisch-christliche Mischreligion in der Karibik und in den Südstaaten der USA.

Weda: Wissen, das in den ältesten religiösen Schriften des indischen Kulturraums, den Weden, niedergelegt ist.
Westindien: Inseln Mittelamerikas, die Kolumbus auf seiner vermeintlichen Westfahrt nach Indien 1492 enttdeckte und deshalb W. nannte.

Yams: 4-5 kg schwere Knollenfrucht, die wie unsere Kartoffel im Boden wächst. Sie dient vor allem in Teilen Afrikas als Grundnahrungsmittel.

Zebaoth: Von hebr. „Heerscharen“. Gott wird im Alten Testament häufig als Herr Z. = Herr der himmlischen Heerscharen, z.B. der Engel, bezeichnet.
Zionismus: Jüdische Bewegung zur Gründung eines jüdischen Staates in Palästina. Begründer war der Wiener jüdische Journalist Theodor Herzl, der 1898 zum ersten Zionistenkongress nach Basel einlud.

Text- und Liednachweis

Leider war es nicht möglich, alle Urheber zu ermitteln. Betroffene Inhaber/innen von urheberrechtlichen Ansprüchen bitten wir sich bei einem der Verlage zu melden.

Seite **Mein Gott ...?**

12/13 Schüleräußerungen über Gott: In: Helmut Hanisch, Die zeichnerische Entwicklung des Gottesbildes bei Kindern und Jugendlichen. Calwer Verlag/Evangelische Verlagsanstalt, Stuttgart/Leipzig 1996.

14 Interview mit Silvia: Aus: Ursula Arnold/Helmut Hanisch/Gottfried Orth (Hgg.), Was Kinder glauben. 24 Gespräche über Gott und die Welt. Calwer Verlag, Stuttgart 1997, S. 147f.

16 Befragungsergebnisse: In: Das Sonntagsblatt Nr. 25/20.06.1997.

17 Ich schaue nach allen Seiten: Blaise Pascal, aus: ders., Gedanken (Pensées), übersetzt von Wolfgang Rüttenauer. Leipzig 1938, S. 292 ff.

Im Jahre der Gnade 1654: Blaise Pascal, aus: ders.: Vermächtnis eines großen Herzens. Die kleineren Schriften, übertragen und herausgegeben von Wolfgang Rüttenauer. Leipzig 1938, S. 126.

18 I don't believe: Nick Cave, Into My Arms von der CD Nick Cave & The Bad Seeds, The Boatman's Call (Int. 846.936 (CDStumm142) 7243 4 84444 2 4). ©1996 Mute Song.

20 Lied: Zeit für Ruhe, Zeit für Stille. Text: Gerhard Krombusch. Musik: Ludger Edelkötter. Aus: Komm mit zur Quelle (IMP 1037); Zeit für Ruhe im Alltag (IMP 1065). Musikverlag Ludger Edelkötter, Drensteinfurt. Aus: IMP 1036 „Weil du mich so magst".

23 Tell Me Why: Genesis von der CD We Can't Dance (GEN CD 3/ 262 082.PM 527). Virgin Records Ltd. ©1991 Anthony Banks Ltd/Philip Collins Ltd/Michael Rutherford Ltd/Hit And Run Music Publishing.

23 Aus dem Tagebuch eines Vikars: Nach H.Gerstlauer, 24 Konzepte für den Religionsunterricht Hauptschule. Calwer Verlag, Stuttgart, 21987, S. 155.

25/26 Hiobsbotschaften/Hiobs Freunde: Nach M.Trenkle.

28 Gott verursacht nicht unser Unglück: nach: Harold S.Kushner, Wenn guten Menschen Böses widerfährt,GTB 1089, Gütersloher Verlagshaus Gerd Mohn, Gütersloh 1988, S. 126-131.

28 Ich bin nicht versucht: Bernhard Häring, in: ders., Vom Glauben, der gesund macht. Verlag Herder, Freiburg u.a. 1984.

29 Menschen gehen zu Gott in ihrer Not: Dietrich Bonhoeffer, in: ders., Widerstand und Ergebung (Hg.v.Eberhard Bethge). Chr.Kaiser / Gütersloher Verlagshaus, Gütersloh, 16.Aufl. 1997, S. 188.

29 Wo Gott begegnet: Helmut Gollwitzer, Predigt über Matthäus 25, 31-46.

29 Die christliche Antwort auf die Frage nach dem Leid: Heinz Zahrnt, in: ders., Warum ich glaube. Deutscher Taschenbuch Verlag, München 1980, S.338f.

33 Ich bin eine Frau: Grace Eneme, Aus: Evangelisches Missionswerk (Hg.), Mit anderen Augen sehen. Frauen in der Mission der Kirche. Arbeitsheft Weltmission '87, S. 36.

34 Bild einer Mutter von ihrem Sohn/ Bild eines Mannes von sich/ Bild eines Sohnes vom Vater: Aus: Alan Lightman, Und immer wieder die Zeit. Heyne Verlag, München 21993, S. 69-74 (Auszüge).

35 Posthum: Hanns Dieter Hüsch, in: Sigrid Berg/ Klaus Berg (Hgg.), Biblische Texte verfremdet. Bd.9 : Und siehe, es war sehr gut. Schöpfung und Weltverantwortung. Calwer Verlag/Kösel, Stuttgart/München 1988.

36 Das eigene Kind designen: Aus einem Interview mit Ken Follett, in: Focus.

38 Albert Schweitzer erzählt aus seiner Kindheit: In: ders., Aus meiner Kindheit und Jugendzeit. C.H.Beck, München 1924/1954, S.25.

39 Ich bin Leben/ Verpflichtung: Aus: Broschüre des Freundeskreises des Albert-Schweitzer-Archivs und Zentrums, Frankfurt a.M.o.J., o.S.

40 Vater unser (Myer Cuervo, Kolumbien): In: Publik-Forum.

41 Einfach miteinander leben: Glaubensbekenntnis aus der „Weltversammlung der Christen", Seoul 1990.

Jesus bringt Hoffnung

44 Jesus Freak: Toby McKeehan/Mark Heimerman, aus der CD „Jesus Freak" (1995) von DC Talk. EMI-Electrola Nr. 724382516927. © The Forefront Communications Group Inc.

45 Nobody knows: Aus: Songbuch 1, Katholische Junge Gemeinde (KJG). Hg. von der Bundesleitung der KJG. KJG Verlag , Düsseldorf 1991, S. 53.

47 If life seems jolly rotten: Always Look On The Bright Side Of Life. Eric Idle, aus der CD „Monty Python ... sings" (1989). © 1979 Kay-Gee-Bee Music Ltd. EMI Virgin Music Publishing Germany GmbH, Hamburg.

48 jesus: Kurt Marti, in: ders., abendland. Hermann Luchterhand Verlag, Darmstadt 1980, S.45f.

49 Beim Kreuz wird mir schlecht: Aus: Roselies Taube, Frauen und Jesus Christus: Die Bedeutung von Christologie im Leben protestantischer Frauen. Verlag Kohlhammer, Stuttgart u.a. 1995, S. 55.

49 Das Kreuz sagt, wie wir Menschen sind: Klaus Berger, in: ders., Wer war Jesus wirklich? Quell Verlag, Stuttgart 1995, S. 203f.

55 11 Regeln „Gewaltfrei gegen Gewalt": Michael Lang, Köln.

56 Feindesliebe ist nicht der Versuch: Franz Alt, in: ders., Frieden ist möglich. Die Politik der Bergpredigt. Piper, München 1983, S. 87.

56 Ist das nicht zuviel verlangt: Pinchas Lapide, Tu deinem Feind Liebesdienste, aus: A.Lohrbächer (Hg.), Was Christen vom Judentum lernen können. Modelle und Materialien für den Unterricht. Herder Verlag, Freiburg u.a. 1993, S. 176 (nach einem Vortrag „Wie liebt man seine Feinde?", gesendet am 9.10.1983 im Südwestfunk, 2.Programm).

56 Jesus sprach vom Feind: Ulrich Luz, in: ders., Das Evangelium nach Matthäus (Mt 1-7). Benziger Verlag/Neukirchener Verlag, Zürich u.a./Neukirchen-Vluyn 1985, S. 317f. (gekürzt).

57 Die Bergpredigt kann indirekt: Gerd Theißen, in: ders./Anette Merz, Der historische Jesus. Vandenhoeck & Ruprecht, Göttingen 1996, S. 354 (bearbeitet und gekürzt).

58 Liebe Stefanie: Susanne Labsch, Heidelberg.

60 Vorrangige Option für die Armen: Wolfgang Huber, in: ders., Protestantismus und Protest. Rowohlt, Reinbek 1987, S. 115f.

62 Leben auf einer Finca: In: Elisabeth Burgos, Rigoberta Menchú. Leben in Guatemala. Lamuv Verlag, Göttingen 1984, S. 29f. (gekürzt).

63 Unsere wichtigste Waffe - die Bibel: In: Elisabeth Burgos, Rigoberta Menchú. Leben in Guatemala. Lamuv Verlag, Göttingen 1984, S. 132f. (gekürzt).

64 Billiger Kaffee macht arm: Erhard Eppler, Vorwort in: Holger Baum/Dieter Offenhäußer, Kaffee. Armut – Macht – Märkte. Ein Produkt und seine Folgen. Horlemann Verlag, Unkel/Bad Honnef 1994, S. 5f.

65 Die einen leben im Wasserüberfluß: Petra Gaidetzka, Wasser – Leben für Süd und Nord, in: Bischöfliches Hilfswerk Misereor e.V. (Hg.), Wasser. Eine globale Herausforderung. Horlemann Verlag, Unkel/Bad Honnef 1996, S. 8.10.

66 Stilvoll leben: Ernest Callenbach, in: ders., Billig leben mit Stil. Rotbuch Verlag, Hamburg 1995, S. 9-15 (vereinfacht und gekürzt).

68 Es war Samstagabend: Christel Zachert, in: Christel und Isabell Zachert, Wir treffen uns wieder in meinem Paradies. Gustav Lübbe Verlag, Bergisch Gladbach 1993, S.9ff. (leicht gekürzt).

69-71 Briefe in der Krankheit: Aus: Christel und Isabell Zachert, Wir treffen uns wieder in meinem Paradies. Gustav Lübbe Verlag, Bergisch Gladbach 1993, S. 93-95. 106-109.152f. (leicht gekürzt).

71 Zum Schluß, Aus: Christel und Isabell Zachert, Wir treffen uns wieder in meinem Paradies. Gustav Lübbe Verlag, Bergisch Gladbach 1993, S. 176f.

72 Isabell Zachert lebt nicht mehr: Die Anteilnahme war überwältigend: Aus: Christel und Isabell Zachert, Wir treffen uns wieder in meinem Paradies. Gustav Lübbe Verlag, Bergisch Gladbach 1993, S. 179f.

73 Die häufigste Bezeichnung: Werner Fuchs, in: ders., Todesbilder in der modernen Gesellschaft. Suhrkamp Taschenbuch Verlag, Frankfurt am Main 1973, S. 86f. (Auszüge).

73 Wir taten unsere letzte Pflicht: Aus: Christel und Isabell Zachert, Wir treffen uns wieder in meinem Paradies. Gustav Lübbe Verlag, Bergisch Gladbach 1993, S. 177.179 (leicht gekürzt).

74 Ich sage, wenn die reine Seele: Aus: Plato, Phaidon. Übersetzt von R.Kassner, Jena 1920.

74 Die unsinnige Lehre: Aus: Paul-Henri Thierry d'Holbach, System der Natur (1770), zit. nach: Helmut Wolle (Hg.), Auf der Suche nach dem Glück. Eine Anthologie. Verlag Neues Leben, Berlin 1975, S.190f.

Heimat und Fremde

76 In deinen Toren werd ich stehen: Aus dem Lied „Ihr Mächtigen, ich will nicht singen", in: Wie im Himmel so auf Erden. Lieder und Gebete zum 90.Deutschen Katholikentag, Berlin 1990, Lied Nr. 24.

79 Da ist einer: Aus: Dietmar Rost/Joseph Machalke (Hgg.), Wir haben einen Traum. Gütersloher Verlagshaus Gerd Mohn, Gütersloh 1989, S.59.

80 Rednerketten: Geredet wird – gezahlt wird auch, aus: Stuttgarter Zeitung Nr.282/Samstag, 06.12.1997, S.2.

81 Das zerbrochene Joch: Nach Franz Werfel, Höret die Stimme. S.Fischer Verlag, Frankfurt am Main 1956, S. 410ff.

82 Jeremia wird von Gott beauftragt: Nach Fritz Oser, Wieviel Religion braucht der Mensch? Gütersloher Verlagshaus Gerd Mohn, Gütersloh 1988, S.102ff.

83 Karins Klagemauer-Text: Aus: Dietmar Rost/Joseph Machalke (Hgg.), Wir haben einen Traum. Gütersloher Verlagshaus Gerd Mohn, Gütersloh 21990, S.20.

91 By The Rivers Of Babylon: Text und Musik: Frank Farian/Brent Dowe/T. McNaughton/George Reyam. © 1978 by Far Musikverlag GmbH/Ackee Music Inc.

93 Ein verdienter Bürger: Artikel zum 70.Geburtstag von Gemeinderat Max Elsas: aus: Ludwigsburger Zeitung v. 09.03.1928.

94 Der Seher: Rüdiger Rutkowski, in: entwurf 2/97, S.67.

95 Vergiss das Träumen nicht: Aus: Hans und Marie-Therese Kuhn-Schädler, Vergiss das Träumen nicht. rex verlag, Luzern [4]1998, S. 6f.

96f. Ich kann mich nicht mehr als neutrale Beobachterin fühlen: Aus: Zeichen, Nr.3/September 1997 (hg.v. Aktion Sühnezeichen Friedensdienste e.V., Augustastr. 80, 10117 Berlin).

101 Viele Schaulustige drängten sich: Heinrich Kling, aus: ders., Zeit mit Wunden. Bilder aus dem Dritten Reich. Eine Ludwigsburger Jugend. Ludwig Stark Verlag, Erdmannhausen 1988, S. 53.

106 Ich bin froh, meinen Glauben zu haben: Aus: Ich bin, was ich bin, ein Jude. Jüdische Kinder in Deutschland erzählen. Verlag Kiepenheuer & Witsch, Köln 1995, S. 45ff. (gekürzt).

107 Der Heidelberger Rabbiner Pinkuss über Hermann Maas: Mitteilung von Fritz Pinkuss an Albrecht Lohrbächer v. 30.07.1985.

108 Dieser Tage überbrachte ein Heidelberger Student: Mitteilung von Oberkirchenrat Rost an Landesbischof Bender v. 09.08.1948. LKA Karlsruhe, PA Hermann Maas.

108 Trotzdem ich fast alles wusste: Hermann Maas in einem Leserbrief an die Jüdische Rundschau 1(1946), S. 50.

109 An die Freunde in Deutschland: Aus einem Brief von Jürgen Heuschele, in: entwurf 2/95, S. 40.

So bin ich – wie bist du?

114 Ich liebe dich: Else Lasker-Schüler, Gedichte. Bearb. v. K.J.Skrodzki (= E.L.-S., Werke und Briefe. Kritische Ausgabe Bd. 1.1), Jüdischer Verlag im Verlag Suhrkamp, Frankfurt am Main 1996, Nr. 399, S.298f.

117 Der Mensch ist völlig frei: In Anlehnung an Jostein Gaarder, Sofies Welt. Roman über die Geschichte der Philosophie. Hanser Verlag, München /Wien 1993, S.539f.

119 Ich bin die: Aus: Matthias Frings/Elmar Kraushaar (Hgg.), Heiße Jahre. Das Ding mit der Pubertät. Verlag Rowohlt, Reinbek 1994, S. 152f. (gekürzt).

119 Aus einer Studie: Aus: Brigitte 24/96, S. 116 (Zitat mit Veränderungen).

120 (Ur-)Vertrauen: In Anlehnung an Erik H. Erikson, Wachstum und Krisen der gesunden Persönlichkeit, in: ders., Identität und Lebenszyklus. Drei Aufsätze. Verlag Suhrkamp, Frankfurt am Main 1988, S. 55ff.

121 Zweifache Verheißung: Martin Gutl, in: Sigrid Berg/Horst Klaus Berg (Hgg.), Biblische Texte verfremdet. Bd.4: Jesus. Anfragen und Bekenntnisse. Calwer Verlag/Kösel, Stuttgart/München 1987, S.66.

123 Herr, hilf: Aus: Andreas Ebert(Hg.), Angeschlagen. Zettel von der Gebetswand in St.Lorenz, Nürnberg. Claudius Verlag, München 1988, S. 28.

123 Lieber Gott. Bitte strafe: Aus: Andreas Ebert (Hg.), Angeschlagen. Zettel von der Gebetswand in St.Lorenz, Nürnberg. Claudius Verlag, München 1988, S. 81.

124 Lüge: Aus: Dietmar Rost/Joseph Michalke (Hgg.), Ich will bei dir sein. Von Liebe und Zärtlichkeit. Gütersloher Verlagshaus Gerd Mohn, Gütersloh 1985, S. 72.

124 Kinderei: Jörn Pfennig, Grundlos zärtlich. Gedichte. Schneekluth 1979 / Heyne 1991.

124 Mein Liebeslied: Else Lasker-Schüler, Gedichte. Bearb.v.K.J.Skrodzki (= E.L.-S., Werke und Briefe. Kritische Ausgabe Bd. 1.1), Jüdischer Verlag im Verlag Suhrkamp, Frankfurt am Main 1996, Nr. 128, S.99.

125 Die Tatsache, dass man einen anderen liebt: Erich Fromm, Die Kunst des Liebens. Ullstein Verlag, Frankfurt/Berlin/Wien 1979, S. 85f.

127 Menschliche Sexualität erwacht: In Anlehnung an Matthias Frings/Elmar Kraushaar (Hgg.), Heiße Jahre. Das Ding mit der Pubertät. Rowohlt, Reinbek 1994, S. 87f.

128 Unsere Meinung: Max Frisch, Du sollst dir kein Bildnis machen. In: ders., Tagebuch 1946-1949. Gesammelte Werke in zeitlicher Folge. Sechs Bde., Bd.II , hg.v.Hans Mayer unter Mitwirkung von Walter Schmitz. Verlag Suhrkamp, Frankfurt am Main 1976, S. 369f.

129 ...und sie schlief ein: Ingeborg Bachmann, Drei Wege zum See, in: dies., Simultan. Erzählungen. Verlag Piper, München [5]1994, S. 161f.

134 „Türke, stimmt's?“: Cem Özdemir, Tagebucheintrag zu Donnerstag, 18.9.1997, in: jetzt. Das Jugendmagazin der Süddeutschen Zeitung Nr. 41/6.10.1997 (gekürzt).

134f. Unsere Kultur – Maßstab für alle: Michaela von Freyhold, Artikel „Rassismus 1., soziologisch“, in: Evangelisches Kirchenlexikon(EKL), 3.Aufl. Verlag Vandenhoeck & Ruprecht, Göttingen, Bd. 3, 1992, Sp.1431ff. (vereinfacht und gekürzt).

135 Ausländer raus!: Martin Schneider, in: Silvia Bartholl (Hg.), Texte dagegen. Autorinnen und Autoren schreiben gegen Fremdenhaß und Rassismus. Beltz & Gelberg, Weinheim/Basel 1993, S. 106f.

136 Wo Flüchtlinge sind: Frithjof Hager, Artikel „Flüchtlinge“, in: Evangelisches Kirchenlexikon(EKL), 3.Aufl. Verlag Vandenhoeck & Ruprecht, Göttingen, Bd. 1, 1986, Sp. 1308ff. (gekürzt).

136f. Artilas Geschichte: Nach einem Bericht von Elfriede Rentrop.

137 Platzanweiser: Werner Dürrson, in: Silvia Bartholl (Hg.), Texte dagegen. Autorinnen und Autoren schreiben gegen Fremdenhaß und Rassismus. Beltz & Gelberg, Weinheim/Basel 1993, S.150.

138ff. „Wäre die Welt besser dran ohne uns?“ : Ludger Weß, in: Provo. Jugendmagazin Publik-Forum Nr.3/September 1995, S.7-9 (Auszüge).

139 Die Maßnahmen: Erich Fried, in: ders., Befreiung von der Flucht. Claasen Verlag, Hildesheim 1983.

140 Ich habe den schönsten Beruf der Welt: Nach Brigitte Nr.25/1989, S.194ff.

140 Jene menschliche Betätigung: Jakob Fellermeier, Artikel „Arbeit III., volkswirtschaftlich und soziologisch“, in: Lexikon für Theologie und Kirche (LThK), 2.Auflage. Verlag Herder, Freiburg u.a., Bd.1, 1957, Sp.806.

140 Alle menschlichen Tätigkeiten: Marita Estor, Artikel „Arbeit", in: Wörterbuch der feministischen Theologie. Gütersloher Verlagshaus Gerd Mohn, Gütersloh 1991, S.29.

142 Stellenteil: Dieter E.Zimmer, in: Chr.Buchwald und H.Hartung (Hgg.), Claasen Jahrbuch der Lyrik. 1.Am Rand der Zeit. Düsseldorf 1979.

144 Arbeit ist Leben: Dorothee Sölle, in: dies., lieben und arbeiten. Eine Theologie der Schöpfung. Kreuz Verlag, Stuttgart 31986, S. 113ff. (gekürzt).

144 Wird bei der Arbeit Sinn erlebt: Aus einem Interview von Ursula Nuber mit Stefan Schulz-Hardt, in: Psychologie heute 19/1997, S.28ff.

145 Eine Frau aus Ostdeutschland berichtet: Ich habe mein positives Wesen verloren. Arbeitslose Frauen in Ostdeutschland. Protokolliert von Doris Weber, in: Publik-Forum Nr.13/11.7.1997, S.14f.

146 Nie mehr Arbeit für alle?: Aus einem Interview von Margret Schilling mit Viviane Forrester, in: Brigitte Nr.17/1997, S.144-149 (Auszüge).

147 Arbeit macht krank – Arbeitslosigkeit auch: ms, in: Die Zeit Nr.45/31.10.1997 (Auszüge).

148 Die Lehrstelle: Marieluise Bernhard-von Luttitz, in: dies., Ein Held war er nicht und andere Geschichten. Gütersloher Verlagshaus Gerd Mohn, Gütersloh 1986, S.90-93 (gekürzt).

149 Die Einstellungen zur Berufstätigkeit von Frauen: Institut für Demoskopie Allensbach (Hg.), Frauen in Deutschland. Lebensverhältnisse, Lebensstile und Zukunftserwartungen. Die Schering-Frauenstudie '93. Bund-Verlag, Köln 1993, S.38ff. (Auszüge).

149 Arbeit und Einkommen für alle: Wolfgang Kessler, Wirtschaften im dritten Jahrtausend. Leitfaden für ein zukunftsfähiges Deutschland. Publik-Forum Verlagsgesellschaft, Oberursel, S.228 (vereinfacht und gekürzt).

150 Der Herr gibt mir für meine Arbeit das Tempo an: Toki Miyaschina, tempus Zeitplansysteme, Giengen 1995.

150 „Guten Tag", sagte der kleine Prinz: Antoine de Saint-Exupéry, Der kleine Prinz. Neuauflage. Düsseldorf 1979 , S.54f.

151 „Was ist Zeit" – eine Umfrage in Stuttgarts Straßen: Ute Friesen/Stefan Schüle, in: Der blaue Reiter. Journal für Philosophie Nr. 5/1997, S.72f.

152 Der Tag: Rose Ausländer, Nächstes Ziel, in: dies., Mutterland. Einverständnis. Fischer Taschenbuch Verlag, Frankfurt am Main 1982. Rechte bei: Literarischer Verlag Helmut Braun KG, Köln 1978.

152 Es gibt in Europa nur wenige Menschen: Aus: Der Papalagi. Die Reden des Südseehäuptlings Tuiavii aus Tiavea. Tanner und Staehelin Verlag, Zürich 1977, S. 63-65 (Auszüge).

153 Das Ohr am Puls der Zeit?: Jürgen Herzog, Wir sagen euch, was morgen läuft, in: Brigitte Nr.17/1997, S.172ff. (Auszüge).

153 Angst vor Langeweile?: Ralph Ludwig, Wenn die Seele gähnt, in: Publik-Forum Journal Nr.17/12.9.1997, S.53ff.

155 Setzt euch bequem hin: Nach Peter Kliemann, Impulse und Methoden. Anregungen für die Praxis des Religionsunterrichts. Calwer Verlag, Stuttgart 1997, S.33 (gekürzt).

155 Dem ungeübten Beobachter: Robert M. Pirsig, in: ders., Zen und die Kunst, ein Motorrad zu warten. Ein Versuch über Werte. S. Fischer Verlag, Frankfurt am Main 1976. Zit. nach der Fischer Taschenbuchausgabe, Frankfurt am Main 1978, S.223.

155 Bald nach dem Tode Rabbi Mosches: Martin Buber, Die Erzählungen der Chassidim. Manesse Verlag, Zürich 1949.

156 Ich gebe mich mit den Möglichkeiten zufrieden: Andy Goldsworthy, in: Katalog Andy Goldsworthy. Zweitausendeins, Frankfurt am Main 1991, Einleitung.

157 Ach wie nichtig, ach wie flüchtig: Lied Nr. 528, Evangelisches Gesangbuch.

157 Vielleicht morgen: Aus: Provo. Publik-Forum Jugendmagazin Nr. 1/März 1997, S.2.

Kirche auf dem Weg

158 Ein Schiff, das sich Gemeinde nennt: Text und Melodie: Martin Gotthard Schneider. © Gustav Bosse Verlag, Regensburg.

158 Die Kirche war stumm: Dietrich Bonhoeffer, aus: ders., Ethik. Chr.Kaiser / Gütersloher Verlagshaus, Gütersloh 21998, S. 117ff.

178 Ich habe Dietrich Bonhoeffer: Klaus von Dohnanyi. Nachschrift aus: Video Dietrich Bonhoeffer, Nachfolge und Kreuz, Widerstand und Galgen. Begleitheft von Dieter Petri und Jörg Thierfelder. Calwer Verlag, Stuttgart/Matthias-Film, Stuttgart, S. 16.

178 Bei einem Rundgang im Gefängnishof Tegel: Otto Dudzus, Dem Rad in die Speichen fallen, in: Wolf-Dieter Zimmermann (Hg.), Begegnungen mit Dietrich Bonhoeffer. Ein Almanach. Chr. Kaiser Verlag, München 1984, S. 66ff.

178 Nach dem Scheitern des 20.Juli: Gaetano Latmiral, Nachschrift aus: Video Dietrich Bonhoeffer, Nachfolge und Kreuz, Widerstand und Galgen. Begleitheft von Dieter Petri und Jörg Thierfelder. Calwer Verlag, Stuttgart/Matthias-Film, Stuttgart, S. 17f.

179 Dietrich Bonhoeffer teilte mir im April 1939 in England mit: Reinhold Niebuhr, Nach Amerika und wieder zurück, in: Wolf-Dieter Zimmermann (Hg.), Begegnungen mit Dietrich Bonhoeffer. Ein Almanach. Chr. Kaiser Verlag, München 1984, S. 130.

179 Durch die halbgeöffnete Tür: H.Fischer-Hüllstrung, aus: Wolf-Dieter Zimmermann (Hg.), Begegnungen mit Dietrich Bonhoeffer. Ein Almanach. Chr. Kaiser Verlag, München 1984.

179 Die wenigen Sachen, die wir hatten: Fabian von Schlabrendorff, Mit Dietrich Bonhoeffer im Gefängnis, aus: Wolf-Dieter Zimmermann (Hg.), Begegnungen mit Dietrich Bonhoeffer. Ein Almanach. Chr. Kaiser Verlag, München 1984, S. 165ff.

180 Da gibt es beispielsweise in Breslau: Aus: Das schwarze Korps (Wochenzeitung des Reichsführers SS), Dezember 1941.

180 Ein nebelverhülltes, unkenntliches Land: Aus: Eberhard Röhm/Jörg Thierfelder, Juden – Christen – Deutsche, Bd. 4. Calwer Verlag Stuttgart (im Ersch.)

181 Abschrift Rundschreiben Nr. 36: In: Eberhard Röhm, Klaus Thierfelder, Evangelische Kirche zwischen Kreuz und Hakenkreuz. Calwer Verlag, Stuttgart, S.135.

184 Als wir nach einer Reise von mehr als 14 Wochen: Aus: Hans-Christoph Hahn/ Hellmut Reichel (Hgg.), Zinzendorf und die Herrnhuter Brüder. Friedrich Wittig Verlag, Hamburg 1977, S.367f.

186 Ehe ihr die Götzendiener: Reinhold Wagner, Das Verhältnis der katholischen Kirche zu den syrischen Kirchen in Südindien. Unveröffentlichtes Manuskript, S. 7.

186 Wie oft hat mein Auge: Missionar Dieterle, Südafrika. In: Calwer Missionsblatt 1889, S.26.

187 Berlin 1885: Michel Kayoya, in: Lesebuch Dritte Welt. Peter Hammer Verlag, Wuppertal 1974, S.16-19.

188 Der Missionskoffer: Nach: Andrea Kittel, Erbaulich und ergötzlich. Missionswerbung in der Heimat, in: Der ferne Nächste. Bilder der Mission – Mission der Bilder 1860-1920. Katalog zur Ausstellung im Landeskirchlichen Museum Ludwigsburg vom 25.05. bis 10.11.1996, S.165ff.

188f. Aus dem Tagebuch einer „Missionsbraut". Nach Dagmar Konrad, Missionsbräute – Zwischen Bestimmung und Selbstverständnis, in: Herd und Himmel. Frauen im evangelischen Württemberg. Katalog zur Ausstellung im Landeskirchlichen Museum Ludwigsburg vom 17.05.1997 bis 29.03.1998, S. 81ff.

190f. Chöre zwischen Tradition und Moderne: Elfriede Thierfelder/Klaus Thierfelder, in: Susanne Beck u.a. (Hgg.), Vorlesebuch Ökumene. Geschichten vom Glauben und Leben der Christen in aller Welt. Verlag Ernst Kaufmann, Lahr 1991.

191 Missionary: Go home: F.Pagura, in: H.J.Margull/J.Freytag (Hgg.), Keine Einbahnstraßen. Von der Westmission zur Weltmission. Ev.Missionsverlag Korntal 1973, S. 7f.

193 Es war einmal: Carl Schnier, in: Ev. Gemeindeblatt für Württemberg 8/1976.

200 Ein heiliger Schauer: In: Standpunkte. Das evangelische Magazin. 2.Jahrgang, November 1997, S.26.

201 Die Verpflichtung der Brüder, In: Standpunkte. Das evangelische Magazin. 2.Jahrgang, November 1997, S.25 (gekürzt).

Heilsbringer

207 Lisa: Ich war eine Gefangene: Aus: Provo. Publik-Forum Jugendmagazin Nr. 3/September 1996, S. 14f. (gekürzt)

208 Articles of Faith (Joseph Smith): © 1983 by Corporation of the President of The Church of Jesus Christ of Latter-day Saints. Published by The Church of Jesus Christ of Latter-day Saints, Salt Lake City, Utah, U.S.A.)

209 Die christliche Wissenschaft war mein Lebensweg: Aus: Christian Science Sentinel, Vol. 89, No.30, July 27, 1987, S.40. Ed. Christian Science Publishing Society, Boston/Mass., U.S.A.

211 Ein Zwiegespräch: Aus der Zeitschrift „Der Prophet", Mai 1977, Nr. 10, hg.v. Universelles Leben e.V., Würzburg.

212 Fernheilung per Telefon: In Anlehnung an eine Homepage von G.Hausleitner im Internet: http://www.geocites.com/Hotsprings/4236/heilung.html.

214f. Channeling: Wolfram Janzen, „Himmel"-Forum. Kontakt mit der spirituellen Welt, in: Religion heute Nr.4/Dezember 1988, S.234-236 (gekürzt).

217 Erfahrungen mit Scientology: Aus einem Schreiben an die Aktion Bildungsinformation Stuttgart, in: Scientology. Ein internationaler Wirtschaftskonzern und seine Tarnstrategien, hg.v.Vorstand der Aktion Bildungsinformation, Stuttgart 1997, S.151-153 (gekürzt).

218 Aus einer Selbsterfahrungsgruppe: Wolfram Janzen, Wahrsagen: Schicksalsbefragung und Zukunftsdeutung, Matthias-Grünewald-Verlag, Mainz 1994, S.170f. (gekürzt).

219 Gott ist mein starker Fels: Janet Morley, Preisen will ich Gott, meine Geliebte, Verlag Herder, Freiburg u.a. 1989, S.16f.

220 Schwächen zulassen und Fremdes annehmen: Aus einer Predigt von Gerd Theißen zu Pfingsten 1996. In: Suchet der Stadt Bestes. Eine Predigtreihe, Peterskirche Heidelberg 1996, S.46f.

221 Die Kräfte der Erde: Erdungsübung „Ich bin ein Baum", Igor Warneck, Birstein (gekürzt).

Suche nach der Erlösung

222 Der erhabene Meister sprach: Aus: Begegnungen mit Shri Ramana Maharshi (aufgezeichnet von Ramananda). In: Heinrich Zimmer, Der Weh zum Selbst. Hg.von C.G.Jung. Rascher Verlag, Zürich 1944, S.87f.

224f. Eine Legende: Nach Heinrich Zimmer, Indische Mythen und Symbole. Diederichs Verlag, Düsseldorf 1972, S.8ff. (Zusammenfassung).

225 Aus Jadnjawalkjas Gesetzbuch: Aus: Helmuth von Glasenapp, Indische Geisteswelt Bd.I, Glaube und Weisheit der Hindus. Holle-Verlag, Baden-Baden 1958, S.156-158.

226 Es gibt einen Weg: Shankara's Crest Jewel of Discrimination, New York 1970, S.40ff. (in Auszügen, aus dem Englischen übersetzt).

230 Keinem lebenden Wesen Schaden zufügen: Kurt Dockhorn, Neohinduismus. EZW-Arbeitstexte Nr.11. EZW, Stuttgart 1972, S.19-22 (gekürzt).

230 Durch die Kuh ergeht an den Menschen: Mahatma K.Gandhi, Hindu Dharma, ed.by Bharatan Kumarappa. Ahmedabad, 2 1958, S.192ff. (in Auszügen, aus dem Englischen übersetzt).

231 Nelami heiratete: Cheryl Benard/Edit Schlaffer, Die Grenzen des Geschlechts. Rowohlt, Reinbek 1984, S.101f.

232 Die den Durst wachsen lassen: Pali-Kanon. Samjutta-Nikaja II, 107. Zitiert nach: Buddha – die Lehre des Erhabenen. Goldmann, München, S. 428/9 (gekürzt).

235 Dreifach, ihr Bürger: Pali-Kanon. Maddschima-Nikaja 41. Zitiert nach Gustav Mensching, Die Söhne Gottes. Löwit, Wiesbaden o.J., S.38f.

236 Gespräch zwischen Buddha und Ananda: Aus: Berit Latza, Sextourismus in Südostasien. Fischer Taschenbuch Verlag, Frankfurt am Main 1987, S.248.

239 Die ganze Welt hast du uns überlassen: Aus: Lied Nr.360, Evangelisches Gesangbuch (Text: Christa Weiss, 1965, Melodie: Hans Rudolf Siemoneit).

239 Interview mit einem Buddhisten: F.Story, Collected Writings III, Dimensions of Buddhist Thought, Kandy 1976, S.124-126 (gekürzt. Übersetzung: U.Tworuschka).

Abbildungsnachweis

U1: Domenico Belli, The Lost Rudder 1933; S. 10, 11: Bibliothèque Nationale de France, Paris; S. 15: G. Kraft, Schwäbisch Hall; S. 18: Tender Prey, London; S. 19: Paul Klee, 1939, 1193 (MN 13) Engel, noch tastend, 29,4 × 20,8 cm, Fettkreide, Kleisterfarben und Aquarell auf Papier, Credite Line: Privatbesitz Schweiz © VG Bild-Kunst, Bonn 1998; S. 20, 135: Galerie Horst Dietrich, Berlin; S. 22: Tate Gallery Publishing Limited, London; S. 24, 26: Mit freundlicher Genehmigung der Belser Faksimile Edition aus der Biblioteca Apostolica Vaticana, Zürich, Stuttgart, aus: Pantheon Bibel, E 602 20VT569; S. 25: Aktion Sühne-Zeichen Friedensdienste e. V., 1/91 Berlin; S. 27: Bildarchiv, Porträtsammlung und Fideikommißbibliothek der Österreichischen Nationalbibliothek, Wien; S. 28: Stefan Elleringmann, Bilderberg Archiv der Fotografen, Hamburg; S. 29: © VG Bild-Kunst, Bonn 1998; S. 30, 138: Karin Wieckhorst, Leipzig; S. 31, 50, 167 (2), 194, 196: KNA-Bild, Frankfurt/M.; S. 32: Mit freundlicher Genehmigung der Belser Faksimile Edition aus der Biblioteca Apostolica Vaticana, Zürich, Stuttgart, 1995. Aus: Die Schöpfungsgeschichte. Nacherzählt in Bildern; S. 33: Evangelisches Missionswerk, Hamburg; S. 34: © Succession Picasso/VG Bild-Kunst, Bonn 1998; S. 36: Horst Haitzinger, München; S. 37: Bethel-Verlag, Bielefeld; S. 40: Evangelisches Missionswerk in Südwestdeutschland, Stuttgart; S. 41: Gemeinschaftsproduktion zum Kirchentag, Vereinte Evangelische Mission, Wuppertal; S. 42: Evangelischer Presseverband für Bayern e. V., München; S. 43: © 1982, Misereor Medienproduktion, Aachen; S. 45 o.: Die Bibel in Bildern © Theologischer Verlag Zürich 2. Aufl. 1988; S. 46, 47: Standfotos aus „Jesus von Montreal". In: IRP Reihe Horizonte, Materialheft 7 © Institut für Religionspädagogik der Erzdiözese Freiburg 1995; S. 48: Otto-Pankok-Museum, Hünxe-Drevenack; S. 50, 59, 63, 85 (4), 183, 196 (4), 201: epd-Bild, Frankfurt/M. S. 50: Pressefoto Lorenz Baader, München. Ullstein Bilderdienst, Berlin; S. 53: Barbara Klemm/Frankfurter Allgemeine Zeitung; S. 54: Sylent-Press, Hamburg; S. 55: © TOM-Cartoons, T. Körner, Berlin; S. 57: Aus e.o.plauen „Vater und Sohn" Gesamtausgabe © Südverlag GmbH, Konstanz, 1982. Mit Genehmigung der Gesellschaft für Verlagswerte GmbH, Kreuzlingen/Schweiz; 61: Foto o.: Brot für die Welt, Stuttgart; Foto u.: allover Bildarchiv, Kleve, S. 62: Foto: © Schroif, Misereor Medienproduktion, Aachen; S. 65, 97, 232, 233, 234, 236: B. Hübener, Mannheim; S. 67: © 1992, Misereor Medienproduktion, Aachen; S. 68, 69: © Christel Zachert, Bonn; S. 71: ARTOTHEK, Peissenberg; S. 74: Henriette Riederer, © Heinz Rall, Güglingen; S. 76, 77: Das neue Jerusalem. Relief aus dem Toraschrein der Synagoge in Mannheim von Frank Meisler (1987). Foto Robert Häusser, Mannheim; S. 80, 101, 187: Markus Eidt, Göttingen; S. 84: © VG Bild-Kunst, Bonn 1998; S. 86, 87: © VG Bild-Kunst, Bonn 1998; S. 88: photo-journaliste, Michel Bührer, Orbe/Schweiz; S. 89: Photo Kredit: UNHCR/R. LeMoyne, Genève/Schweiz; S. 92: Stadtarchiv Ludwigsburg; S. 93: Gökay Sofuoglu, Fellbach; S. 95: © Sieger Köder; S. 96: B. Petri, Bietigheim-Bissingen; S. 98: Stadtarchiv Kiel; S. 102, 104, 106, 107, 113, 169, 178, 195, 197: D. Petri, Bietigheim-Bissingen; S. 105: Ullstein Bilderdienst, Berlin; S. 108: Evang. Pfarramt Heiliggeist, Heidelberg; S. 112: Botschaft des Staates Israel, Bonn; S. 114: Paul Klee, 1935, 97 (N 17) Eile ohne Rücksicht, 31,3 × 29,8 cm, Aquarell auf Papier, Credit Line: Privatbesitz Schweiz © VG Bild-Kunst, Bonn 1998. Paul Klee, 1933, 281 (Z 1), Die ZEIT, 25,3 × 21,7 cm. Aquarell auf Holz, Bildarchiv Preußischer Kulturbesitz, Berlin © VG Bild-Kunst, 1998; S. 115 Paul Klee, 1939, 918 (XX 18), Nachsinnend, 19,8 × 29,4 cm, Aquarell und Farbstift auf Papier, Credit Line: Privatbesitz Schweiz © VG Bild-Kunst, Bonn 1998; S. 116: Ute Kuschnereit, Oberkochen; S. 117 o.: Archiv für Kunst und Geschichte, Berlin; u.: © VG Bild-Kunst, Bonn, 1998; S. 119: argus Fotoarchiv, Hamburg; S. 120: H. Dierk, H. Sauren, Heidelberg; S. 121: © Sieger Köder; S. 123: Paul Klee, 1939, 959 (ZZ 19), Es weint, 29,5 × 21 cm, Credit Line: Privatbesitz Schweiz © VG Bild-Kunst, Bonn, 1998; S. 125: ARTOTHEK, Peissenberg © VG Bild-Kunst, Bonn, 1998; S. 128: Charles M. Schulz, © 1974 United Feature Syndicate, Inc., PIB Copenhagen; S. 129: Bavaria Bildagentur, Gauting © VG Bild-Kunst Bonn, 1998; S. 133: © VG Bild-Kunst, Bonn, 1998; S. 134: Christoph Henning © Das Fotoarchiv, Essen; S. 136: Gerhard Mester, Wiesbaden; S. 137: amnesty international, IG-Metall-Grafik, Wilhelm Zimmermann, Foto Hartmann; S. 142: © VG Bild-Kunst, Bonn 1998; S. 143: Whitney Museum of American Art, New York; S. 144: Foto Elke Walford © Hamburger Kunsthalle, Hamburg; S. 145: Amelie Glienke, Berlin; S. 146: Deutsche Bank, Frankfurt/M.; S. 147, 149: Klaus Staeck, Heidelberg; S. 148: Foto Design Cornelia Blomeyer, München; S. 152 o.: Bettmann Archive, New York; u.: Lothar Nahler, Hillesheim; S. 153 o.: The Swatch Club Germany, Eschborn; u.: Lothar Nahler, Hillesheim; S. 154: ARTOTHEK, Peissenberg © Salvador Dali, Fundación Gala-Salvador Dali, VG Bild-Kunst, Bonn 1998; S. 156: © Andy Goldsworthy from Andy Goldsworthy published by Zweitausendeins, Frankfurt/M.; S. 159: Richard Hohly © Helsula Hohly; S. 160 li.: Diakonieprojekt, Ulrich Willenberg, Neckarsteinach; re.: Fotostudio Meinberg, Ludwigshafen; S. 161: Jugendwerkstätten Heilbronn e. V., Heilbronn; S. 165: Quell Verlag Stuttgart 1992; S. 167 (4) allover Bildarchiv, Kleve; S. 171: Foto Heinrich Hoffmann; S. 185: Jens Bayer, S. 186: Bildarchiv Preußischer Kulturbesitz, Berlin; S. 189: © Basel Mission Archive, Basel, QD-30.011.0062; S. 198: Ikonen-Museum, Recklinghausen; S. 200: Uwe Birnstein, Bevern. Wiebke und Katrin Merhof, Schriesheim; S. 202, 203: AP Associated Press GmbH, Frankfurt/M.; S. 204: Dia Nr. 875384-I, Tony Stone Bilderwelten, München; S. 210: Honest Schempp, Lindau; S. 212: © Horst Weber, Dresden, Foto Gerhard Döring, Dresden; S. 213: © VG Bild-Kunst, Bonn 1998; S. 218: © VG Bild-Kunst, Bonn 1998; S. 219: Der Lutherische Weltbund, Genf; S. 220 © VG Bild-Kunst, Bonn 1998; S. 221: AKG photo, Berlin; S. 223 li.: John Launois, DAS FOTOARCHIV, Essen; S. 224, 226, 231: Peter Keilhauer, Salzburg; S. 229: Bildarchiv Preußischer Kulturbesitz, Berlin; S. 230: Institut für Auslandsbeziehungen, Stuttgart; S. 237: transparent Fotoagentur, Köln; S. 239: AKG photo, Berlin.

987 654